中国社会科学院
CHINESE ACADEMY OF SOCIAL SCIENCES
经济研究所
INSTITUTE OF ECONOMICS

经济所人记忆

第一辑

《经济所人记忆》编辑组◎选编

中国社会科学出版社

图书在版编目（CIP）数据

经济所人记忆．第一辑/《经济所人记忆》编辑组选编．
—北京：中国社会科学出版社，2019.5
ISBN 978－7－5203－4363－3

Ⅰ.①经…　Ⅱ.①经…　Ⅲ.①中国社会科学院—经济学—研究所—概况—文集　Ⅳ.①F0－242.1

中国版本图书馆 CIP 数据核字(2019)第 078815 号

出 版 人　赵剑英
责任编辑　卢小生
责任校对　周晓东
责任印制　戴　宽

出　　版　中国社会科学出版社
社　　址　北京鼓楼西大街甲 158 号
邮　　编　100720
网　　址　http://www.csspw.cn
发 行 部　010－84083685
门 市 部　010－84029450
经　　销　新华书店及其他书店

印刷装订　北京君升印刷有限公司
版　　次　2019 年 5 月第 1 版
印　　次　2019 年 5 月第 1 次印刷

开　　本　710×1000　1/16
印　　张　26
插　　页　2
字　　数　326 千字
定　　价　118.00 元

凡购买中国社会科学出版社图书，如有质量问题请与本社营销中心联系调换
电话：010－84083683

《经济所人记忆》（第一辑）编辑组

组　长　高培勇

副组长　朱恒鹏　胡乐明　张晓晶

成　员　高超群　魏　众　封越健　王砚峰

编选说明

为庆祝经济所建所90周年华诞，我们决定编选经济所人对经济所的人物和历史的回忆和记录。本书为《经济所人记忆》的第一辑，因篇幅有限，我们只能从大量回忆文章中选取部分。谨将选录原则说明如下：

1. 本辑中的被回忆对象均为《经济所人文库》第一批入选者当中的已故者。由于时间紧张等原因，对部分前辈的回忆文章将在以后陆续整理出版。

2. 除专门针对人物的回忆外，本书还收录了唐宗焜先生对《经济研究》杂志的回忆和江泰新先生对中国经济史研究室的回忆。

3. 所有回忆文章的作者，或为经济所现职和离退休人员，或者曾在经济所工作过。

4. 所有入选文章除江泰新先生《缅怀经济史研究组老一辈学者——庆祝经济所建所九十周年》一文外，其他已经全部或部分公开发表。原文出处已在书中标明。

5. 书中被回忆对象以出生时间为序。

编选过程，也是一个学习和接受精神洗礼的过程，前辈学人的精神风范令人钦佩神往。我们在编辑工作中，受到赵人伟、唐宗焜、朱玲等诸位前辈的指点，所内同事的大力帮助，谨此致谢！唯因时间紧张，个人见识有限，或有不妥、错误之处，望各位前辈、同事、读者见谅，并批评指正。

《经济所人记忆》编辑组

2019 年 4 月

目　　录

陶孟和记忆

陈翰笙记忆

巫宝三记忆

许涤新记忆

梁方仲记忆

骆耕漠记忆

孙冶方记忆

严中平记忆

李文治记忆

朱绍文记忆

吴承明记忆

汪敬虞记忆

聂宝璋记忆

宓汝成记忆

董辅礽记忆

关于经济研究所

陶盖和记忆

追求真理　不断前进

杨西孟

一

用陶先生自己的话说，人“是时代的产物”。[①] 陶先生就是随着时代的前进而波浪式地前进的——从五四运动时期在《新青年》发表文章到从事中国社会的调查研究，再到迎接解放战争的胜利，并为人民立了功。

按照陶先生一贯强调调查研究的精神，我在写本文时，也对他的事迹，特别是他的著作，做了一些调查研究（过去只偶然做过），以便进一步从历史的角度理解他是怎样前进的。先从五四运动时期说起。

五四运动时期的两面旗帜是民主与科学。我们就陶先生在这个时期以前和以后的著作，来看他对民主与科学的思想认识所发生的重大变化。

由陶先生所著的《社会与教育》一书中，可以看出陶先生在五四运动时期以前的（但后来改变了的）思想和认识。如他自己在该书 1934 年第一版“序言”中所说，“至于本书的不使人满意，有完

① 《社会科学》杂志 1930 年第 1 卷第 1 期。

全改作的必要，著者十分感谢。但这个只好俟诸异日了"。我们在这里之所以引用该书第一版"序言"中的话，是为了反映陶先生后来如何前进，而不是算他早先思想的旧账。这是从历史的角度和发展的观点来理解陶先生。

在那本书里，关于民主，陶先生写道："民治的根本要义有四，即友爱，平等，自由，社会效率四种。"[①] 对于科学，特别是社会科学，他在书中写道："社会现象，如上所述，是复杂的。各种要素的变化繁多，所以现象的变迁，因果的关系最难测定。即使能测定出规律来，那也是或然律。"[②] 又关于社会学，他写道："现在社会学的研究可分为四部分：一、社会之起源。……二、社会之演化。……三、社会组织。……四、社会改良。……"[③] 这里在社会组织中不讲阶级。

现在我们来看在五四运动时期陶先生在《新青年》上发表的文章中对于民主与科学的观点比从前有多大的变化和前进。在《我们政治的生命》一文中，他写道："七年以来的民国，是没有人民的民国……所以执政者才造出这许多政治的罪恶。……转瞬就是新岁，我们人民岂不可以……使八岁的民国，变成人民的国家，民治的国家么?"[④] 在《欧美之劳动问题——一九一九年在欧洲时所见》一文中写道："因为工业革命后，成就了现今的资产制度，都把人类分为两种相对抗的阶级。""这样看起来，劳动是工业国家的生死问题。(中国提倡实业的都说可以使国家富强。我们看了欧美的经验，富强的并不是国家，实在是国家里的少数之个人。使国家富强的也不是实业家，实在是多数的劳动者。我们工业后进国千万不要忘记了这

① 陶孟和：《社会与教育》，1934 年，第 217 页。

② 同上书，第 244 页。

③ 同上书，第 1—4 页。

④ 《新青年》1918 年第 5 卷第 6 号（1918 年 12 月 15 日）。

个教训。)"[①] 在《社会调查》一文中，他又写道："我向来抱着一种宏愿，要把中国社会的各方面全调查一番。……可以寻出吾国社会上之种种，凡是使人民不得其所，或阻碍人民发达之点，讲求改良的方法。""司马迁的《史记》不得不算一部有价值的史书，然而记述人民一般之真状，资料亦非常缺乏。""三年前北京青年会……曾调查北京城里人力车夫，当时我就着调查的材料作出一份报告……颇使我猛省，发同情谋救济的方法。但是现在中国的社会调查我以为乡村调查最为重要。"[②] 陶先生还经过调查研究，对于当时北大领导人和《新青年》提倡的世界语，提出自己的不同看法，并在通信答辩中最后说："通信之本意，重在劝告求学若渴之青年，勿浪费宝贵之光明于不能致用之文字。"[③]

以上这些言论表明，陶先生在民主与科学的旗帜下，思想前进了一大步，他已经具有人民民主思想和调查研究的科学思想，他是心向国家、心向人民的。拿当时胡适的文章来对比一下：胡适抱住实用主义不放，在《新青年》做了介绍，题为"实验主义"；又写了《"新思潮"的意义》，小标题是："研究问题，输入学理，整理国故，再造文明。"对于劳动人民，胡适只是对人力车夫写了新诗，表示同情。这样比较一下，可以看出陶先生在这个时期已经打下了一个前进的思想基础，而胡适不是这样。后来，两人所走的道路不同，最后的归宿截然相反，就不是偶然的了。

固然，陶先生在那个时期没有接受马克思主义，因而他的民主思想和科学思想是不彻底的。不过，陶先生是追求真理的，并且强调对中国社会进行调查研究，他会随着时代的前进而前进的。

---

① 《新青年》1920 年第 7 卷第 2 号（1920 年 1 月 1 日）。

② 《新青年》1918 年第 4 卷第 3 号（1918 年 3 月 15 日）。

③ 《新青年》第 4 卷第 3 号，第 5 卷第 1 号。

二

如前所说，陶先生向来抱着一个宏愿，要对中国社会各方面进行调查研究，意图改良社会，利国利民。1926 年，陶先生受庚款基金会（中华教育文化基金董事会）之托，创立了社会调查部，后于 1929 年改称社会调查所。在这里开始了陶先生指导下的社会调查研究。首先是对我国城市工人的生活费和生活程度进行调查研究。关于调查方法，他认为，采用家庭每日记账法，极其可取，可以得到极精确可靠的结果。按照这个方法，首次在 1926—1927 年的半年对北平 48 个家庭，主要是人力车夫家庭，做了记账调查，其结果（再加上北平的其他两个调查）由陶先生写成《北平生活费之分析》一书。这在经济和文化落后的旧社会，有开风气的意义。当时清华大学教授吴景超对这本书评论说，“本书很可代表中国社会科学界的一种新精神”；又说：“假如我们想看社会科学家笔下的贫民生活是个什么样子，不可不读陶先生这本书。”陶先生还主张，由于北平不是工业城市，这样的调查应该进一步在上海、天津进行。这时又与上海调查物价局合作，便于 1927—1928 年对上海 230 家纱厂工人做了一年的记账调查，这是当时国内这类调查当中最大的一个。我是 1927 年夏到社会调查所工作的，搞统计。这个调查所得的资料由我主持在所里进行计算和研究，并写成《上海工人生活程度的一个研究》一书。陶先生为书写了序言，其中赞扬上海调查物价局的负责人：“盛灼三先生和局中同仁竟能于……公务之外，获得余暇以实事求是、一丝不苟之精神进行这个费时费力而不求人欣赏的全年生活费的调查，供我们的计算研究，实在使我们万分钦佩的。”当时的记账，有查账人员随时查看账簿，遇有不符之处，请记账人员补查修正，确实是很认真的。后来，我们对大量账簿进行计算，每走一步都必须在校准后才进行下一步，也就是陶先生所说的“一毫不苟”，否则不能保证结果的准确。陶先生还同南开大学社会经济委员会合作，在1929年对天津缝袜口编织工199个家庭做全年的记账调查，由南开大学写出报告。

在这些工人生活的分析中，有些结果可以用来做国际的和历史的比较。首先，生活费中食品所占的比重很高，在50%以上，而北平人力车夫的食品竟达71.2%，同时，杂项（特别是其中的教育费）所占的比重很小。其次，食品中各种营养成分的数量也表明，当时我国工人生活水平是低的，虽然各地偏低的程度不同。还有，上海纱厂工人平均每日工作时间为10.4小时之多，也算出来了。

此外，对乡村农民，社会调查所自己或同别的单位合作，进行调查。当时也有外国人对我国工人和农村做过一些调查，陶先生认为，我们中国人自己应当做中国的社会调查。社会调查所随后除继续做工人和农村调查外，把调查研究范围扩大到中国社会、经济的其他方面，如农业、农产品贩运、财政、金融、国际贸易等以及中国近代经济史。

此外，陶先生还写了一篇文章，题为“一个军队士兵的调查”，登在《社会科学》杂志第1卷第2期上。文中写道：“我们意外的荣幸便是现在居然得到一个军队士兵的调查。”这是一个旅的“司令部的王聪之先生在去年里曾编制表格进行调查他的旅内士兵。今年一月间陈翰笙先生到太原接洽并筹备农村调查的时候，得见王先生所存已填写的调查表格946份，认为是至可宝贵的资料，当时便想借来供我们的分析与统计。这个要求王先生立刻慨然应允。”

陶先生有时也亲自做社会调查。如1926年夏，他由热河乘船至滦县时，见船夫都是身强力壮的北方人，每天除三餐停船煮食外，终日劳作不息。陶先生与他们交谈，了解到他们每天吃的只是1.4—1.7千克的小米，配以少许咸菜。他从而计算出这样的膳食每天可供热量5000—6000卡路里及蛋白质。由此他得到启发，并写道：“彼等每日食如此简单而低廉之食品，不但能担任劳苦之工作，且能保持健康之身体，实为一至堪注意之事实也。”①

在陶先生的推动下，社会调查所写出的书，首先编为《社会研究丛刊》，其中，第一本是《社会调查方法》。这本书后来出了第三版，可见社会调查逐渐被人们所重视。到 1930 年这本丛刊出书 14 种。还出了《中国经济问题丛书》，这套丛书共出了 34 种。另外，还出了书和图表。又编写两次《中国劳动年鉴》。期刊有《社会科学》杂志、《中国近代经济史研究集刊》。

在研究方法方面，除介绍社会调查方法外，陶先生还支持介绍了统计方法。社会调查所并对统计方法和统计学做了一些研究并发表文章（包括在国外发表的）。此外，还用较深的数学方法分析了中国旧社会流行的各种合会的会规，这是陶先生赞同我进行研究的。我于 1934 年写出《中国合会之研究》一书。书中写道：“其会金之分配，一般人视为神秘。”依靠数学及计算工具，我检查了多种会规，得到的结论是：“旧式会规，仅做到‘先得会者较后得会者所纳会金为多’的大原则，其他则模糊杂凑，希图简便而已，所谓利率更是无谓。”（书中还提出改进旧会规的公式和表）

陶先生主持和推动的这些调查与研究，对于旧社会科学文化落后的状况（尤其是社会科学落后），是起了开新风气的作用的。调查研究的结果具有一定的科学性，取得了当时国民党统治区的较准确的实际资料，并把这些史实保存下来了。同时，还培养了一批年轻的、心向祖国、追求进步的社会科学研究工作者。

陶先生在依靠和培养什么样的人来做调查研究的问题上，是有他自己的明确看法的。他在《留学问题》② 一文中说：中国今日最

① 陶孟和：《北平生活费之分析》，1930 年，第 57 页。

② 《孟和文存》1925 年第 3 卷，第 31—34 页。

需要的人才是研究深博的学者或专家，并且须是知道中国的。又说，知道中国情形，再出国研究，是开着眼的，是知道取舍的，是将来可以任事的。他强调的，是要知道中国的情形。陶先生本着这样的看法，所招聘的调查研究人员首先是国内大学毕业生，经介绍并经过谈话了解，认为可以做这样工作的，才决定聘用，以后是否续聘，每年决定一次。经过几年实际的社会调查研究，这些人初步知道了中国情形，从而心向祖国，并愿扎根在祖国。有些成绩好的被派到国外深造和研究，是带着问题出去的，出去是为了回国后更好地工作。陶先生主要就是依靠这种“知道中国情形”的青年一代工作的。后来，虽然延聘了不大知道中国情形的留学生，给予优厚待遇，但人数不多，有的来了又走了。到抗日战争爆发前夕，陶先生因事离开南京（当时社会科学研究所在南京），委托所里仅有的两位这样的留学生代理所长，但到日寇在南京投下炸弹后，这两人丢掉职务私自逃跑了。陶先生因到南京后，把全部书籍、刊物、资料等迁往长沙的工作，就是在他培养的“知道中国情形”的这些人的坚决支持下完成的。后来，1939 年从桂林搬迁到昆明，陶先生只是在远处指挥，完成搬迁繁重工作的还是这些人。这些人在抗战期间仍续续做调查研究工作。所以，陶先生着重依靠和培养“知道中国情形”的人是有远见的，他所以有这个远见，是由于他为国家的利益而着想。

陶先生从大学毕业生中选用调研人员，初时是北京大学的，随后是清华的、南开的、燕大的……全无门户之见。他对待青年人，平易近人，心胸开朗，在工作上十分放手，除必要的指导和有困难时设法帮助以及必要的讨论外，对各人进行的调研工作从不横加干涉，也从不大笔一挥随便删改别人的文稿。这样，大家思想活泼，主动钻研，努力前进，争取做出成绩。这是与陶先生好的思想作风紧密相关的。

诚然，当时调查研究工作的指导思想基本上不是马克思主义的，这对于调研工作有影响，主要是在选择题目和其着重点以及分析问题上，有不同程度的观点问题；当时研究人员在《社会科学》杂志上初期发表文章讲马克思经济理论，也只是把它当作各派学说中的一派来论述的。但是，随着时代的前进，大家在学习和研究的进程中，或早或晚，都会不同程度地接受马克思主义，并投入革命队伍。陶先生自己也正是这样的。

三

从 1926 年到解放前夕，陶先生是在国民党统治区做社会调查和研究的。在这二十多年里，他坚决不在国民党政府里做官，不参加国民党，不吹捧统治政权。这与胡适等当时的表现和趋向是全然不同的，结果是胡适等最后陷入反动和黑暗的深渊，而陶先生却走向了光明。这不仅仅是由于陶先生洁身自好，而是如前所述，主要是由于他从五四运动开始在革命洪流的推动下，思想已前进到人民民主主义并掌握了调查研究的科学方法，在此基础上继续前进的结果。

我于 1940 年 8 月离开社会科学研究所去北京大学任教。在解放战争胜利前夕（约在 1948 年与 1949 年之交），我在国外，准备回国，接到国内朋友的信，说陶先生坚决不去台湾，迎接光明；随后我又同朋友为别的事查看五四运动时期的《新青年》，发现在该刊上陶先生和胡适发表的文章所表现的思想大不相同。于是我心里豁然一亮，觉得他们两人的归宿截然相反，不是偶然的。现在进一步研究陶先生的著作，我更加理解他、敬仰他。

陶先生于 1923 年 8 月发表一篇文章，题为“怎样解决中国问题”①，文章结尾写道：“那末，中国的问题应该如何解决呢？我的见解是先求了解……人一定要笑话这个见解过于迂远，以为时局危

① 《孟和文存》1925 年第 1 卷，第 43—49 页。

迫，时不我待，那里还有工夫去求了解。不知世上的事业没有捷径可走的……有了真的了解就得到真的解决。”（着重号是原文有的）现在来回顾，五四运动时期以后，就解决中国的问题来说，陶先生确实走了迂回的路，但是，他终于随着时代的变化前进了，而且在那段长时间内，他对旧社会的调查研究成果，对社会（特别在科学文化方面）、对人民，是有益的，同时对陶先生自己的前进也是有帮助的。他终于看到并迎接中国问题的真的解决——由党领导的人民解放战争的伟大胜利来解决。他自己也为人民立了功。

由以上很不全面的对陶先生事迹和言论的回忆，我觉得，他有这样感人的可贵的精神和思想作风：追求真理，随时代而不断前进，为国家和人民，坚持社会调查研究，讲求严谨方法，精心培养心怀祖国的青年调研人员。想到这些，我敬仰他、怀念他，并学习他可贵的精神和思想作风。

写于1982年12月30日

（原载《工商经济史料丛刊》第3辑）

纪念我国著名社会学家和社会经济研究事业的开拓者陶孟和先生*

巫宝三

我从清华大学毕业在南开大学做了一年研究工作之后，即由初次见面的汤象龙同学的介绍，转到陶孟和先生（1888—1960 年）主持的社会调查所（设在北平，今北京）工作，那是在 1933 年。从那时起一直到陶孟和先生去世近 30 年的时间里，我都在陶老先生领导之下做研究工作。我未曾上过他的课，以前也未曾见过他，但实际上他是我受业最久的老师。在此时期中，我是在他培养、奖掖、赞助下进行研究工作的。我不是最早参加他创办的社会调查所的工作人员，但是，我是在他领导下工作时间最长的人之一。缅怀先师，就我所见所闻和所查到的书刊记载，记述他在学术事业方面的活动和贡献。

一　早年在天津受维新教育，继赴日本学教育学，后在英国学社会学，成为我国最早的著名社会学家

陶先生名履恭，字孟和，以字行，1888 年生，天津人。清末，

* 此文草就后，曾寄请有关方面审阅，承陶先生子陶愉生、女陶维大、陶先生至戚钱昌照、沈性元、陶先生友好陈翰笙、徐盈、陈振汉、社会调查所同事杨西孟、王子建、汤象龙、曾炳钧、千家驹、郑友揆、严仁赓、张培刚、严中平、罗尔纲、姚曾萌、李文治、汪敬虞、章有义、彭泽益、宗井滔、聂宝璋、张国辉诸位先生来函提出宝贵的修改意见，我对此深表谢意。此文现在经过修改，但其中如有错误和不当之处，仍当由笔者负责。

天津提倡新学的教育家严修（字范孙）创办家塾，延陶仲明（孟和先生之父）为塾师。1901 年，陶仲明因病早故，乃延张伯苓继之，于 1904 年改家塾为敬业中学堂。孟和先生一直在此就读。后此学堂迁往南开地区，改称南开学校[①]，孟和先生并在此校第一届师范班助理教学。[②] 由于他奋发努力，成绩优异，旋以官费生被派赴日本留学，入东京高等师范学校，学教育学。当时，他对中外地理特感兴趣，曾与同学收集大量资料，编译《中外地理大全》一书，共二卷，上卷为中国之部，下卷为外国之部，内容周详，受到学校和读者欢迎，在十年中再版七次。[③]

陶先生留学日本，为时恐只有二三年。听他说过，他曾因事回国，后改赴英国伦敦大学，学社会学。其时仍在清末。他在所译《社会进化史》一书的“序”中说，“我在十三年前最初研究社会学的时候，哈蒲浩士（Hobhouse）教授就举出这本书做参考”。所说“十三年前”是指 1910 年前。他在另一文《社会调查》[④] 中说，“六年前的春天，我在伦敦同同学梁君要编纂一部述中国社会生活的书”，所说“六年前”是 1912 年前。据此，陶先生就读英国，至晚是在 1910 年前，而在伦敦大学毕业获得科学学士学位，是在 1913 年。所说与梁君编著之书，即“*Vilalge and Town Life in China*”《中国乡村与城镇生活》，于 1915 年在伦敦出版，1923 年再版。[⑤] 这一著作是由陶先生在 1913 年发表的一篇论文“*The Family in China*”（《中国的家族制度》）扩展而成（此文发表于英国《社会学评论》

① 参考严仁赓《回忆陶孟和先生》一文，载《工商经济史料丛刊》第三集。

② 这是根据陶愉生来函所述。他说：“我在南开时，曾看到过南开第一届师范班毕业生的名单，第一名为梅贻琦，名单中没有我父亲。我家的长辈曾对我说，在张伯苓先生教第一届师范班时，我父亲是以相当于现在所谓的‘助教’身份出现的。”

③ 此书用陶履恭名与杨文洵合编，中华书局 1916 年初版。

④ 《新青年》1918 年第 4 卷第 3 期。又见《孟和文存》卷一。

⑤ 此书亦名《中国城乡生活与劳动》（*Life and Labour in China*）。

(*Sociological Review*, 1913)。此书是陶先生论述我国社会组织和社会思想的第一部著作，也是我国研究社会学的最早的一部著作。当时陶先生才27岁，但此书表明了他已经是一位学贯中西、熟悉古籍、卓有识见的学者。此书至少做出了以下三方面的贡献：(一) 提出了家族是中国社会结构的基层单位和核心。中国旧时代的伦理、政治、风俗、文学、宗教等，无一不从家族出发，而最后又回到家族。中国的家族具有许多社会功能，如养老、救贫等。它是封建专制暴虐统治的基础，但又在政府职能较少的情形下保持一种无人管的自治状态。由于工业不发达，几乎人人务农，家族收入微薄，但家族所有成员甘苦相同，等等。所有这些情况，使家族制度在长久的封建社会中成了极其重要的社会稳定因素。(二) 作者用比较研究的方法，指出中国与欧洲社会的历史发展和社会结构各有其特点，各有其利弊，未可以此概彼，这种研究方法和识见，在我国近代早期研究著作中，还是不多见的。(三) 批驳西方人士对于中国社会所做的歪曲论述。书中举出西方教会以及很多人士批评中国的祭祖风俗，认为是偶像崇拜，是崇拜鬼妖。作者批驳了这种谬论，认为中国的尊崇和祭祀祖先，是对于家族过去一些光荣历史的怀念，所谓慎终追远，具有教导和鼓励后人的作用。即使是勤苦劳动人民，父母常常以先人如何勤劳和受苦事迹教导其子女。从社会组织来说，祭祀祖先是有它的积极作用，无可厚非的。又西方学者对佛教传入中国所起的影响，多持否定论调，说佛教只是造出了虚妄的来世，除偶像崇拜外，没有对孔子思想体系增添了什么，等等。作者在书中用了两章的篇幅，从哲学、语言学、数学、宗教等方面，说明佛教传入中国在思想界及大众生活等方面所起的重要作用。所有以上论述，一方面表现了陶先生的博学和富有创见，另一方面也表现了他治学的科学态度，特别是作为一个中国人的高尚品格。

陶先生在英国研究社会学，大概受韦伯教授夫妇(Sidney and

Beatrice Webb）的影响很大。韦伯与萧伯纳等共同创立费边社，在英国从事社会改良主义运动，伦敦政治经济学院是费边社人创立的。他们认为，进行社会改革必须研习近代的经济学、政治学等社会科学，而韦伯则为该学院的主要主持人。韦伯对于劳工、失业、贫困、老年人等问题，做了很多调查，并对工时、养老金、工会组织等问题，在立法上提出了建议。韦伯夫人还在1912年新创了一个名叫"费边调查部"，从事工业管理等问题的调查。他们针对英国资本主义出现的种种经济和社会问题，企图通过立法和各种措施加以改善，而为了对于各个问题能有确切的认识，认为需要对各个问题进行调查研究。[①] 韦伯夫妇进行的这许多社会问题调查研究，对当时英国工会组织及活动、一些企业国有化运动，以及工时、工资等问题的立法，都产生了广泛的影响，恐怕也对陶先生有很大的影响。陶先生先学教育，原为启迪民智，挽救时弊。到英国后改学社会学，大概由于认识到改革社会和研究社会各种问题，更为重要。上面提到的他与梁君合写的英文本《中国乡村与城镇生活》一书，无疑就是他在英国学社会学联系中国实际所做出的最早的研究成果。以后回国，陶先生协助蔡元培先生改革北京大学，提倡研究社会科学，倡导科学和民主的新文化运动，以及随后创办社会研究机构，实地开展社会调查和社会经济研究工作，追溯学术思想渊源，恐与他在英国伦敦大学所受的政治和学术思想影响有关。

二　协助蔡元培改组北京大学，并提倡新文化运动

陶先生大约在1914年从英国回国，在1914—1928年期间任北京大学教授、名誉教授。蔡元培是在1917年年初就任北京大学校长的。陶先生对蔡元培改革北京大学，极力赞助。他和蔡元培都是当

① 参见薛嘘成等译《费边社史》，商务印书馆1922年版。

时学术界的名流学者。现在摘录我所见到的点滴记载，以证上说。（1）“据萧三回忆”，“毛泽东（1918 年在北京大学任职图书馆时）经杨昌济介绍，萧曾随他去访问过蔡元培、胡适、陶孟和等人”。[①]（2）1920 年年初杨昌济病故后，“蔡元培与马寅初、胡适、陶孟和四人联名刊登‘启事’，向北京大学师生征集赙金”。[②]（3）1922 年蔡元培“与李大钊、陶知行（陶行知）、陶孟和、高一涵、胡适、张慰慈等联名发表《我们的政治主张》”。[③] 以上事实说明，陶先生是当时以蔡元培为首的学术界的著名进步人士之一，他除在北京大学教授社会学等课程以外，与进步人士往来甚多，共同赞助北京大学名师和发表政治主张，对学术界和社会舆论影响很大。由于在学术上和政治上他与蔡元培都是契合无间的，所以，他对蔡元培主办的北京大学的改革和发展，非常热心效力。这一点也有两事为证。（1）陶先生在 1919 年赴欧考察时，时时注意为北京大学罗致人才。是时他在英国见到李四光和丁燮林（丁西林），即盛赞他们为“不多觏之材”，致函胡适说：“望与校长一商，如能得两君来吾校，则大佳矣。”[④] 后来李、丁两位俱被北京大学延聘，使北京大学又增加两位著名教授。（2）陶先生知识广博，对新出版书籍，非常注意，对图书馆入藏书籍很热心。他在英国时即为北京大学图书馆购买了两本新书，一为关于社会改造问题的，一为关于化学的，他致书胡适说，“请转告守常兄”。[⑤] 从这些事可以看到，他是何等热心于教育和学术事业，为北京大学的改革和发展做出了贡献。

北京大学是新文化运动和五四运动的策源地，《新青年》杂志是新文化运动和五四运动的号角，陶先生正是在这时与北京大学教授

① 高平叔：《蔡元培与毛泽东》，《群言》1986 年第 2 期。

② 同上。又见高平叔编著《蔡元培年谱》，第 54 页。

③ 上引《蔡元培年谱》，第 66 页。

④ 《胡适来往书信选》（上），第 80 页。

⑤ 同上。

陈独秀、胡适等倡导新文化运动和五四运动的主要人士之一。他在《新青年》《新教育》等杂志发表了很多文章。他对《新青年》杂志非常热心，常与友人盛赞《新青年》的精神。他在1919年3月致胡适函中说，“设《新青年》之精神得以贯彻，亦可喜也”。[①] 陶先生从《新青年》第二卷起，即不断在其上发表论文，计从第二卷（1917年）直至第八卷（1920年），共发表文章十余篇，其中有论文，有演说稿，有文学译文，几乎每期都有他的文章。在这些文章中，他极力提倡科学和民主，提倡改革和刷新，提倡研究社会问题和调查社会实际情况，表现了他的新思想、他的科学态度以及他的求改革社会的精神。他的这些文章，即使在现在读来，还给人以清新之感，还未因时间的流逝而消失其立论和对问题分析的意义。陶先生是博学的，在《新青年》发表和《孟和文存》收集的著作所涉及的方面很广，有政治、教育、历史、文学以及社会各个方面。本文不能全面地概述他在上述各个方面的论著，但他这个时期（1916—1924年）[②] 在政治思想和学术思想上的特殊贡献，不可不述。这至少可从下列三个方面来说明。

（1）陶先生主张改革社会制度，使“民国”变为“人民的国家，民治（民主）的国家”。他在这方面发表了不少文章，其最重要者有《社会》（《新青年》第3卷第2期）、《我们政治的生命》（《新青年》第4卷第4期）、《战后之欧洲》（原名《游欧之感想》《新青年》第7卷第1期）、《怎样解决中国的问题》（孟和文存》第1卷）。在《社会》一文中，除从理论上阐述社会关系和社会制度的产生和作用之外，还指出，我国“举凡家族制度、婚姻制度、劳动制度、政治制度、教育制度、交际制度，乃及其他无量数之制度，

① 《胡适来往书信选》（上），第33页。

② 《孟和文存》除收有《新青年》部分著文外，还收有《新教育》《太平洋》《努力》等杂志的著文，时间起自1916—1924年。

何一不亟当改革，谋根本之刷新”。在《我们政治的生命》一文中，则从推翻专制的观念和掀倒奴隶的桎梏说起，最后提出，我们“要使八岁的民国，变成人民的国家、民治（民主）的国家”。在《游欧之感想》一文中说，英法美诸国有了这一番大经验，他们想改革，反观我国，“让我们大家一齐联合起来，去解决我们自己最迫切的政治、经济、社会问题吧”。陶先生这些主张和呼吁，以学理和现实情况为根据，是站在时代潮流前面的，是表达了人民大众的要求的。陶先生的改革社会制度主张的一个特点，是他的科学态度。他认为，要改革社会制度，必须先了解问题之所在。他在《怎样解决中国的问题》一文中，认为一个社会问题不是简单的，不是孤立的，而是很复杂的。彼此有连带关系的，因此，认为解决中国的问题，“我们的见解就是先求了解”。“有了真的了解，就得到真的解决。”

（2）陶先生主张开展社会各方面的调查，尤其是乡村调查，并对中国社会问题做出了分析，提出了他的见解。在这方面，他发表的重要文章有《社会调查（一）导言》（《新青年》第4卷第3期）、《北京人力车夫的生活情形》（《孟和文存》卷二）、《中国的人民的分析》（《孟和文存》卷一）、《贫穷与人口问题》（《新青年》第7卷第4期）①、《女子问题》（《新青年》第4卷第1期）、《新青年之新道德》（《新青年》第4卷第2期）、《欧美之劳动问题》（《孟和文存》卷二）等。在《社会调查（一）导言》一文中，他一开头就说：“我向来抱着一种宏愿，要把中国社会的各方面全调查一番，这个调查除了学术上的趣味以外，还有实际的功用。一则可以知道我国社会的好处……一则可以寻出吾国社会上种种，凡是使人民不得其所，或阻害人民发达之点，当讲求改良的方法。”他在阐述中国史籍对于社会状况和人民生活记载特少等之后，还提出，“所以我们要

① 《新青年》各文先皆用陶履恭名。以后著作用陶孟和名，自此文始。

从事社会调查，应该先从乡村生活农民生活方面着手”。陶先生这个“宏愿”，从1926年他创办调查研究机构起，是全力为之奋斗的。他的《北京人力车夫之生活情形》一文，是这个“宏愿”的最早的贯彻。1914—1915年，有一个“北京社会实进会”服务团，曾对北京各区人力车夫职业与生活的情形，做了一些调查，陶先生受该会之托，将调查资料编写报告，此文是该报告的节略。陶先生在此文最末说：“吾之撰此文，希望吾人尽其所能，多少改进为吾人交通上辛苦之同胞，俾其日有进步。”此文恐怕是我国学术界对于劳动人民生活最早的一篇记述和研究，由此可见陶先生在学术研究上的开拓精神。《中国的人民的分析》一文，是针对那时口头上咏赞共和制度而不了解人民的情形而写的。他在没有人口统计与调查资料情形之下，根据“耳闻目睹”的事实，“勉强”“推测”中国人口的构成如下：①“极大部分（百分之九十九?）都是小农人”。②商人，其中一大部分是小商贩。此外，还有大商人、盐商与洋商。③工人，“我们一大部分的工是农民兼作的，如织布、织篮”。“又一大部分的工是由商人兼作的”。“纯粹的工人是极稀少的，大概除了在铁路上与各商埠的工厂里以外，并没有工人的。”④“有资本的工业家”，“势力很微弱”。⑤银行家，主要向政府贷款。⑥士，“不能独立生产，是要靠着人吃饭的”。他得出结论说：“欧洲宪政的发展是靠着贵族大商业家与工业家所谓第三阶级的，最近才是靠着劳动阶级与妇女的，我们靠着那个阶级呢？民治（民主）是一个高尚的理想……要设法增高人民的程度，使他们有资格能够实行那个理想。”陶先生这篇论文，是按职业分析中国社会的构成的。这个分析显然不是根据阶级斗争的理论，但他从各业人口的比重来探讨中国社会的问题，在分析方法上是具有开拓性的，在问题的提出上也是具有根本性的。此外，《贫穷与人口问题》一文指出，“中国的贫穷更是与人口的关系小，与政治及经济的关系大”；《女子问题》一文指出，“妇女地位的改变，要从经济、教育、思想三方的发达，才能解决”，《新青年之新道德》一文指出，“新道德是创造的（非旧道德），进取的（为人的），和有知识的（新知识）”。这些见解无疑是进步的，是具有真知灼见的。

（3）主张改革和发展大学教育，拥护平民教育运动。在这方面的重要论文，有《论大学教育》（《孟和文存》第3卷）、《大学课程问题》（同上）、《留学问题》（同上）、《论平民教育运动》（同上）。陶先生在《论大学教育》一文中指出，我国提高学术和发达文化的必要以及当时大学之少和质量之低。必须注重改革大学教育。他认为，“今日大学改善之问题，不全在财政，而尤在乎人才。盖二十世纪之新发见，厥为组织。苟得其人而善为组织，则事毕举”。陶先生此言，是以蔡元培先生在北京大学的改革成效为其根据的。他自己亦为北京大学罗致人才，如前所述。陶先生还参考国外教育事业的发展，提出用函授法、设公共图书馆等办法，发展公民大学教育，这在当时也是非常可贵的建议。在《大学课程问题》一文中，他反对枝节的、零散的学习，参考国外大学经验，提出要设《科学通论》这样的课程，使学生能得到系统的概括的知识，并提倡师生共同定期会晤和自由讨论所读书刊而提出的问题。这些意见，看来到现在仍然是有意义的。还值得一提的是，他对于留学问题，提出应选派“在中国环境内受了专门教育”的优等毕业生。他对于过去大量出洋，“形形色色、活动驳杂”的留学生，感到“使吾厌烦不置”。他在《新青年》（第4卷第4期）发表的《随感录》表述了上述感想，并说，“吾观吾国国立大学三数英秀之才，其学问，其眼光，其见解，其思想，其德行，远出所谓留学生者之上，其不及留学生者，即未能常用西餐，乘自动车，散步于通街，或流连于跳舞场而已”。陶先生这种见解，后来体现在所创办的社会调查所大量任用本国大学毕业生进行研究工作上。

三　主持社会调查所，开创我国社会经济研究的园地

陶先生在《社会调查（一）导言》一文所述“要把中国社会的各方面全调查一番”的“宏愿”，终于在1926年开始生根发芽了。

陶先生提出的社会调查计划，得到了国内外人士的赞同。在1926年2月，美国的一个社会宗教团体通知设在北京的中华教育文化基金会（分配和管理使用美国退还庚子赔款的机构），愿捐赠专款三年，委托该会办理社会调查事业。该基金会随即决定接受此项赠款，在该会之下增设社会调查部，从事社会调查工作，并聘陶先生主其事。[①] 这个机构一成立，陶先生即把过去多年的构想和初步进行的调查研究（如上述《中国乡村与城镇生活》和《北京人力车夫之生活情形》，进一步加以贯彻。他首先提出三项研究课题：一为对“社会调查方法”进行系统的研究，二为对北京工人生活费的调查研究，三为对北京郊区农民生活费的调查研究。其时，调查研究人员及计算人员仅有8人，其中骨干系来自北京大学和他校毕业生，如樊弘、杨西孟、王子建三位就是最早参加这项工作的。上述三项工作在陶先生和李景汉（任研究主任）指导之下，在1927—1929年都完成并出版。樊弘《社会调查方法》1927年出版；陶孟和《北平生活费之分析》（其中杨西孟做了大量统计工作）1928年出版；李景汉《北平郊外之乡村家庭》1929年出版。此外，在陶先生指导之下，由王清彬、林颂河等编了第一次《中国劳动年鉴》一书，1928年出版。上述这些调查研究工作，都是开创性工作。这些工作的进行和在短期内完成，在社会经济问题的研究上，是一个良好的开端，为随后社会调查所作为一个独立机构的建立打下了基础。所说开创性工作，至少有两个重要方面值得特别指出：

① 参见《社会调查所概况》，1933年版。

一是陶先生特别注重调查研究的，是工人和农民的生计问题，这些人构成国民的绝大多数，并且是生计最为贫困，亟待解决的。后来，陶先生在杨西孟著《上海工人生活程度的一个研究》序中说，“本所在民国十五年成立的时候，便觉得生活费是劳动问题，社会经济问题的根本，在中国实有系统调查的必要”。这就是他为什么着重调查研究工人生活费的缘由。在《北平生活费之分析》一书中，调查了28户工人家庭的组成、职业收入和支出、支出的项目、失业、借债等情况。这些工人包括人力车夫、制袜、制花、理发、招待、学徒等男21种职业，女12种职业。小学教员，调查了12户。陶先生特别指出，小学教员收入低，而对国家，特别是对于下一代，所做的贡献大，了解这一个重要阶层的生计情况，非常重要。这个调查，户数虽少，但仍可从调查中了解这个重要阶层不少情况（参见此书第一章“引论”）。在《北平郊外乡村家庭》一书中，共调查了164家，其中一个村100家距城里甚近，村人职业主要是工匠、车夫、小贩等，另外三个村64家是以种地或打石为业的农民家庭。调查项目主要是家庭人口、婚姻、收支、教育、借贷等情况。由此我们可以看到，陶先生创办机构和从事社会问题调查研究的基本出发点和重点，是在于系统观察和确切认识我国社会基本群众的各种社会问题。“以供计划经济建设者之参考”［参见《社会调查所概况》(1933年)“一、宗旨”］。陶先生在学术上的这种开拓精神和实干精神，在当时学术界实在是不多见的。

二是陶先生主持的调查，强调调查方法的科学性。他所主持的北平生活费调查，工人部分，共调查了6个月，由调查员每日（星期日除外）到各家记账，并且由女调查员担任，以便向家庭主妇了解账目。通过记账法，累积材料，然后再进行分项计算，系统研究。像这样的详细调查研究，在当时也是首见的，而为以后扩展城市工人和乡村农民生活费调查研究开了先河。

中华文化教育基金会是一个行政管理机构，在其下附设一个学术研究性质的社会调查部，乃是权宜之计，对于调查研究事业的发展，终非所依。对此，身主其事的陶先生，当然感到更有改变的必要。大约在1927年或1928年，他在致胡适函中说，“现在能够明白社会科学研究重要的人很少，就是稍为明白，也缺乏远大的眼光。像这个小机关永远做一个行政机关的小附庸，终非长久之策”。“我现在正在起草一种意见书及计划，将来请你教正”。[①] 陶先生的意见和计划，就是使这个附属机构变为独立的机构，并加以发展。而这个计划终于在1929年7月1日实现了，即把社会调查部改组为独立机构，更名为社会调查所。《社会调查所概况》说：“十八年七月改组以后，本所始有独立之组织。首由中基会聘陶君孟和为所长，而另设社会调查所委员会。所内规模亦略事扩充。”“专门学术机关之规模于是乎粗具”。这里应该着重指出，社会调查所是一个专门研究社会科学的学术机关。这样的学术研究机关的创立，在我国实以社会调查所与南京政府设立的中央研究院社会科学研究所（1928年成立，1929年开始工作）为最早。正因为社会调查所是一个独立的专门学术机关，自1929年成立后至抗战前一段期间（社会调查所于1934年与中央研究院社会科学研究所合并，沿用“社会科学研究所”名称，隶中央研究院），各项调查研究工作乃得以大量开展。可以说，这一段期间，是社会调查所的兴盛时期，也是陶先生的“宏愿”开始得以实现的时期。兹举他在这时期领导这一研究机构的基本情况和特点述之如下。

（一）指导思想

陶先生办理社会调查研究事业的指导思想，在1918年《社会调

① 《胡适来往书信选》下册，第450—481页。

查》一文已发其端，在1932年《社会调查所概况》小册子中所述“宗旨”中，亦已做了概说，但系统的叙述，是在他1944年的一篇讲稿《中国社会之研究》[①] 中，这可以说是对他长期办理社会调查研究事业从理论上所做的总结。只有充分了解他办理社会调查研究的指导思想，才能理解自1926年社会调查部以后各项调查研究事业的发展，等等。兹录他在《中国社会之研究》所述要点如下：

> 要研究中国社会，当然是研究我们目前的、现时的社会。此项研究，首先需要对于社会做系统的观察，就是应用社会调查的技术。……为研究便利起见，必须将它划分为若干方面或多少专题，从事观察探讨。由多少人通力合作，一步一步地做去。他们日积月累所得的成果，可以使我们扩大对于整个社会的认识。
>
> 更确切地认识现时的社会，不能以限于考察现状，同时还须追溯它的过去。人类是有历史的，他的现状主要的是历史的产物。……所以要研究今日的中国社会，必须对于过去的中国社会予以探讨。
>
> 社会学的观点是看社会的总体，不单看它的某一方面；是注意人的全面生活，物质的、感情的、知识的，等等。而不是单看他的一种生活，如经济学专注重人的物质生活。但人有了好的物质生活，未必便有幸福的社会生活，如夫妇关系、社会关系未必同时健全。

以上所录，仅是陶先生论述的片段，但由此可以看到他对于研究中国社会的基本思想，即为了认识它的整体，必须对它的各个方面和各个问题进行系统的研究，并且要各方面通力合作地来进行研

① 中央训练团党政高级训练班编印，1944年2月。

究。他举出社会生活（如生活费用）、社会组织（如家庭）、社会制度（如商品交换、雇佣劳动、婚姻等）、人口情态等，都是需要研究的社会问题。在理论方面，有社会盛衰、民族兴亡等理论。我们随即可以看到，从1929年以后（事实上是从1926年以后）社会调查所的各项调查研究工作的开展，就是在此指导思想之下进行的。在此顺便可以说明一下，为什么在1934年社会调查所与中央研究院社会科学研究所合并后，即沿用“社会科学研究所”之名称，但至1945年起，又改用“社会学研究所”的名称呢？这完全不是由于陶先生对“社会科学”这个概念有何疑义；相反，他认为，社会学是社会科学较近发展的一个学科，而社会科学与自然科学同样是科学。他曾著一文《社会科学是科学吗?》[①]，力驳认为社会科学不能称为科学的种种议论。社会科学研究所于1945年又改称社会学研究所的原因，我没有听他说过，我猜想是因为社会科学包括政治学、法律学、经济学、社会学等学科，范围很广。中央研究院在初创时，曾着手开创许多学科的研究工作，但终因人力单薄，只有陈翰笙先生主持的社会学组工作得以积极进行，其他组的工作多未能开展。大概陶先生总结多年办所的经验，倒认为社会科学研究所事实上并没有进行研究它所包含的所有学科，既然如此，反而不如用“社会学研究”的名称较为符合实际。还有一个问题，自1929年以后，社会调查所的研究项目以经济问题为最多，有些原有研究项目如人口问题、劳动问题等，以后亦未能继续，为什么陶先生没有把社会调查所改称为经济研究所呢？我想大概他认为，社会研究可以包括经济研究，同时他是以社会学家主持这个研究机构，用“社会学研究所”这个名称，正符合他办研究机构是在于研究中国社会问题的一贯宗旨，也表明他锲而不舍的科学研究精神。

---

① 《社会科学杂志》1930年第1卷第1期。

（二）社会经济问题调查研究的全面展开，并与其他研究机构通力合作，推进研究事业的发展

单就1932年年底编写的《社会调查所概况》所述来讲，那时研究科目已有中国近代经济史、政治制度、经济理论、工业经济、农业经济、对外贸易、财政金融、劳动问题、人口问题、统计10类，有研究员12人，研究生（协助或独立从事研究工作）10人。在这些研究科目中，农业经济、工业经济、劳动问题、人口问题、工人生活费统计、近代经济史几项是重点。

在农业经济方面，有曲直生、韩德章、王守礼等参加工作。那时进行的主要调查研究工作有：（1）河北、山东棉花贩运调查；（2）河北深泽县农村经济调查；（3）与中央研究院社会科学研究所合作调查河北清苑县农村经济；（4）定县集市调查；（5）安国县药材市场调查；（6）华北粮食生产、运销、消费调查。

在工业经济方面，有吴半农、王子建、王镇中等参加工作。工作主要有：（1）编辑《中国经济发展问题丛书》，如“铁、煤及石油”、交通业等。（2）调查全国重要工业，先从轻工业棉纺织业开始。

在劳动问题方面，项目最多，这与从1926年起即开始此项工作有关。计有：（1）续编第二次《中国劳动年鉴》；（2）《国际劳工组织》；（3）河北及平津劳资争议之研究；（4）塘沽工厂工人调查；（5）上海工人家计调查；（6）华北铁路工人工资调查；（7）天津面粉工人工资调查；（8）华北纺织工人工资调查；（9）山东中兴煤矿工人工资调查。这些工作由杨西孟、林颂河、曾炳钧、刘心铨、吴铎等继续进行。

在人口问题方面，主要整理和研究近代中外人士对于中国人口的估计和研究各省人口统计，由王士达担任。

在统计方面，主要是编制《北平生活费指数》和《月报》（这

是我国最早编印的生活费指数），编著《指数公式总论》等，主要由杨西孟担任。

在近代经济史方面，主要是利用故宫文献馆档案材料，系统地研究过去二百年来经济发展状况。这项工作有汤象龙、罗玉东、刘隽等参加。

以上这些调查研究，可以说是五四新文化运动以后由工农运动的蓬勃发展所提出的课题。陶先生作为五四新文化运动的倡导者之一，从学术上继续研究这些社会问题为社会改革提供依据，这是很自然的。

社会调查所除在本所开展研究工作之外，还与其他研究机构通力合作，共同推动社会经济研究工作的发展。有与中央研究院社会科学研究所陈翰笙主持的社会学组合作进行农村经济调查，计有清苑县农村经济调查和浙江农村经济调查资料的整理，以及工资理论研究。后一项工作是由樊弘担任的。这些调查研究，都根据具体情形，或归中央研究院整理，或由社会调查所整理，充分体现为发展研究事业而表现的通力合作精神。另外，社会调查所还资助南开大学何廉主持的社会经济研究委员会（不久后改名为南开经济研究所）举办天津工人生活费调查和天津地毯工厂劳工状况调查。还有，上海工人家计调查以及编写上海工人生活费指数，亦是由社会调查所资助与当时财政部驻沪调查货价处合作进行。后来，天津、上海工人生活费指数的继续编制和公布，以及天津、上海物价指数的编制和发布，都可溯源于社会调查所对上述调查研究的资助与合作。

社会调查所是时的研究工作，亦蜚声海外。1931 年，国际工业关系协进会（The International Industrial Relations Assosiation）在荷兰海牙召开世界社会经济会议，特先期委托社会调查所提交《中国之工业与劳工》一文，后由陶先生与林颂河撰述；同年，太平洋国际学会（Institute of Pacific Relations）在上海举行第四次会议，亦先期委托社会调查所提交《中国劳工生活程度》一文，此文后亦由陶先生撰述。以后，此项国外学术交流，继续不断。

以上所述，主要是1929—1931年社会调查所的各项调查研究工作。在1932年至抗战前，各项工作继续发展。除农业、工业经济研究有吴半农、千家驹、韩德章所著《广西省经济概况》，王子建、王镇中所著《七省华商纱厂调查报告》外，财政金融和对内、对外贸易研究，也都成为研究重点。在财政金融方面的重要著作，有千家驹的《中国的内债》，吴承禧的《中国的银行》，朱炳南、严仁赓的《北平之市财政》，余捷琼的《中国新货币政策》等。在对内、对外贸易方面的重要著作，有巫宝三、张之毅的《福建省食粮之运销》，张培刚、张之毅的《浙江省食粮之运销》，蔡谦、郑友揆的《中国各通商口岸对各国进出口贸易统计：1919、1927—1931》及巫宝三的《中国粮食对外贸易：1912—1931》等。此外，在经济史方面，有汤象龙的《咸丰朝的货币》、梁方仲的《一条鞭法》等。

在这一时期内，作为社会调查所的一种学术期刊而由陶先生和曾炳钧主编的《社会科学杂志》于1930年年初创刊了。此刊主要发表所内研究论文，以后一直刊行。这也是国内社会科学研究方面的一个创举。在第一期，有陶先生和陈翰笙先生等的学术论文。1933年社会调查所还创刊了《中国近代经济史研究集刊》，发表所内这方面的研究论文，由陶先生与汤象龙主编，这也是研究我国近代经济史的最早刊物。

顺便说一说社会调查所与中央研究院社会科学研究所合并的事，此事经过不全为人所知，我先前亦不大清楚。据王子建回忆，在1928年蔡元培就任新成立的中央研究院院长前后，蔡先生曾邀孟和先生赴南京，商谈筹组社会科学研究所的事。大概孟和先生因自己已经组建了社会调查部，并且计划加以扩大（见上），所以不久还是回来了。[①] 后来，如上所述，社会调查所与中央研究院社会科学研究

① 王子建：《陶孟和怎样主持社会科学研究工作》，载《工商经济史料丛刊》第三辑。

所在调查研究工作上，通力合作得很好。那么为什么这两个机构后来又合并呢？原来是为情势所迫而出此。先是中央研究院社会科学研究所只有陈翰笙主持的社会学组在积极开展工作，而陈先生受当时政府迫害，不得不于1933年与他一道工作的研究人员离开中央研究院，至此中央研究院社会科学研究所几乎成为一个空机构。与此同时，在财政上资助社会调查所的中基会，则削减其预算，促其合并于中央研究院，类同“驱逐”和威胁其存在。对此，陶先生是非常恼怒的。他在致胡适书中曾说到此事，他说：

××（中基会总干事）逼我们一步一步得太紧了。先限制我们的预算，继之以促进合并（驱逐之变相），又继之取消我们对于现用的建筑所有权，并规定我们几时退出。现在竟公然地要求随时停止我们的补助费了。[①]

其时，丁文江是中央研究院总干事，他在致胡适书中亦说到此事：

当××（中基会总干事）提出合并的问题的时候，孟和就大怒，说××“压迫驱逐”。经我再三疏通……彼方表示可以合并。[②]

由此可知，在1934年陶先生之同意把接受资助而在学术上具有独立性的社会调查所合并到隶属于南京政府的中央研究院社会科学研究所，实出于不得已。不过，在合并以后，原来社会调查所仍保持其原貌，一切调查研究工作仍然按原计划进行。

① 《胡适来往书信选》，第250—251、252—253页。

② 同上。

（三）领导研究工作作风

陶先生创办研究事业在研究人员的配备上的一个要点，是录用国内大学毕业生，培育奖进，使他们逐步成长。他原是北京大学教授，所以，先是把研究人员的来源主要寄托在北京大学毕业生上。这也是由于在20年代前期，国内大学除北京大学外，尚少创立法科。1926年9月，陶先生与北京大学合办研究奖金，凡该校政治、法律、经济三系毕业生或已毕业学生的研究论文，都可以提请评奖，评定及格，由社会调查所给予奖金，并刊印其论文。此制曾实行，评奖过赵凤喈所著《中国妇女在法律上之地位》一文。但由于种种原因，此制未能继续，以后社会研究调查所成立，乃在所内采用研究生制，录用大学毕业生。在社会调查部时期，骨干人员如樊弘、杨西孟都来自北京大学。但陶先生不久便发现除北京大学外，其他学校如清华大学、燕京大学、南开大学等的毕业生，也是人员来源之地，所以，从1929年起至抗战前，北方的北京大学、清华大学、燕京大学、南开大学，南方的武汉大学、复旦大学、中山大学（南京）等校，都有毕业生参加社会调查所的研究队伍。他对录用这些毕业生是不抱成见的，凡是经学术界人士或本所人员推荐而所里工作需要和经费条件许可时，不管相识不相识，都被录用。我所见的许多人是如此，我自己也是如此。从1929年至抗战时期，研究人员中径从国外留学生聘来者，仅有4人，绝大多数研究人员都是国内大学毕业生。这种情形，使社会调查所产生一种现象，在我们研究人员中，常说社会调查所是“土包子”的研究所。可是，这些“土包子”朝气蓬勃，在陶先生领导之下，不断地做出研究成果，使社会经济研究事业日益发展，社会调查所日益壮大。这可以说是他录用和培养国内大学毕业生从事研究工作的方针的成功。但陶先生不是守旧派那样反对国外留学生。相反，他是主张去国外学有所成的，具体地说，他是主张在国内先做几年研究工作，有了一些研究经验和心得，然后再去国外进修。前面曾说过，他在五四时期，即对有些混头衔的留学生公开提出批评。他在社会调查所研究人员的配备上，采取录用和培养国内大学生为主的方针，大概就是基于这一思想。事实说明，他非常注意国外学术事业的发展，他根据需要与可能，以后不断地利用各种机会，选派所内研究人员赴国外进修。这些人员通过出国进修，以后都回到本所或在大学任教，继续为学术研究而努力。

陶先生领导研究工作的第二个要点是，发挥研究人员独立思考的作用，尊重学术上自由探讨和争鸣，在研究工作上从未见他"发号施令"，以己见强加于研究人员。在社会调查所的工作人员都可以回忆起，在他领导社会调查所的长时期中，他从来没有对所中工作做过讲话，对全体人员做过什么训示。他是一位不好发长篇大论的长者，他没有架子，热心与工作人员谈话，交流思想，他希望发挥工作人员的主动性和积极性。他的领导方式是，在研究人员研究课题确定之后，能看到研究工作的进度和成果，在研究过程中，研究人员完全有自由找他或找同事讨论问题，或根本不找他。他提倡多读书，多提出问题，多发表意见，多进行讨论。他提出的一个辅助学习研讨措施，是设立"读书会"，每两星期一次，起先多在晚间召开，不占用工作时间。在会中，研究人员（多数是轮流的）每次有一人报告研究心得和问题，或介绍新出版的国内外重要书籍，或报告外出调查或参观观感。研究人员平常忙于自己的研究工作，很少有接触的机会，这个读书会是一个很好的交流思想、启发思考、扩大知识面，以及增进了解和讨论问题的机会，这个读书会，很受大家欢迎，在抗战前一直坚持未断。抗战期间，在四川李庄工作稍为安定时，亦有一段时期恢复了"读书会"。陶先生就是想通过这种方法，来启发和激励大家的研究热情。

陶先生采取蔡元培先生的兼容并包的办学方针，力求发扬学术民主，使各种不同学派的学术思想，都可以在所里研究探讨，把社会调查所作为一个自由研究学术、探求真理的园地。在抗战前和抗战时期，马克思经济学说的研究和讨论，是被认可的。同时，所里也大量地介绍资产阶级经济学说。陶先生认为，这些都是学术研究，可以自由探讨。当然，“自由学术研究”不是没有立场和观点的。不过，陶先生不想把社会调查所办成一个当时政府的御用机构，则是可以断言的。

陶先生在处理研究行政工作上也有其特点。简言之，即精兵简政和高效率。在抗战前社会调查所处于最兴盛时期，研究人员约有30人，外有图书管理人员3人（包括剪报）、计算和抄写人员，合计固定和临时的多达四五十人。在这几十人的研究所中，计行政人员仅一文书，一会计，二庶务，其中，一兼出纳，一传达收发，一跑外，共6人而已。在陶先生主持社会调查所期间，行政人员从未多于此数。在抗战时期，行政人员更减至最低度，那时一文书兼管图书和收发，一会计，一出纳兼办事务，总共3人而已。陶先生为人宽厚随和，似非长于行政工作者，其实不然。他最反对人力、物力的浪费，处理所务，无论在研究工作或事务工作上，都采用当面对谈的方式解决，从未采用公文旅行的审批办法。因此，得能事简人少而效率高。另外，他对所内工作人员，高度信任，并有意识地培养鼓励，因而不但使研究人员，同时也使行政人员爱所如家，发挥工作上的积极性。其中有两个很突出的事例。一是不久前从现在的经济研究所退休的图书馆员宗井滔，1933年来所，本专管文书，因为他爱好书刊并勤学外语（不止一种），所以，到抗战时当原图书管理人员离任后，他就既是文书又是图书管理员，而他勤勤恳恳，朝夕如是，把所内图书摸得一清二楚。有时研究人员按卡片找书找不到，一问他，他立刻能把书找到。由于他能看懂几种外文，所以，他也能从几种外文杂志上提出新出版的重要图书，以备采购。他这种才能和工作精神，可以说是少见的，所以，到1980年评定职称时，学术委员会一致通过授予他研究员级图书馆员这个最高职称。宗井滔同志这种专心致志以管理图书馆为终身事业的志趣，不能不追溯到陶先生对他的培养和信赖，尤其重要的是，他受陶先生终身致力社会科学研究事业精神的熏陶。另一位是韩启桐的成长事迹，也可说明陶先生培养青年人的热情。韩启桐是一位中学毕业生，他1934年来所任计算员，由于他能力较强，很快升任统计管理员，负责管理20余人的计算组统计工作。后由于他熟悉统计业务并对统计学有所钻研，改任为助理研究员，从事对外贸易统计资料的整理。在抗战时期，陶先生为抗战胜利后对日和谈赔偿问题做准备，提出“抗战损失估计”课题，由韩启桐担任。到1946年韩启桐完成此工作，后遂升为副研究员。

四　八年抗日战争时期，辗转湘桂滇川，在困难条件下，坚持发展科研事业

1948年发表的《社会研究所概况》说：“二十六年（1937）抗战军兴后，本所自宁西迁，由湘而桂（廿六年冬），而滇（廿七年冬）[①]，最后于二十九年（1940）秋迁至四川南溪李庄附近乡间，继续工作。胜利后，本院奉令复员，本所乃于三十五年（1946）秋间由川迁返南京”。我于1936年赴美进修，1939年9月返抵昆明，对于社会科学研究所由宁而湘而桂种种情形未尝亲历（只知迁到广西阳朔，约有一年），只好从略。我到昆明时，搬迁工作已就绪，大家照常工作。是时社会科学研究所工作地点有三处，一处是在城内青云街竹安巷，是一所三合院，一面有小楼，陶先生一家及一两个工

① 原文为“而桂（廿七年冬），而滇（廿八年冬），有误。

作人员住在那里。一处是在郊区黑龙潭庙宇内一座大殿，单身工作人员多在那里，也是工作人数较多之处。再一处是落索坡，是一座土坯楼房，在楼上办公，有家属者和研究经济史者多在此处。落索坡是一乡村，离黑龙潭约三里，相互联系较便。落索坡还有一唐家祠堂（唐继尧墓庐），院落甚大，那时西南联大教授吴晗等及社会科学研究所研究人员汤象龙、梁方仲等都住在那里。再旁边不远，是龙头村，中央研究院历史语言研究所在该处。我是住在办公楼后的一户农家中。去年（1985）夏季《中国大百科全书》（经济学卷）编委会在昆明开会时，我曾漫步访看了陶老旧居，楼屋仍在。我也去看了看黑龙潭和落索坡旧址，黑龙潭现在是一郊外公园，整理得清新喜人，落索坡则村户大增，住宅栉比，我找了很久，才找到旧办公处及住处，皆完好，办公处现作公仓用，村中人相见不相识，盖去今已 45 年矣。

昆明是当时西南联大所在地，加上云南大学和中央研究院几个研究所，可说是文化人荟萃之地。当时物价暴涨，物资短缺，空袭频繁，大家生活非常清苦，居城内者，有时逃避空袭，奔赴郊外，疲惫不堪，但是，大家精神上则很愉快。特别有陶先生坐镇和他的表率作用，社会科学研究所同人都能安心工作。社会科学研究所在昆明为时不到两年，安顿与适应需时，在研究工作上，无何突出事项可述。但回想起来，陶先生当时在颠沛困苦生活中，仍积极筹划开展学术活动一事，颇值得一记。事情是，1940 年，陶先生与著名生物学家清华大学汤佩松教授发起用茶会形式，约集一些朋友讨论一些共同感兴趣的问题，并建议各人就所担任的专题写成论文，经过充分讨论，以后印成专书。我不记得此会开了几次，根据 1942 年陶先生为汤佩松和我合写的一书《农业十篇》① 所写的序文和书中

① 1943 年独立出版社出版。

所记，先后参加此讨论会的，有陶先生夫妇、汤佩松、吴半农、韩德章、丁佶、费孝通、谷春帆、曹立瀛和我。他在此长序中除叙述此书产生经过，并纵论社会科学与自然科学的异同以及研究社会科学的重要，可以说此文是他在1930年写的《社会科学是科学吗?》的续篇，与前面所述他在1944年的讲稿《中国社会之研究》，可以说是他一生中关于社会科学研究问题的三篇理论性文章。这里摘录他热心推动和参加在昆明的学术讨论经过的记述如次。陶先生是有文学修养的。序的开始很富于文学风格，他写道：

> 这是两年多以前的事情了。当时我们还住在昆明。一个秋天的下午，正是凡是享受过昆明的气候所永远不能忘记的天高气爽的好时节，汤佩松先生邀请几个人到北门外英国领事馆的花园里茶叙。……四周围排列着蓊郁的树木，连巍然的西山与明媚的湖景都给遮挡住了。大家围坐在浸满和煦可爱的阳光的草地上开始谈话。在这个静悄悄的自然环境，仿佛世外的一个小乐园里，我们暂时忘却了目前战争所给予我们的一切苦难，而凝注我们的心思讨论、计划我们国家的光明的将来。那些日子我们几个人正觉得农业问题并非如一般人所相信的只是一个技术问题，我们不满意这种看法。我们相信农业有它的人事的、社会的方面，农业牵连着许许多多的人事的、社会的问题。总而言之，农业政策除了技术的改良而外，还带着社会的经济的含义。一个健全的、可以实行的农业政策，固然要增进技术，但同时尤其重要的，必须认识这些含义，将它们分析清楚，并整理就绪。当时出席的除了我同我的太太以外①，便是汤佩松、

① 陶先生的夫人沈性仁女士，研究文学，在《新青年》上即有译作发表。她对于社会经济问题亦有兴趣，1920年与陶先生合译出版了凯恩斯的新著《欧洲和议后的经济》，列为《新青年丛书》第六种。

> 吴半农、巫宝三、韩德章四位先生。……他们当然对于农业政策持着与我们相同的意见。这是一个志同道合的人的一个集合。经过了相当的讨论与意见交换之后，汤先生便提议由出席的人各担任若干专门题目，写成论文宣读，经过充分讨论以后，再将论文写成定稿，印为专书。大家对于这个提议都欣然答应，并提议邀请丁佶、费孝通二位先生参加。

这段生动的文字，把陶老一心为学术研究的思想和情操都体现出来了，这是在陶先生的其他文章中不大见到的，故录之于此。这也是一则史料。

社会科学研究所于1940年迁到四川李庄以后，整整住了六个年头。人心定了，时间长了，虽然人员不多，在此期间也做出了一些研究成果。李庄是在叙府（宜宾）下，长江旁的一个集镇，同济大学已先迁到此镇，中央研究院社会科学研究所、历史语言研究所、人体所，还有梁思成主持的营造学社，则分布在邻近乡村。另有中央博物院筹备处亦在镇上。可以说，李庄亦当时一小文化区也。社会科学研究所大致与在昆明时相同，一处在门官田村，单身人及住镇上者都在此工作，图书和行政工作亦集中于此，可以说是社会科学研究所的总部。另一处在石崖湾村，住家者和研究经济史研究组的部分人员在此工作。陶先生夫妇住在镇上。李庄虽说是一个文化区，但与西南联大所在地的昆明，大有不同。同济大学是一理工医大学，无文法科，因此陶先生同辈友好在此不多，经常来往晤谈者，仅梁思永、思成兄弟，李济、董作宾等数人而已。同时陶先生的夫人当时健康欠佳，后去兰州休养，在抗战后期病故，陶先生大半时间住在李庄，生活孤寂可知。但处境虽然如此，他对扶植研究事业的热情，一仍往昔。在夏季，他头戴大草帽，身着灰短裤，徒步往返于镇上与门官田的情景，犹历历在目。

在陶先生领导之下，社会科学研究所在此期间的研究工作有几项受到有关方面的重视。一是前面提到过的“抗战损失研究和估计”。陶先生对第一次世界大战各国各方面损失估计以及和会谈判情形十分了解，所以，提出早日进行研究，为以后抗战胜利和会谈判赔偿问题提供材料做准备，这是一项具有预见性的重要研究工作。我记得解放后在中日复交谈判中，周总理曾派人了解过去社会科学研究所做的抗战损失估计。虽然后来我国为表示对日本人民宽大友好，放弃赔款要求，但仍证明这项研究估计工作是有意义的。二是关于我国国民所得（国民收入）的研究。这是我在那时所提出的一个研究项目。我记得当我向他征求意见时，他表示非常赞成，以后在配备助手进行此项工作上，他给予充分的支持。这项工作是在李庄与汪敬虞、章有义、马黎元、南钟万等同志一道完成的，可以说，如果没有陶先生的支持，这项工作是不可能顺利完成的。此外，尚有丁文治、彭雨新等的田赋征实的研究。徐义生的《广西省县行政关系研究》、姚曾荫的《广东华侨汇款研究》，等等，就不一一具述了。三是关于社会经济史的研究，包括罗尔纲的《太平天国革命史》、严中平的《我国棉纺织业史》、梁方仲的《明代一条鞭法》、李文治的《晚明民变》等研究，都成就卓著。我记得有一次我在陶先生乡间办公室里看到他在用英文写稿子，他告诉我，他在为严中平的《棉纺织业史》的书稿译成英文。[①] 这不禁使我十分敬佩他不辞辛劳为学术工作而效力的精神。总之，在李庄这几年中，虽然工作和生活条件都十分恶劣（门官田的办公室隔壁就是牛棚，仅有竹“墙”相隔，真可谓与牛马为伍），社会科学研究所的研究工作还是有成绩的，而这成绩的取得，实由于陶先生的不为名、不为利，一心为学术研究，甘苦以之的精神所感召。在这期间，还有不少青年

① 这是受“太平洋学会”资助的一项研究。

从重庆中大、武大、湖南大学、西南联大远来参加社会所的研究队伍，陶先生都表示欢迎。当时这些青年，现在都已成为专家了。

在此我还想谈谈陶先生的政治态度。在李庄，我与丁文治也是住在镇上的。稍后我妻孙家琇去武汉大学任教，我和陶先生常在一道晚餐（晚餐是由门官田食堂带回的）。他当时以社会贤达被选为国民参政会参政员，每年总有一两次去重庆参加参政会和中央研究院的会议，有很多官场见闻，我现在记得不多，但有二则一直深印在我脑海。一是关于国民党政府腐败情形，记得他引用周贻春（抗战前曾任清华大学校长，当时任农林部长）的话说，国民党政府已经烂到核心了（Rotten to the Core），就是说不可救药了。另一则是他谈到一些趋炎附势的所谓名流，说这种人见到最高层人物，屁股坐在椅子边边上，只能连声道是。寥寥数语，把一些名流形容得惟妙惟肖，令人捧腹不止。这两则谈论，语简意赅，可以说明陶先生之尽瘁于社会所，并不寄存希望于国民党政府，自己更不愿染指官场，而是旨在培育和保存一些人才，对社会经济现实和历史进行一些系统研究，俾有助于社会经济改革的参考。所谓“留得青山在”者是也。

在此期间，还有一事表现了陶先生待人处世的风格，亦令我毕生难忘。1944 年时，抗战胜利在望，重庆有“善后救济总署”之设，是处理和分配美国提供的剩余物资从事战后救济的机构。当时蒋廷黻任署长，一些好心的朋友向他推荐我任该署调查处处长。蒋遂致电陶先生征求意见，大公报并已做了报道。陶先生接电后，举以示我，未提出任何可否意见，意思是让我自己决定。后来，我表示我手头的研究工作正在进行中，不想离所任该职。陶先生遂据我意见以复，亦未对此发何议论。他在此事上尊重我的意见的态度，使我深受教益。事实上，我之未接受此职，是感到官场生活，非己所习。与其疲于逢迎，还不如僻处穷乡，落个清净。我想我这个思想，也很多得之于陶先生的身教。

五　解放战争时期，坚守岗位，反对迁台，迎接解放

抗日战争胜利了，解放战争开始了。社会学研究所于1946年从四川迁回南京。当时国民党政府已日益临近崩溃，随着几大战役的失败，遂企图南逃，以图幸存。在这整个形势中，中央研究院各研究所及珍本图书文物，亦在奉令准备南迁以及最后迁台之中。陶先生是反对与国民党政府共存亡的。他极力反对中央研究院南迁。他想如果不能阻止整个中央研究院南迁，至少他也要把社会学研究所和尽可能其他所保存下来。同时，他对故宫博物院珍藏文物和北京图书馆珍本图书的流失，非常关心，也极力反对南迁的计议。陶先生其时患有心脏病，他不顾年老体弱，单身住在研究所办公室，照常主持所务，给所里工作人员以精神上的支持，同时也与当时恶势力做斗争。随着1948年解放战争的节节胜利，国民党政府的南逃和迁台计谋在加紧进行。陶先生为了揭露南京政府南迁古物图书的阴谋和发动社会舆论来阻止这种阴谋的进行，在不同场合呼吁广大社会人士起来一致反对国民党政府南迁古物图书的举动。当时国民党政府特务分子制造种种谣言，污蔑共产党和解放军，企图混淆黑白，扰乱民心，达到它骗惑群众随其南逃的目的。我在1947年冬赴美进修，当我在1948年冬回到南京后，即有友人告诉我社会上流传着一些谣言。陶先生的呼吁，是代表文化界与国民党政府阴谋对着干的一种行动，起到揭露阴谋和镇定民心的作用，也显然冒了被特务分子列入黑名单的危险。但陶先生正义凛然，毫不为所动。待稍后南京机关大搬场时，中央和北平两图书馆的善本图书以及故宫的最精美艺术品，都先后搬去台湾，陶先生在《大公报》发表署名文章《搬回古物图书》（1949年3月6日）。陶先生说，对于这种搬迁，“我们积极的反对，我们严厉的予以斥责。我们主张应该由政府尽速将它们运回”。他所列举的“最根本的反对理由”是“这些古物与

图书决不是属于任何个人、任何党派”，“它们是属于国家的，属于整个民族的，属于一切的人民的”。于此，陶先生反对国民党政府倒行逆施的立场表现得再清楚不过了。

陶先生的这种立场还表现在反对中央研究院迁台一事上。1948年，中央研究院奉命全部迁往台湾。中央研究院在南京有地质所、气象所、数学所、物理所、天文台、历史语言研究所、社会学研究所等，在这些所的所长中，当时有坚决主张不搬的，也有主张搬走的，陶先生是坚决主张不搬的。据所里很多同志回忆，陶先生当时对大家说，“朱家骅（当时是中央研究院院长）是我的学生，我可以顶他，他不会把我怎么样”。[①] 全所人员一致拥护陶先生的主张。陶先生和全所人员这种主张，极大地鼓舞了南京各研究所反搬迁的斗争，也对中央研究院在上海的各研究所在反搬迁斗争上产生重要影响。到1949年4月下旬南京解放时，尽管南京个别研究所如历史语言研究所在这之前已与中央研究院总办事处去台（但也有不少人未去，如梁思永、夏鼐、丁声树、张政烺、傅乐焕、王崇武等），社会学研究所工作人员则坚守岗位，护院护所，没有一个人跟随他们去台湾，所里图书资料没有丝毫损失，这应完全归功于陶先生的反搬迁和迎接解放的坚定主张。解放军入驻南京之次日，三野司令员陈毅将军着衣灰布军服，带一位警卫员，来社会学研究所办公楼看望陶先生，陶先生事先固不知也，即衣布长袍至会客室，互道姓名以后，乃知是陈总。此情此景，至今犹历历在目。

解放战争时期，国统区纸币几成废纸，物价无限制地上涨。人民生活可谓朝不保夕。在此时期，社会学研究所的研究工作亦很难希望如平时那样进行。但陶先生处此艰苦时期，除一方面不断地与

① 参见李文治、汪敬虞、彭泽益《关于陶孟和先生》一文，载《工商经济史资料丛刊》第三集。

顽固势力做斗争外，还积极地为社会学研究所开展研究工作准备条件。在这方面较为突出者，是陶先生在此期间注意延聘和吸收各级研究人员。因为在抗战八年辗转湘桂滇川各地时，所里研究人员或因大学任课需要，或因政府经济工作需要，或因出国进修，等等，不少人员离开研究所，所以，在胜利后陶先生多方延聘研究人员，如聘许烺光教授为专任研究员，聘陈振汉、张培刚二教授为兼任研究员，等等，同时也录用一些大学和大学研究院毕业的青年人员来研究所做研究工作，如彭泽益、刘国光、万典武等，都是在这一时期参加社会学研究所的。虽然由于当时物价狂涨、生活不安定等原因，所聘人员有的未能到所任职，但陶先生为开展研究工作而积蓄和培育人才的措施，在解放后新中国的研究工作中就结出丰硕的果实了。

解放后，成立中国科学院，改组了原中央研究院各研究所，陶先生任中国科学院副院长兼社会学研究所所长。当时，社会学研究所仍设在南京，后因工作上需要与中央机关有较多联系，同时陶先生亦需要长住首都，所以，社会学研究所于 1950 年在京设立了一个工作站，有少数研究人员在北京工作，亦便于陶先生直接领导。但一所两地，在图书资料的利用及研究工作上，终究不便，最后于 1952 年年底社会学研究所全部由南京迁到北京。同时陶先生因任中国科学院副院长，难以兼顾社会学研究所所务，征得中国科学院同意，遂辞去了社会学研究所所长职务。从 1953 年起，由于国家有专设经济研究所的需要，于是就把社会学研究所更名为经济研究所。所以，到 1952 年年底，可以说社会调查所和社会学研究所完成了它的历史使命。陶先生把他一手创建、中经重组和发展、始终由他主持达 26 年之久，并且最初是以研究人民生活问题开始的社会学研究所，最后奉献于人民，他在中国社会经济研究事业的开创和发展上是具有独特的和不可磨灭的功绩的。

六 50年代欢欣鼓舞与直言不讳

人民的新中国成立了，这是陶先生曾经在五四时代提出过的要求和希望，如今在中国共产党领导之下成为现实了，陶先生的欢欣鼓舞的心情，可以想见，当他应召由南京北上之时，他对新中国科学院的诞生是满怀信心，并准备对此有所效力的。听说陶先生到北京后，即收集各国科学院的历史及其近况，草拟中国科学院组织方案，送呈政府参考。并且在党筹备召开全国政协第一届会议时，他提名了好几位在旧社会文化教育界卓有成就的无党派人士任政协委员。以后中国科学院成立，院址即在30年代原社会调查所与静生生物调查所的旧址，而被任命为副院长陶先生的办公室，就在他原任社会学研究所所长的办公室，旧地新任，陶先生当然会百感交集，而力图在科研事业上有所贡献。在经济研究所于1954年迁到西郊中关村新址之前，我由于一方面是陶先生多年培育的学生辈，另一方面从1950年起我被任命为社会学研究所副所长，协助陶先生管理所务①，并且我们住处相距不远，所以，我经常到陶先生住所请教。社会学研究所全部人员都是从国统区过来的，对党史、对马列主义，都没有经过系统的学习，这样，就难以在新的局面下开展工作。而陶先生以及所里人员都是本着善良愿望，急图能为新中国社会经济建设有所效力。为了改变这种主客观不相一致的情形，社会学研究所全部研究人员，包括我在内，提出参加华北革命大学的学习班，学习理论，改造思想。此意得到院方的赞同，记得郭沫若院长同全体人员谈话，慰勉有加。这个学习，历时约10个月，到1951年年初结束。此后接着参加土地改革和知识分子思想改造运动，主要都是为了改变主观条件，为以后开展科研工作做准备。但在这些运动

① 1952年，严中平被任命为副所长。

进行中以及运动后，研究工作仍然一筹莫展，特别以现实经济问题的研究为然。对此，陶先生和我都是十分焦急的。事实上，解放后的社会学研究所和1953年由我任代理所长的新更名的经济研究所①，都在改造和改建过程中，开展现实经济研究工作尚难提上日程。对于这一点，我和所里的同志都是有所认识的。所以，那时我们力主派党员经济学家来领导研究所。对此，陶先生亦深以为然。但是，应该承认，我对迟迟不能开展研究工作，还是有焦急心情的，因此有时不免纳闷。大概陶先生也多少有此心情。当陶先生看到所里人员有时写了文章在报刊上发表的时候，他就高兴地说："这不是说明我们还可以做些工作吗?"于此，我颇感到，当时主管社会科学的副院长是陶先生和陈伯达，以陶先生长久领导社会科学研究事业的丰富经验，他很可以对新中国社会科学研究事业的开展有所作为，然而，实际上，陶先生未能真正发挥他的作用。这不能不说是对当时发展社会科学事业的一个损失。

陶先生对解放后的经济恢复和经济建设，对政权建设和干部的朴素作风，对工农翻身以及新中国国际地位的提高，都是极为欢欣鼓舞的，他对党和政府是极为拥护的。但是，他对当时科研事业的开展情况不是没有意见的。他在这方面的意见，在1956年开始的党的整风运动向党外人士征求意见过程中，曾有所表明。我记得在1957年7月间，中国科学院在北京饭店举行的批判曾昭抡等的"反社会主义科学纲领"的会议过程中，也曾散发了关于陶先生某些言论的材料。大概由于陶先生的为人和政治态度是与会者所共知的，大家对那材料反应并不强烈，同时大概由于受到领导上的保护，陶先生后来没有成为批判对象。不过，陶先生对于"反右派斗争"大量知识分子受到批判斗争的这一场运动，是有意见的。陶先生为人

① 1954年起由狄超白任所长，我和严中平任副所长。

谦逊，一向不好把自己意见强加于他人，也能容纳他人的意见，但同时他为人耿直，对于一些重大问题，即使是逆乎众议，他也要仗义执言。他这种处世态度，在反“右”斗争高潮中，又一次表现出来。记得同年9月间，中国科学院在中山堂举行了两三天的批判会，批判“恢复资产阶级社会学和经济学的政治阴谋”，被点名批判的是费孝通、吴景超、陈振汉、李景汉四位教授。[①] 这是一次较大规模的批判会，也是中国科学院哲学社会科学部反“右”批判会的最后一次会。会议由郭院长主持，有很多名流参加和发言。在发言过程中，我没有想到陶先生也报名做了发言，而他的发言是使我吃惊的。我记不起他的发言的全部，但他给我印象很深的是，他说在社会主义社会里，人们相互间的关系和社会的进步，依靠的是友爱，而不是仇恨，知识分子应发挥他们的作用，而不应当受到敌视（大意如此）。也就是说，他认为，当时把许多知识分子当作意识形态领域里的阶级敌人来斗争，对社会进步是不适宜的。前年我去天津南开大学讲学时，遇到某教授，谈到那次中山堂的批判会，他说他也去参加了，他说陶先生在发言中，曾说当时的反“右”斗争，对知识分子是一场浩劫。他说，就他所知，“浩劫”一语是始自陶先生的那次发言。关于这一点，我虽然记不起，但与上述发言之意是相通的。合起来看，可以知道陶先生那次发言更多的内容（现未查到发表的记录）。陶先生这次的发言，在当时的政治环境中，是需要很大的勇气的。但以素不习惯于在大会发言的陶先生，竟在此会上做此发言，他是从国家前途考虑而出此诤言的。此诤言在当时当然是没有被接受的。现在看来，陶先生诚为当时“一士之谔谔”，敢于直言，实有足多者。

反“右”风暴以后，陶先生还是受到领导方面的尊重和礼遇的。

---

① 未点名的还有很多人，我也是其中之一。

随后他看到国家政治经济又逐渐步入正轨，他的心情也显得很为舒畅了，依然高度关注国家科研事业的发展。他是在1960年4月初去上海参加科学院的一个会议时病故的。当去上海之前，中国科学院领导曾考虑到陶先生的健康状况，不适于长途旅行，力劝他留京休养，但陶先生兴致很高，认为他的健康状况甚佳，坚持要去。不想后来在沪竟因在参观途中心脏病突发，抢救无效于4月17日去世，终年73岁。

陶先生的诤言，在1978年党的三中全会以后，已经体现在为实现社会主义四个现代化而制定的一系列改革的方针政策中。知识分子遭受“浩劫”的时代已一去不复返了，而今是知识分子真正发挥作用的春天。“以阶级斗争为纲”的政策，已被证明不再适合于1956年以后阶级关系已经发生了根本变化的时代了。所有这一切改革以及其巨大成就，一定会使陶先生含笑于九泉。

总结陶先生的一生，他在人品上是敦厚正直无私的，在政治上是热爱祖国、热爱科学和民主的，在学术上是有成就的，在开创科研事业和培育人才上是做出了重大贡献的。他的这些高尚品德和重大贡献，将永远留传后世，为人们所怀念和受到人们的崇敬。

1986年6月初稿

1990年6月改订稿

（原载《近代中国》1990年第5辑）

陶孟和与社会调查所

千家驹

社会调查所是旧中国的一个社会经济调查研究机构，它是与陶孟和先生的名字分不开的。陶孟和是我国五四运动时代颇有影响的人物之一，是一位资产阶级自由主义者。在20年代，他与胡适、陈独秀等齐名，是当时我国颇有影响的一位教育家、社会学家。解放以后，担任中国科学院副院长，对我国的科学文化事业做出了一定的贡献。我曾经在陶先生领导下的社会调查所做过四年的经济研究工作。我与陶先生相处的时间虽然不长，但他的为人、作风，却给我留下深刻的印象。

我是1932年秋季进入社会调查所工作的。1932年夏，我从北京大学经济系毕业。在北京大学读书期间，我经常写点文章在刊物上发表。有一次，我写了一篇文章，题目是“抵制日货之史的考察”，文章大意是说，从海关报告来看，抵制日货运动之次年或第三年，日货输华反而激增，这不能怪中国人民的五分钟热度，主要原因是中国的民族工业不发达，结论是抵制日货不是根本办法，我们应该发展自己的民族工业才行。这篇文章发表在一个二三流的刊物上，主办人是一个姓凌的小政客。有一次，凌某去南京，恰好与胡适同一车厢。胡适无意中谈到我的文章，遂问凌某：“千家驹是谁的笔名？”凌说：“他是真姓名，他本姓千。”胡又问：“他在哪儿工作？”

凌说："他是北京大学一个未毕业的学生。"胡听后，竟大为惊讶，说："一个大学生有这样的水平，真不简单。我回北平后，一定要找他谈谈。"后来，胡适回到北平，与吴晗说起此事，吴晗就说，"千家驹是我的好朋友，我们中学是同学。"于是吴晗介绍我去见胡适。胡一见面，就问我毕业后准备在哪儿工作？我说还没有着落呢！胡就自告奋勇，介绍我去陶孟和主持的社会调查所工作。当时胡适在资产阶级学术界有很高的威望。胡适一介绍，陶孟和便同意了。但以后陶一打听我是北京大学学生中的"捣乱分子"（九一八事变后，我参加了学生运动，曾任北京大学非常学生会主席），便踌躇起来了。他去问胡适："听说千家驹是共产党，北京大学的捣乱分子，进调查所合适吗？"这一点，胡适倒比陶先生开明，胡适说："捣乱分子与研究工作并不矛盾。会捣乱的人不一定做不好研究工作。而且进研究所，你怕他捣什么乱呢？再说，这样的人你不用，你还用什么人呢？"经胡适这么说，陶孟和无话可说了。所以，我的工作问题在北京大学未毕业就决定下来了。

我进入社会调查所，陶先生是知道我的政治态度的。但陶先生颇有蔡元培先生那种"兼容并蓄"的民主作风。他最讨厌的是国民党党棍，这种人去他那里是吃不开的，而对于思想进步的青年，他虽不支持，倒可以优容。他指定我研究的方向是：中国的公债问题，先内债而后外债。陶先生是英国的老留学生，他颇有英国老牌资本主义国家那种传统的民主作风。他从不干涉我们的研究自由。他信任每一个研究人员。他评判一个人研究成绩的好坏，是看他的研究成果，而不是他的政治立场。我研究公债问题，既没有导师指导，他也从不过问，而完全信任我能把工作做好。在半年之内，我就写了一个研究报告——《中国的内债》，经他审阅之后，就付印了。这本1933年出版的著作是我的处女作，现在北京图书馆还藏有这本书。

我对社会调查所最满意的是它没有签到制度。工作时间每天6

小时，上午9—12时，下午2—5时，礼拜六下午休息，所以，每周工作时间仅33个小时。因为陶先生认为研究工作应以自愿为原则，只要他真对所研究的题目有兴趣，在工作时间以外，他自会夜以继日地钻研；反之，如对研究工作没有兴趣，整天坐办公桌有什么用呢？所以，他不主张签到制度，请假也不用什么手续，只要对同室的同事说一声便行了。这一点陶先生与翁文灏先生不同，翁文灏的地质调查所也是当时一个颇负盛名的研究机构，但翁先生是主张签到的，而且他自己也签到，总是在上班以前便到。所以，我有几个北京大学同学在地质调查所做研究工作的，不得不一早便去，他们说不好意思签在翁先生的后面。但陶先生这种不签到的办法是成功的。我知道，社会调查所许多同事，并不因不必签到而偷懒；反之，在工作时间之外，甚至礼拜天继续进行研究的颇不乏人，我自己便是这样一个人。

我1932年进社会调查所后，随即与吴半农先生利用业余时间，翻译马克思的《资本论》第一卷和第二卷，这是应中华教育文化基金委员会编译委员会之约而翻译的。（译稿交上海商务印书馆出版，已印成第一分册，因怕国民党当局干涉而未公开发行。该书现保存在中央马克思著作编译局资料室。）翻译《资本论》一事，虽主要决定于胡适，但陶先生亦是加以支持的。

陶先生与李四光先生是老朋友，他们都是早年英国的留学生，又是北京大学的老同事。李四光先生与李宗仁将军有友谊关系。当时新桂系李（宗仁）白（崇禧）黄（旭初）统一广西不久，他们提倡“三自”政策（自卫、自治、自给），励精图治，网罗各方面人才，与南京政府唱对台戏。经李四光先生的介绍，社会调查所派吴半农、韩德章和我三人去广西调查经济（后又增加了王子建）。我们于1933年7月初自北平出发，7月底抵达南宁。在广西经过了6个月的实地调查，于是1933年年底返回北平。我们将所调查的资料整理出来，写了一本《广西经济概况》，在上海商务印书馆出版。

在广西调查回来之后，我应上海《申报》馆之约，写了一篇《广西之行》在《申报》上连载。哪知道，这篇稿子刊登了两天之后，被陶先生看见了，他大发雷霆。他认为，我未征得他的同意，就在报上发表文章，是无组织无纪律的举动。其实，我说，他"大发雷霆"，未免言过其实，因为他不过是把我叫去，批评我不应未得机关同意就在《申报》上发表文章，并要我停止刊登。我答应立刻打电报给《申报》停止刊载，他就不再说什么了。当时我不明白为什么陶先生对这件事那么认真，因为他素来是不干涉社会调查所同人在外面发表文章的。后来我才明白，当时广西正处于与南京政府相对抗的地位，他派我们去广西调查经济是不愿向外宣传的，怕因此引起南京蒋介石政府的误会。这是从政治上考虑，确有其不得已的苦衷，但他又不便明说，他见我同意停止发表，就不说什么了。

陶先生的伟大之处，就是他不因此而对我表示不信任或怀有偏见。他对我的态度还是和以前一样。不久，天津《益世报》老板来北平找陶先生，想在该报增加一个副刊，并物色一位主编副刊的人。天津《益世报》是一份天主教主办的报纸，在华北销路仅次于《大公报》。《大公报》与《益世报》都设在天津，双方竞争激烈。当时《大公报》出了好几个副刊，深受读者欢迎。所以，《益世报》主人来北平求教于陶孟和（陶先生为天津人，在天津文教界有崇高的地位）。陶先生就介绍我为《益世报》编一个副刊，名《农村周刊》，每星期六出版一期，每期占一版篇幅。我也不用去天津，只要把稿子编好，于每星期五下午五时以前快邮寄去，当晚天津即可收到，星期六一早可以见报。其实，社会调查所没有农业经济组，我又不是搞农业经济的，他介绍我去主编《农村周刊》可见他对我是不怀成见的。

1934年10月，在河北省定县召开了一个中国乡村建设工作讨论会。晏阳初的平民教育促进会，即设在定县，参加讨论会的有梁漱溟的乡村建设派、高践四的江苏教育学院等单位。陶孟和先生就派巫宝三和我两人代表社会调查所去参加。回来之后，我写了一系列批判乡村建设运动的文章。我认为，这些所谓的“乡村建设”派是一种农村改良主义运动。它是为对抗中国共产党领导的土地革命而产生的，“乡村建设”派不想触及中国革命的根本问题，即推翻帝国主义、封建主义及官僚资本主义的统治。我的这一系列文章，有的发表在《益世报》的《农村周刊》上；有的发表在中国农村经济研究会的《中国农村》月刊上。陶先生是不会看不到这些文章的，但他从不对我加以干涉。

1935 年，陶先生与胡适先生又介绍我去北京大学兼任经济系讲师，教的是“现代中国财政问题”。听说北京大学有一位教授对陶先生说：“千家驹懂得什么，他只知道帝国主义、封建主义。”但陶先生并不为所动，他还是支持我去教课。

陶先生对“左”派和进步言论很宽容。反之，他对国民党内盛行的吹拍作风则时时流露不满。有一次，他对我说：罗家伦初回国时（罗是陶先生的学生），去看他，大吹特吹，什么机关什么要人都要请他去帮忙。陶对他说：“志希（罗家伦的号），我看你最好当一名新闻记者。”罗听了后面红耳赤，因此，对他恨之入骨。

1934 年，社会调查所与中央研究院社会科学研究所合并，机关迁往南京，我亦随同机关于 1936 年 1 月去了南京。到南京后，我投入了如火如荼的抗日救亡运动，参加了全国各界救国联合会和南京救国会的活动。我整天在外奔走，很少去社会科学研究所上班。偶尔去上班，亦电话频繁，不能安心坐下做研究工作。但陶先生对我的行动从来没有加以干涉，也没有过问。他这种宽容的态度，实在令我感激。1936 年 11 月，沈钧儒、邹韬奋、史良等“七君子”被捕后，我在南京待不下去了，遂潜离南京，逃往广西，留了一封信给陶先生，正式辞职，听说他还表示惋惜之意。

抗战时期，我去桂林，社会学研究所一度迁到阳朔，我曾经一度与陶先生在阳朔见面。后来社会学研究所再迁到四川李庄，我们就没有机会见面了。直到解放以后，陶先生担任中国科学院副院长，我于1955年被聘为中国科学院哲学社会科学部学部委员，曾去陶先生寓所看过他几次，旧地重逢，备感亲切。在1955年的学部大会上，我曾做过一次发言，发言的大意是说，对资本主义国家的社会科学，也应该批判地继承，不要全盘否定，不要苏联没有的学科，我们就一律取消。我说，至少像“国际公法”“国际私法”“比较宪法”这些学科，我们还要研究的，对社会学、心理学，也有可以借鉴之处。这个发言，陶先生非常欣赏，他在大会上曾向我示意，我的发言他全力支持。哪知这个发言，在“左”的思潮影响下，被认为是要搞资产阶级社会科学复辟。当1957年反右斗争扩大化时，中国科学院党组认为，我的发言是右派言论，一定要把我定为右派。后来由于我工作单位（中央工商行政管理局）党组坚决不同意，因而作罢。但在批判所谓“反党反社会主义的科学纲领”时，陶先生的一些言论也受到严厉的批判，听说他是被周总理保护而幸免划为右派的。现在所谓“反党反社会主义的科学纲领”已经中央正式平反，被错划为右派的曾昭抡、钱伟长、费孝通等同志也已得到改正，对资本主义国家的社会科学，也采取了比较正确的态度，例如社会学、优生学，都恢复了名誉。陶先生逝世于60年代，他在天之灵，如看到党的十一届三中全会之后我国学术界百家争鸣、欣欣向荣的局面，也可以含笑于九泉了。

（原载《工商经济史料丛刊》第3辑）

高尚的品德　开阔的胸襟

——忆陶孟和先生的业绩

郑友揆

陶孟和所领导的研究机关，1929年前的两三年间是中华教育文化基金会内的社会调查部，之后成为独立的社会调查所，在文津街3号，1934年中期起，与南京国立中央研究院社会科学研究所合并，承袭后者名称，取消调查所。事实上是调查所全班人员顶替了社会科学研究所，后者未留一人。这样，陶就领导了旧中国最高的社会科学研究机构。解放后，社会学研究所改为中国科学院社会学研究所，后改为经济研究所，留用原有全体研究人员，并增添加一些干部。陶本人旋专任中国科学院副院长。在旧中国，陶所领导的研究机构，人员虽不算多，但很有成绩，部分成果有颇高的学术价值，并培育了不少人才。

在这二十余年间（1927—1949）陶所领导的研究机构，如何扩充、增设若干研究科目、研究成果有多少，抗战期间由东西迁，以及人员变动等的详细情况，想现在北京的旧社会科学研究所的同人们根据档案、文献，已有详细、系统的撰述。本文仅根据我个人经历、见闻所及与体会，做三项补充。

一　前国防设计委员会（旧资源委员会的前身）与社会调查所的关系，以及对后者研究方向的影响

在叙述本题时，不得不涉及双方主持人的关系。九一八事变后，

全国抗日情绪高涨，蒋介石为抑制群情起见，于1932年11月秘密地在南京组织国防设计委员会，隶属参谋本部，蒋自兼委员长，翁文灏为秘书长，钱昌照为副秘书长。事实上，钱为该会的主要组织者，罗致各方人才，对经济、交通运输、粮食、人口、自然资源以及外交、军事等进行研究设计。会内秘书厅下设调查、统计两处负责其事。钱昌照当时不过是三十来岁的青年人，虽曾在英国留学，攻读经济学，但是，对国内文教界人士，认识不多。陶孟和是钱的连襟（另一个连襟是当时做过外交部长的黄郛）。陶是天津人，1914—1926年，当蔡元培任北京大学校长时，在北京大学教过多年书，并做过教务长，所以，广识学术界人士，是仅次于张伯苓的华北著名人士。钱有此至亲，就不愁交结国内文人学士。1932年中期，钱介绍数十名专家学者为蒋在庐山讲学的事，有的是经过陶的关系而实现的。

现再谈国防设计委员会。钱、陶既有如此的私人关系，在该会数十名的地质、实业、金融、军事、教育等委员中，陶当然也是其中之一。该会自组成之日起，每月即有十万元的经费。当时以银元为币制，一个研究设计机关，每月有十万元经费，确已不算少了。（当时蔡元培所领导的中央研究院及其各研究所，每月的经费，也不过此数。）在此每月十万元的正常经费中，有三万元补贴其他研究机关。其中除翁文灏所领导的地质调查所外，陶领导的社会调查所也是受补贴机构之一。该会统计处长是至诚为公，并讲实效的经济学者孙拯（恭度）。在孙的统筹下，该会要求社会调查所的研究课题，侧重与国防有关的各部门的民族经济，如人口、粮食、地方财政的研究。棉纺织业的调查委托社会调查所进行。为明了国内物资流通情况，以利国防设计，该会统计处派了大批人员向各主要铁路局抄录商品流通统计；同时，还委托社会调查所通过和海关总署外籍税务司的私人关系抄录了1931年前各年各海关对各国贸易的详细统计。1935年，我受该会及关务署的委托向海关总署交涉，设计打印国产商品的国内流通详细统计，按月由海关分寄会、所各一份。这些调查及统计，以后由社会调查所（后改为社会科学研究所）出版，分别名为《七省华商纱厂调查报告》《中国各通商口岸对各国进出口贸易统计》及《中国埠际贸易统计（1936—1940）》。

由于与国防设计委员会统计处合作，社会调查所对部门民族经济的研究大大加强了。社会调查所初成立时，侧重于劳动问题及工人生活的调查，出版了《中国劳动年鉴》《中国劳工生活程度》等书。1930年左右，开始清代经济史的研究，向故宫摘抄了大量档案。1932年11月创刊了《中国近代经济史研究集刊》（后改为《中国社会经济史研究集刊》），并出版了《中国厘金史》等专著。这是该所研究方向一个方面的转变：由社会问题的研究转向经济史研究。与国防设计委员会合作后，社会调查所的研究方向还有第二方面的改变：税制、货币、国民所得等研究也随之兴起。此后，现行部门经济问题及经济史的研究相提并重，迄至全国解放。而工人、劳动等社会调查，则根本无暇顾及了。

二　1934年改名国立中央研究院社会科学研究所后，肩负更重要的科研责任

前节已述及自1932年年末社会调查所与国防设计委员会统计处合作后，其研究方向迅速地侧重于各部门民族经济的研究，放弃了之前社会调查的工作。1934年改名后，其科研责任自加重了。

国民党政府于1928年组立中央研究院，以蔡元培为院长，下设有社会科学研究所，所长由该院总干事杨杏佛兼任。1933年夏，杨遇害，次年由丁文江接其事。丁是一位既有理想又重实践的学术及行政人士，他是北京大学英美派领袖之一。计划将社会科学研究所与陶领导下的社会调查所合并。社会调查所的经费，一向由美庚款

中华教育文化基金会拨付，年约 8 万元，丁为该基金会董事之一。丁打算两所合并后，仍由基金会拨付经费，而将原社会科学研究所的经费，为建办博物院之用。并所之事，还引起一场内部争执。掌握基金会财权的任鸿隽早就蓄意要将社会调查所逐出基金会，现在两所合并，正好给了他实现计划的好机会。任打算缩减社会调查所的经费，并缩短拨款的年限。陶为维护其所领导的科研工作，寸步不让，宁可取消合并事，不能缩减经费。一时双方争执甚烈。后经胡适等斡旋，仍照丁文江的原计划进行。改组后社会科学研究所的经费，既靠社会调查所原有的经费，而社会调查所原班人马又顶替了社会科学研究所的人员。所以，当时所谓两所“合并”云云，不如说社会调查所“改名”为中央研究院社会科学研究所，较为确切。

陶孟和派我和韩启桐南下接收南京鸡鸣寺下的社会科学研究所是 1934 年 6 月。当时，社会科学研究所所留人员已寥寥无几，不久皆任满解职。所址、所有图书设备等，都由南下人员接收。自 1934 年夏起，社会调查所正式改名为中央研究院社会科学研究所，一些研究人员先行南下。当时，陶本人及大部分人员仍在北平，以为 1933 年的中日《塘沽协定》后，华北局势还可暂安一时。不料，1935 年春以后，日寇咄咄逼人，要国民党撤出华北的军、政、党势力。丁文江乃催促陶率全部人员分批陆续去南京，在狮子桥二十三号加租办公房屋。研究科目仍注重于现代部门民族经济及近代经济史。

七七抗战军兴，社会科学研究所即与中央研究院其他各所如地质调查所、心理所、动植物所等辗转西迁，先至长沙，继至桂、滇，最后安顿在四川宜宾李庄镇。八年抗战期间，研究所若干研究人员，应抗战的需要，先后离所，参加蒋政府工作。陶意识到研究所对抗战、建国的重大责任，尽量配合国民党政府，派人潜入孤岛上海，不断收集敌伪在沦陷区的经济金融情报，密寄后方，并建议财政部等如何作针锋相对的斗争；同时从各方面收集资料，陆续编制并估计战时我国物资损失及生命丧亡的情况，以作战后向日方要求赔偿的根据。在学术建国方面，当时处于李庄幽静的环境，尽量利用西迁的图书档案进行研究，出了不少重要成果，例如，抗战前百年间中国棉纺织业的发展史，20 世纪 30 年代中国国民所得，以及中国近古代社会经济史的研究。这些文献，到今日还被公认为权威性的著作。

三 陶孟和领导的社会科学研究工作，何以能取得成功?

解放前，陶领导研究工作，先后约 20 年，其成绩远较同时期内其他同性质的研究机关为好。在部门民族经济方面，无论在人口、农村调查、棉纺织业、国民所得、外贸关税、地方税制等学科都有重要的著作。在其《中国社会经济史研究集刊》内所发表的关于清代财政经济的论文，目前在中国台湾及中国香港的高等学府还择要选辑成册，以供其科研界的参考。在陶的研究机构中还培育出不少各学科的专门人才。

说来奇怪，陶本人是研究社会学的，是一位教育家，并不精通经济或史学的各专门学科。那么，他的领导为什么能获得特别成功呢？其成功的秘诀，在于他作为教育家的典范品德及无私的胸襟，值得后人学习。具体言之，据我切身体会，约有下列数端：

（1）追求真理的热忱。他鼓励并要求同人在每本书或每一篇文章中，要有新材料或自己的新看法。他见到青年研究同人有新的成就时，总是欣悦万分。他自己虽有充分的现代常识，但对同人研究结果的评价，不轻下结论，要广征其他同人或所外专家的意见。他这样民主、坦率的作风，其目的在求研究成果合乎实践，近乎真理，使研究成果不断提高。

（2）注意发展个性，兼收并蓄，培植各学科专门人才。同人研究题目的选定，或由所里根据需要，再征求本人的同意，或由本人提出，说明意向与计划，再经陶的认可。每人选定研究学科后，陶鼓励其持续进行，锲而不舍地向深度、广度发展。因此，各研究人员对其本学科能有较深的造诣。陶在招收人员时，颇有蔡元培校长在北京大学时“兼容并包”的风格，尊重研究者的兴趣。在研究所内，既有当时较进步的青年，如吴半农、千家驹、吴承禧、樊弘等；他也支持罗尔纲研究与经济无关的太平天国历史。这些人都在陶的研究机构中茁壮成长，新中国成立后，他们在学术界都起着积极的作用。

（3）唯公才能领导队伍前进。陶在招收新研究人员时，总是请各著名大学负责人或各学术界人士推荐。同时，还注意对各大学招收人员的平衡，以求各大学所培育的精英都能有进行科研的机会。在研究人员中，陶从未引用过一个私人。在陶的公正精神号召下，各研究人员都认识到必须刻苦钻研，争取好的成绩。否则就会被淘汰。同时陶对成绩的评定十分严格，专家的反映、社会的评价，都是评比的依据。在这种公正竞赛的气氛中，研究所就具备自觉上进的力量。研究所从来没有严格的作息时间的规定，但所里同人却夜以继日地工作着，从不松动。

（4）成品发表时，由作者署名，陶绝不分享他人的成果。本条看来十分平凡，但却是一个研究机关能否鼓舞后进的关键措施之一。无论在中国还是外国、过去与现在，有些研究机关的主持人（或部门主持人），喜欢在他人的作品上冠以自己的姓名。陶对所里同人的研究成果，总是仔细阅读，并提意见，但在出版时，从不以任何方式，与原作者联合署名。由陶署名出版的作品，都是他自己辛勤劳动的结果，并且是自己撰写的。陶要求作者自己署名，是要养成其对自己作品负责的精神。陶是辛勤的园丁，但从不采摘他人的花朵来装饰自己。就是所里办的两种定期刊物，《社会科学》杂志及

《中国社会经济史研究集刊》，也只在创刊时，将他列为主编者之一，以后他将主编之名也让给其他同人。这种奖掖后进的精神，是陶事业成功的一大原因。

此外，图书、文献、统计等是研究机关最主要的劳动工具，陶对之珍惜备至。在抗战八年期间，由于图书馆工作人员宗井滔等的认真负责，所里图书资料多次转运，最后能安顿在四川，在后方的研究工作中，发挥了极大的作用。胜利后还都南京，此类图书又完整地东还，对解放后的科研工作，提供了很大的方便。

1982 年 8 月于上海社会科学院

（原载《工商经济史料丛刊》第 3 辑）

陶孟和怎样主持社会科学研究工作

王子建

陶孟和先生早年留学英国，攻习社会学，卓有成就，回国后执教于北京大学。五四时期，他积极投入新文化运动，参加争鸣，写下大量文章，编集成《孟和文存》出版。20 世纪 20 年代中期，孟和先生放弃了大学教学工作，致力于社会科学研究和研究的组织工作。具体地说，他主持和领导了一个社会调查研究机构，从创始缔造，经过曲折演变，矢志不渝，付出了后半生的岁月，尽心竭力，垂四十年，以劳瘁终于工作岗位。我有幸在他 1926 年创办调查研究机构时就追随在他身边，直到 1940 年离职，前后参加工作十五年。在此期间，以一个初出茅庐的学生，到得关心、熏陶，感受至深。今天就回忆所及，拉杂记述那一段时间内所历所知，以供整理先生事迹时采择，并表达我对孟和先生的敬意和缅怀。

一

由陶孟和筹建主持的研究园地从属于中华教育文化基金董事会，这是一个管理和运用美国退还庚子赔款的机构。1926 年，基金董事会决定设立一个社会调查部，陶孟和应聘担任筹建工作。基金会的工作班子不大，由几位秘书分担日常工作，而以执行秘书总其事（当时的执行秘书是任鸿隽），陶孟和即以秘书名义负责调查部工作。

（1926 年时，基金会的办公所在地是在北京宣武门内石驸马大街一座大宅院内，次年迁至南长街织女桥附近，社会调查部附设在内）为什么处理庚子赔款的基金会要设这样一个社会科学研究部门，我始终不清楚。曾经有过一种说法，说是接受了美国一个什么团体的委托而举办的。我记得社会调查部每年度都印发一份工作报告，我们工作人员也拿到的，当时不注意它的经费来源等事，所以没有留下印象。不过，有一点我倒是有深刻印象的，当时社会调查部发表研究成果时，往往同时以英文撰写，用简报或小册子形式编号付印出版，如陶孟和所著《北平生活费之分析》一书就有英文本。这样的做法可以理解为作为与国外学术交流的需要，也可能是作为接受委托的成品。

不管怎样，这个社会调查部到 1929 年夏季在组织形式上宣告结束，而由一个新的组织接替了它，改名为社会调查所，仍由陶孟和主持。社会调查所的经费仍来源于庚款基金会，但组织上完全独立自主，各项研究工作继续进行，并在原有基础上有了进一步发展。在改组前一年，还有一段插曲：当前一年蒋介石攫得政权，蔡元培就任中央研究院院长时，陶孟和曾应蔡元培之邀到南京逗留了一个时期。我记得，1928 年 6 月，我从天津工作完毕回所时，陶孟和不在所里，同事告诉我，他到南京去了，为了参与讨论组织中央研究院社会科学研究所的事。同事并说，也许就留在那里不回来了。可是，在济南惨案暂时告一段落以后，陶孟和终于回到了北平。

然而，后来的事实终于把陶孟和与中央研究院联系到了一起。中央研究院于 1934 年将社会科学研究所进行了一次彻底性的改组，把原有的部分研究室归并到了其他性质相关的研究所，有些则干脆裁撤了（如法制研究室）。实际上是把它改组成为经济学科的单一性体制。社会调查所整个实体合并进去，充实了改组后的社会科学研究所，陶孟和仍任所长。这次合并改组历时一年多，但研究工作照常进行，未受多大影响。1934 年 6 月，先有一部分人员迁去南京，陶孟和及大部分人员仍暂时留在北平；到 1935 年春，先去南京的人员又陆续返回北平；然后于同年冬又全体搬迁到南京。我是 1934 年首批调往南京的人员之一，而 1935 年全体南迁时，适因请假在天津任教，未能随往。等到 1936 年暑假我去南京销假继续工作时，研究所的面貌焕然一新，人员有了增加，研究工作有了新的进展，出现了一片兴旺的景象。

1937 年抗日战争开始后，社会科学研究所也和中央研究院所属其他研究所一样，开始了向内陆逐步疏散的艰难历程。陶孟和始终领导这一机构，对工作始终抱有信心，积极负责。1937 年 10 月，工作人员在长沙集中，同时图书也运到了，立即在衡山半山上赁房工作。只过了两个月，因战局影响又向广西迁移，于 1938 年年初在阳朔恢复工作。未及一年，再度从阳朔搬迁到昆明，于 1939 年年初才又恢复工作。针对战时形势，陶孟和安排了一些新的工作，其中包括派人到上海调查沦陷区和“孤岛”经济动态这一项目。我就是接受这一任务于 1939 年 5 月到上海去调查工商经济动态的，接踵而往的还有调查金融动态的余捷琼。1940 年 6 月，陶孟和召我返回昆明，见了面，我才知道出于翁文灏的要求，陶先生已同意介绍我到经济部工作。就这样，我怅然辞别了追随十五年之久的陶先生。下面我要记述的也就只能到这一时期为止。

二

社会调查部创始时，陶孟和是否订出过工作规划，我不清楚。我是 1926 年 7 月参加工作的，陶先生安排给我的工作是作为李景汉先生的助手，参加北京家庭手工业户（五百家）的生活调查。另外进行着的项目，记得还有北京人力车工人生活调查、河北省棉花生产运销的调查。好像《中国劳动年鉴》的收料工作也已开始了。当时人员不多，屈指可数，但不久就有了增加，研究项目也多起来了，中心课题以各阶层人民的生活费调查分析为主。继家庭手工业户和人力车工人生活调查之后，进行了北京郊区海淀附近农村家庭调查和塘沽工人调查。与此相联系，进行了定期零售物价调查，编制了北平生活费指数。当时，社会调查和编制物价指数等工作在国内是创举，一些方法都是从国外出版的书本中得来的。为此，陶孟和指导研究人员在进行专题调查分析的同时还要把调查研究的方法编写成书，公之于众。以后陆续出版的有《社会调查方法》（樊弘撰写，发行过三版）、《生活指数编制法》《指数公式总论》（以上两书均为杨西孟撰写）等书。随后，社会调查部与上海市社会局（那时蒋介石已攫得政权）合作，进行了一项纺织女工家计调查，抽取几百户（好像是二三百户）纱厂女工家庭作为对象，采用按天记家用账目的方法，积累长达几个月（可能是半年）的资料作为分析的数据，由杨西孟主其事，编写成《上海工人生活程度的一个研究》一书。上海社会局则利用此项数据作为编制上海生活费指数分类加权的依据。与此同时，陶孟和接受南开大学何廉教授的建议，双方合作进行天津工人生活调查和物价调查。何廉为此在南开大学设立一个社会经济研究委员会（后来发展成为经济学院），社会调查部为进行这一项目酌予经费补助，调查结果为编制天津物价指数准备了必要条件。

那时陶孟和将工人运动、劳资争议、工资问题等也列为研究重点之一。第一次《中国劳动年鉴》经过四个人两年多时间的努力于1928年编成出版，这是我国出版的第一本关于劳动问题的综合性参考资料工具书。关于工资问题的研究，陶孟和选择了铁路工人和纱厂工人为对象，安排研究人员到北宁铁路局和胶济铁路局以及天津唐山五家纱厂收集第一手资料，从连续几年全局或全厂工资账册中抄录各类工种工人的每期实际收入，然后加以整理分析。

商品市场的研究也是当时系列性的一项工作，继河北省棉花产销调查之后，又进行过小麦产销调查，后来又做了一次河北省安国县全国性每年一度的药材集市调查。

以上是我回忆所及的社会调查部成立三年中陶孟和亲自安排指导、由研究人员分别承担进行的一些项目，当然是不完整的，而且难免记忆有误。

进入社会调查所阶段后，工作有了很大的变化：人员增加很多，项目不断添设，而一个明显的变化则是研究项目不像以往那样集中在几个问题上，而是把范围扩大到了国民经济领域的各个部门。于是研究人员分别在农业经济、工业经济、金融、财政、对外贸易、人口问题等方面进行选题，自然形成了几个小组，但并无组织形式。另外，理论研究和劳工问题的研究仍继续进行。随后，社会调查所与保管清朝内阁档案的机关联系协商，取得整理内阁奏折的机会，为此设立了经济史研究组。

我担任的是工业经济方面的项目，同组工作的最初是吴半农，以后又有王镇中、严中平先后参加进来。工作从收集文献资料入手，对工业资源和交通运输做了综合考察，由吴半农负责编写成书的有《铁煤及石油》和《交通工业》两种。与此同时，选择重要行业从事第一手资料的实地调查。当时发生了九一八事变，我国主要工业棉纺织业因受日本垄断资本的压迫和经济萧条的双重影响，面临深重危机。我在孟和先生的支持下，先对日本棉纺织工业做了概略的文献调研，匆匆写了一本《日本之棉纺织工业》。这样做，对我自己来说，是为了探索这一行业面临的关键问题所在，为下一步进行实地调查做准备。接着，就与王镇中一起出发，到全国纱厂所在地，调查了40多家纱厂，写成《七省华商纱厂调查报告》一书。

关于其他方面研究的情况，我了解得不全面，故就记得的谈一些情况。农业经济方面，我记得韩德章曾经做过河北定县农村经济调查，还有同中央研究院社会科学研究所合作的河北省保定农村经济调查（时在1929年或1930年，那时社会调查所还没有并入中央研究院）。金融财政方面，吴承禧对中国银行业做了历史研究，写成《中国的银行》一书；千家驹从事财政问题的研究，成书的有《中国的内债》。陶孟和对地方财政的研究很注意，早年曾选北平为解剖对象，由雷辑辉写了《北平税捐考略》一书，后来严仁赓到所后，也曾以地方财政为研究课题。对外贸易的研究工作由蔡谦和郑友揆担任，他们利用海关未经发表的原始统计，花费了多年时间，编纂成内容丰富的《我国各通商口岸对各国进出口贸易统计：1919、1927—1931》（蔡谦、郑友揆合编）。此外，他们两人还撰写了关于关税及其他与外贸有关的书和论文。劳动问题研究的成果有第二次《中国劳动年鉴》《国际劳工组织》（曾炳钧撰）、《河北省及平津两市劳资争议底分析》（吴半农撰）等书。理论研究工作给我留下深刻印象的是樊弘孜孜不倦地埋头于马克思学说的钻研，这是得到陶孟和的鼓励和支持的。还有经济史研究组整理研究清朝内阁档案资料的工作，那是长期性的工作，始终由汤象龙主持其事。

各人研究的成果不一定都写成书本，有些是写成论文的，为此，社会调查所出版了两种期刊，即《社会科学》杂志和《中国近代经济史研究集刊》。前者是季刊，最初由陶孟和自任主编，以后曾炳钧、朱炳南、千家驹等都先后担任过主编。后者是半年刊，先是陶孟和、汤象龙任主编，以后梁方仲、张荫麟、吴晗等也担任过主编。

社会调查所并入中央研究院社会科学研究所后，研究方向大致如旧，没有明显变化。抗战时期，在阳朔不到一年时间里没有什么新的发展项目，大抵各人都继续进行手头未了的工作。迁移到昆明以后不久，我去上海待了一年，对所里的情况十分隔膜，之后我就离所了。但后来我多少知道一点，即使在昆明和其后在四川李庄时工作条件很差的情形下，陶孟和领导下的研究工作仍然积极地进行着，也还有颇为人们赞许称道的研究成果，如严中平的《中国棉业之发展》（1942年重庆出版）、巫宝三的《中国国民所得（一九三三）》（1947年版）。

三

陶孟和领导研究工作有没有远期的规划呢？如果有，制订规划的目的何在？我以往没有留心这一问题，也没有听说过。其实答案是有的。最近我在图书馆找到了社会调查所出版的《社会研究》丛刊中的一本，在这本书的底页发现了一段题为“社会调查所的事业计划”的文字。我看后想了想，觉得陶孟和先生主持社会经济研究事业，确实是按照这项计划进行的，不仅在社会调查所（包括它的前身）以社会问题作为研究对象时，是如此实践了的，即便在后来以经济问题作为研究对象时，大体上也仍按照这一计划行事的。现在且将“计划”原文移录如下：

社会调查所的事业计划

（一）关于社会问题行使学术上之研究与调查

（二）介绍国外调查社会问题及研究社会问题之技术于中国

（三）将调查研究所得结果报告社会以备解决国内社会问题之参考

（四）收集关于社会问题之图书及资料以图研究与阅览之便利

（五）提倡社会研究之兴趣使专攻社会科学之人士致力于专门实际的研究

（六）与从事社会调查之机关谋合作协力调查社会问题

（七）指导其他机关之社会调查事业

对照这一计划，回顾当年的实践如上文概略述及的，我深切体会到陶孟和先生的远大眼光、宽广的胸襟以及实事求是的治学精神，确实是了不起的。他的抱负和情操是如此的高尚。他脚踏实地积极进取，使预期目标得以逐步实现的毅力是如此可敬。

从这份“事业计划”列举的条目中，我回忆到一连串有关的事例。出版关于社会调查方法和指数编制方法等书，不正是与“介绍国外调查社会问题”的“技术于中国”的计划相吻合吗？相仿的还有所出的《中国之经济地位统计图》《北平社会概况统计图》两种，在某种意义上（表达形式上）是属于介绍统计图绘制方法的性质。各项专题选样调查的结果是提供第一手资料“以备解决国内社会问题之参考”的。同时，选择这些专题的另一个意义，又可以说是为了“提倡社会研究之兴趣”。至于“事业计划”中提及的“与从事社会调查之机关谋合作”一项，上文已经提及的与上海市社会局合作的项目、与中央研究院社会科学研究所合作的项目、与南开大学社会经济研究委员会合作的项目，都属于这一性质。关于“指导其他机关之社会调查事业”一项，明显的事例是 1932 年下半年应广西省政府的要求，社会调查所组成千家驹、吴半农、韩德章三人集体，与广西省统计局合作，进行全省经济情况实地调查。广西省统计局有负责干部参加这一工作，另外还有由二三十名青年干部组成的调查队，一同出发到选定的目的地去工作。在出发前，进行了培训工作，由千家驹等三人为队员讲授调查方法。调查工作完毕后，一同讨论资料整理问题。这样的做法实际上起了指导的作用（工作结束后，千家驹等三人撰写成《广西经济调查报告》，由社会调查所出版）。

我相信陶孟和先生这一时期的事业对学术界所做的贡献以及在社会上产生的影响，将会得到恰如其分的评价。

四

如果承认陶孟和先生领导的事业是有所成就的话，那是什么原因促成的呢？应该说是来源于他的领导气概、渊博学识、工作作风和待人接物的高尚情操。这不仅是我个人的感受，而且几乎是当年追随他一起工作的同事们一致的看法。

孟和先生是思想极为解放的学者，在学术研究上，绝对允许每个人对各种学说进行探索研究。所以，在他主持的机关里，特别是在理论研究工作方面，既有人致力于资产阶级传统经济学说的研讨，同时也允许另一些人致力于马克思学说的探索。前者如后来到北京大学执教的秦瓒教授，后者如现任北京大学教授的樊弘。我记得，有一个时期，吴半农和千家驹曾利用部分时间翻译《资本论》，也得到陶先生的鼓励和支持。

孟和先生对同人的研究工作，采取允许自由发挥个人见解和平等地讨论商榷的民主作风。他和同人讨论问题时，总是以理服人，从来不坚持他自己的主见，尽管有时候双方可以争得面红耳赤。在商定研究项目时，多数是让工作者自己选题，在进行前从来不先定出框框强人接受。但是却又不等于放下不管，在一些具体问题上，特别是为调查研究创造工作条件方面，往往是支持我们唯恐不力。例如，在我出发调查以前，他总是利用他的社会关系写许多介绍信，让我到达目的地后争取多方面的协助。又如，每当我们接受了新的研究项目需要参考书时，只要开出书名，不管哪一国出版的，也不管价格多少，陶先生总会随即批准的。

孟和先生非常关心青年工作者的前途，在指导工作时，循循善诱，尽量调动每一个人的积极性，并为他们的进步创造有利条件。无论在社会调查所时期还是社会科学研究所时期，绝大多数人员都是青年，每年有或多或少的大学毕业生或研究生进来参加工作。他们是陶先生委托他所信赖的大学教授推荐来的，来自北方和南方著名的大学。陶孟和先生从来不利用私人关系（对于事务性工作人员也是如此），对各方介绍来的工作者不抱任何成见，绝对尊重每一个人的表现，根据各人的学识、能力和兴趣，考虑安排合适的工作。在陶先生的亲切关心下，大多数人都能愉快地胜任并完成工作，不断取得进步。陶孟和爱护青年工作者可以说是很用心的，除通过工作机会给以培植之外，还利用他个人的社会关系，寻找机会，陆续资送一些人到国外进修考察，丰富学识，拓宽眼界。通过这样的途径，出国深造的前后有四五人。其实，陶先生是从多方面关心着青年工作者的进步和成长的，他为我们这些人的进步提供了各种有利条件和切实的支持、协助。他鼓励同事利用业余时间写稿，经他的手送到《东方》杂志之类的刊物发表。有一个时期，北京大学钱端升教授主编《益世报》的“星期论文”专栏，约社会调查所同事写稿，陶先生竭力鼓励大家参加。又如有些同事受聘于高等院校，去同陶先生商量时，如果是兼职他就同意兼职；如果是专任则同意请假暂离。如此者前后有四五人。

陶孟和先生为人是如此敦厚，如此谦抑；对事是如此通情达理，如此实事求是。今天回忆及此，先生蔼然可亲的形象宛在目前，令人肃然起敬。

（原载《工商经济史料丛刊》第3辑）

春风化雨十一年

吴　铎

陶孟和先生毕生尽瘁于教育、文化和学术研究工作，中年以后，致力于创立和主持社会调查所和中央研究院社会科学研究所，对于我国社会科学的发展和人才的培育，具有不可忽视的贡献。我于1929年冬参加社会调查所工作，1940年夏辞去社会科学研究所职务，前后将近十一年，在此十一年中，不断受到先生的春风化雨的浸润，潜移默化，受益匪浅。曾几何时，先生逝世已逾二十年了。侪辈中绝大多数也都已年过古稀，抚今追昔，感慨系之。仅就个人追忆所及，将先生的部分言行记述于下，以示缅怀先辈的微情。

一　社会调查所时代

社会调查所的前身是中华教育文化基金董事会社会调查部。1926年，美国某学术团体（今忘其名）捐赠了一笔经费，委托该基金董事会在我国创立一个学术机构，从事社会调查，经费只供三年。当时这项调查研究在我国尚属创举，董事会接受了这项委托，就在会内附设社会调查部，从事这项工作，并聘孟和先生筹划和主持该部事务。1929年，三年届满，成绩斐然，但经费捐赠来源已断，中华教育文化基金董事会乃自行拨款接办，并将社会调查部改为社会调查所。

我与孟和先生素不相识，1929 年年底，经老友樊弘同志的介绍，参加了社会调查所。当时该所位于北平南长街东河沿 6 号，除孟和先生外，研究人员中有樊弘、王子建、杨西孟等，都是早在社会调查部时代就已进所的。另有吴半农、曾炳钧、刘心铨、韩德章等，都是 1929 年改为社会调查所后进所的，时间比我略早。研究人员总数不过十几人。做辅助工作的首推计算员，他们的职责是将调查研究所得数据按照研究人员的设计和程式进行计算，以利于统计和分析。当时可用的计算工具只有算盘和手摇计算机，后来有了电动计算机，就算是新式利器了，与 50 年后的今天相比，计算效率当然很差，为此，计算员人数较多，与研究人员约略相等。此外，图书馆员有 2 人，他们的工作也是重要的辅助环节。至于事务人员，只有会计 1 人，庶务 1 人，全所除研究工作外，其他一切事务都由这两位办理。事务人员在全所总人数中所占比例极小，这在以后很长一个时期内不曾改变。

社会调查所初期的调查研究工作大部分是社会调查部工作的继续，包括城市和农村社会调查以及劳工问题、人口问题的研究等。例如，我于 1930 年与林颂河、邢必信、张铁铮三位合编的第二次《中国劳动年鉴》，便是以前的第一次《中国劳动年鉴》的续编。又如我所写的《北平协和医院社会部 2330 个案的分析》，便是此前高君哲调查所得结果的分析整理。前一课题属于劳工问题，后一课题则属于城市社会调查。

城市社会调查中应予特别提及的，是北平市工人生活调查，以及以后据以按期编制的北平工人生活费指数。这项工作在当时实属创举，指数的编制持续多年，影响所及，上海市社会局和天津南开大学先后在所在地区从事类似的调查研究和编制指数，对于了解当时我国工人阶级的实际生活水平提供了客观事实和统计数字。30 年代，北平协和医院每月发放职工生活津贴的金额，即以社会调查所编制的上述指数为根据，说明这项指数在当时即已有实用价值，尽管由于风气未开，实用未能普遍。其后到了抗日战争时期，我被派在赣南钨矿区工作时，由于国民党政府每月调整钨砂收购价缺乏科学根据，畸轻畸重，经常引起矿工不满。我乃约同张铁铮，组织人力，在赣南各大钨矿区进行了一次钨砂生产成本调查，以后并逐月据以编制各矿区生产成本指数，以供当局制定收购价时参考。这些事是我亲身经历的，它又说明社会调查所倡导的这项社会调查工作，尽管限于当时的客观环境，其效不彰，但是源远流长，只要遇到适宜的土壤，就能收到相应的积极效果。

社会调查所的工作在孟和先生的苦心擘画和惨淡经营之下，自无到有，自简趋繁，数年之间，发展很快。当时从事研究工作的人员除极少数外，都是30岁以下的有志于学问的青年。他们在孟和先生的激励和指导之下，各选专题，奋力探究；同事之间则互相切磋，协作无间。其中，许多人并能锲而不舍，以后成了知名学者，有的到了今天虽已白发苍苍，还在为实现四个现代化孜孜不倦地工作。这种情况与孟和先生的个人品德和在早年即已树立的学风是分不开的。

孟和先生胸襟开阔，态度谦和，对于后辈要求严格，但又不惜悉心指导，因材施教。在学术讨论上，遇有意见不同时，总能与人平等商榷，做到各抒己见，共求真理，而不以先导凌居人上。这种认真而又自由的风格使许多后辈为之倾倒，深深地受到了感化。我于1930年编写北平协和医院个案分析报告，分别用中、英文编写，其英文稿即承孟和先生亲自核改，字斟句酌，不辞烦琐。先生热心于教导后进，虽于文字之微，也不苟如此，其他可想而知了。

我进入社会调查所后，于研究工作之余，兼理秘书事务，为此，对于有些事知道得详细些。现择其一二，略述于下。

社会调查所是从中华教育文化基金会（美国退还庚子赔款）中

拨款兴办的，调查所的最高管理机构是该所评议委员会（正式名称已忘记）。评议会成员，据我记忆所及，包括任鸿隽、丁文江、范旭东、何廉、董时进等各位先生。孟和先生是评议会成员兼所长。评议会每年开会一次，讨论和决定调查所有关调查研究工作和人员进退的大政方针。开会前调查所工作年报的编写和开会时的会议记录，都由我担任。为此，我对调查所的这一最高决策机关的实际情况，得以窥知一鳞半爪。当时我得到的印象是，评议会成员都是当时的学者名流，都纯从发展学术的立场关心社会调查所事业的进展，只有多方赞助，未见设置什么条条框框，具体规划依然靠孟和先生的运筹帷幄。

社会调查所的经费既由中华教育文化基金会董事会拨给，必要的基本建设也由该董事会筹建使用。社会调查所所址最初在东河沿一幢租赁的小洋房内，面积很小，很快就不够用了。1930 年夏，该董事会在北平北海西岸拨款建设北平图书馆新馆舍的同时，在其西边的养蜂夹道南口的空地（清代禁卫军操场）上建筑了一座西式三层楼房，作为静生生物调查所和社会调查所的所址，由两所分占其东西各半。这是社会调查所自有其办公房屋的开始。当时，这项建筑工程由基金董事会委托周诒春先生主持，施工中有些具体事务，则常由孟和先生派我往来洽办。有件有趣的事，这里似可一提。社会调查所办公楼奠基时（确实日期已忘记），也许是根据西方的习俗，孟和先生事前嘱咐我撰写了一篇纪事，说明社会调查所的现状和建筑办公楼的缘起，并将全所工作人员姓名附列于篇末，全文写成后，连同当时通用的硬币若干和奠基当天的几份日报，装入一只小铁箱内，焊封完毕，再放入基石的中空部分。这样，建筑落成后，哪怕再过千百年，屋倾墙圮，那时的考古学家也不难从这只小铁箱的内容得知这座建筑物的由来，而一些人的劳绩也不致完全湮灭，这样的考虑究竟有多大的实际意义，且莫去管，它不失为一项有趣的设想，用以装饰一项典礼，是有其意义的。解放后，这座建筑物曾被用作中国科学院本部办公场所，目前则又成为北京图书馆的一部分阅览室。等不到千百年后，恐怕大多数人已经不知道这座建筑物的由来了。

根据我记忆中的以上两件事，也可说明一点：社会调查所纯然是一个民间学术机构，它的经费来源和最高管理机构都与政府无关。主要由于这一点，再加上孟和先生的个人影响，所以，尽管社会调查所处于反动政府统治的旧社会，但所内自由学术空气始终是十分浓厚的，学术思想是进步的。

二　社会科学研究所时期

社会调查所原来是民间学术机关，1934 年，与中央研究院社会科学研究所合并后，性质就改变了。

中央研究院在蔡元培先生的推动下，创立于 1927 年。所属社会科学研究所设立于上海。所内有民族学、人类学、社会学、经济学等几个部门，但是，经过几年的经营，人员缺少，工作未能展开。1933 年 6 月，中央研究院总干事杨杏佛先生遇刺逝世，旋由丁文江先生继任。丁先生原为社会调查所评议会成员之一，对于所内情况知道得甚清楚。这时社会调查所的工作正在逐步发展，渐自社会学扩展到经济学方面，人员也颇有增加，而这两方面正是社会科学研究所的薄弱环节所在。丁先生为了集中人才，统一发展起见，在调整中央研究院机构时建议将两所合并。此议得到有关方面的同意，1934 年付诸实行。

两所名为合并，实际上社会科学研究所原有工作除一部分并入历史语言研究所者外，别无可以合并的工作和人员，于是社会调查所除将社会科学研究所（当时已迁至南京）的工作和一部分图书资料派人接收外，人员和工作全都原封未动，所址也未变，只是换了一块招牌，便由民间学术机构变成了中央研究院的一个组成部分。

自此以后，社会科学研究所的工作有了进一步发展，并且显著侧重于经济学方面。举凡工业经济、农业经济、金融、贸易以及中国近代经济史等，都有专人或小组从事研究。我当时参加了中国近代经济史研究组。提起这个小组，不能不想到汤象龙。他毕业于清华大学历史学系，进入本所后，在孟和先生的支持下，建立了这个小组，并于取得故宫博物院的同意后，将大高殿所藏清代军机处旧档选择抄录，予以整理，并在此基础上参考其他史料，从事专题研究。这项工作相当浩繁，对于整理旧档、阐明清末财政和经济发展情况都有重大意义。参加此项工作者，还有梁方仲、刘隽、罗玉东等，后来罗尔纲也参加了。

以上各项研究成果陆续发表于《社会科学》杂志和《中国近代经济史研究集刊》[①] 两种定期刊物上，或另以专著问世。这些论著在当时唤起了学术界和工商管理部门的注意，也产生了一定的影响，但都在一定程度上受到时代的限制。令人啼笑皆非的是，当时最重视社会调查所和社会科学研究所出版刊物者不是国内读者，而是日本帝国主义的经济侵略先锋——南满铁道株式会社的调查课。它每年都有一两次派人来所采购刊物和探听出版情况，热心得那样咄咄逼人。

社会调查所变成中央研究院的一部分之后，上文所述所内自由学术空气未有丝毫改变。这与院长蔡元培先生在学术界中的个人威信和作风是分不开的。蔡先生在筹备和创建中央研究院过程中，将该院作为全国最高学术研究机关，划为独立机构。为此，社会科学

① 1932 年 11 月创刊，后改名为《中国社会经济史集刊》。由经济史研究组编辑，所外历史学者如张荫麟、孙毓毓棠、吴晗等也不时供稿。

研究所与院属其他各研究所一样，所内行政和业务工作幸免于院外党（国民党）、政势力的干扰，也不受一般成例的拘束。举例以言，在国民党统治时代，所有党、政、军机关每逢星期一都须举行纪念周仪式，主要是为进行政治宣传，而院属各研究所通常是不举行的。我在社会科学研究所六七年，一次纪念周也未见过。

社会调查所是在我国内忧外患日益严重的时代诞生和发展的。自社会调查部改为社会调查所后，不过两年余，就发生了九一八事变，再自社会调查所变为社会科学研究所后，在蒋介石的“攘外必先安内”的卖国政策下，东北和华北大部已先后拱手让人。1935 年 7 月，《何梅协定》签订后，华北形势更为恶化，甚至古都北平的社会治安也难确保。不得已，社会科学研究所于是年冬奉命自北平迁至南京。未及二年，卢沟桥事变发生，全面抗日军兴，社会科学研究所于烽火弥漫中仓促迁至长沙。自是，随着战局的扩大，1938 年迁往桂林，1939 年迁往昆明，1941 年迁往四川宜宾县境的李庄，连年迁徙，疲于奔命。在此情况下，无法计及长足发展，但仍能见缝插针，做了不少调查研究，以应战时经济的需要。在这个时期内，孟和先生不辞艰辛，始终坚守在所领导岗位上，直到 1945 年抗日战争胜利，他才率领社会学研究所迁回到南京，继续任职。

我是跟随社会科学研究所自南京逐步撤退到西南地区的许多人之一，但在 1940 年 4 月就离开了社会科学研究所。现将我在离去前接触到的一二往事记述于下，从中也可看到孟和先生的高风亮节。

我是 1937 年 8 月从南京转移到长沙的。当时除中央研究院所属一部分研究所外，还有北京大学、清华大学、南开大学和北平图书馆都迁到了长沙，一起以韭菜园圣经学院空屋为临时办公地点，人多地方小，十分杂乱，社会科学研究所一部分人不得不分驻于南岳。1937 年 12 月，南京失陷，社会科学研究所决意再迁桂林。

桂林是当时桂系军政势力的根据地。社会科学研究所迁往桂林，是通过李四光先生（当时任中央研究院地质调查所所长）洽得广西省政府（主席黄旭初）同意的。广西省政府对于中央研究院所属研究所迁桂表示欢迎，并且大力协助。除地质调查所已先迁桂外，与社会科学研究所相继迁入的还有心理所、动植物所和物理所。中央研究院所属10个研究所①中，有5个研究所先后迁到广西。当时湘桂铁路尚在赶筑路基阶段，交通不便，各所的人员和书籍、资料、仪器、杂物等大部分须靠小船、竹筏和卡车运输，其艰困可知。各所陆续到桂后，地质所一部分人员驻留在桂林市内，一部分疏散在市郊良丰；物理所在桂林市内；社会科学研究所、心理所和动植物所都被安置在阳朔；各所略事摒挡后，大致都可部分地恢复工作了。这时，不但运输、房屋等问题须靠广西省政府协助解决，其他许多工作和生活所需，也要随时与广西省政府及所属单位洽办。同时，广西省政府为了发展本省的经济建设，也不时向各所提出咨询，或请各所专业人员从事学术演讲，或做学术交流。为此，各所与广西省政府之间接触频繁，联系不绝。为了适应这一新形势的需要，在桂五所商定并经院本部同意，在桂林设立了中央研究院桂林办事处。这个机构的名称相当响亮，其实只是在桂五所的对外总联络处，而联络对象仅以广西省政府及在桂其他单位为主。这一临时机构是必要的，它可省去各所不少对外繁杂事务，也有利于广西省政府对各所统一联系。可是任何一所都不愿在局势动荡、人力紧张的时刻把办事处的工作承担下来。结果，社会科学研究所在孟和先生的决定之下慨然承担了。办事处成立后不久，派我负责主持，另派朱煌、麦叔武、刘俊卿三位分任会计、庶务和通信。我们都是社会科学研究所成员，但都离开阳朔本所，而在桂林为各所公共事务工作。孟

① 中央研究院下设物理、化学、工程、地质、天文、气象、历史语言、心理、社会科学和动植物10个研究所。

和先生在有关兄弟所公共利益的场合，大抵都能这样顾念全局，不计私利。我们几个人为孟和先生的这种宽广的胸襟所感动，也都任劳任怨，不负先生之所托。

1938 年 10 月，武汉、广州相继失陷，广西局势日趋不稳，桂林办事处房屋（位于桂林环湖东路，与李四光先生办公室兼住宅同在一间房屋内）又被敌机炸毁，人员虽无伤亡，但办事处工作只好停顿，我们几个人仍留在社会科学研究所。是年年底，社会科学研究所开始迁往昆明。

当时的昆明处于龙云的势力之下，对于外地迁来的机构，不如广西省政府那样热情协助。但是，昆明远处于西南大后方，中日战争又已进入相持阶段。西南联合大学成立，社会科学研究所之外，历史语言研究所和工程研究所也先后迁到昆明。在此局面下，社会科学研究所同人又都打开书箱，重理旧生涯了。然而，许多人的心理状态却发生了巨大变化。抗战开始时，大多数人都不认为战争会持续很久，及至半壁江山尽行沦陷，而敌军还猖狂进逼，面对着突出的民族矛盾，我们当中许多人按捺不住了。认为老是抱着书本子，无补于当前的抗日救国事业，亟待改弦更张，做些实际工作。这种思想一抬头，就都坐不住了，孟和先生知道这种情况后，没有阻拦，而是多方介绍去路。我于 1940 年 3 月离开社会科学研究所，到重庆加入了原资源委员会，是第一个离开社会科学研究所的。在我去后半年内，王子建、吴半农、刘心铨、蔡谦、郑友揆等几位也都相继离所而与研究工作暂时告别了。① 我们当时这样做，纯粹出于爱国心，至于在选择的道路上有无可议之处，则属于另一问题。我在这里所要强调的是，孟和先生在任何事情上都一贯表现出宽宏和无私的气概。他对他多年培植的人才是十分爱惜的，何况是在社会科学

① 现在算来，除孟和先生外，研究人员中只有巫宝三、严中平等少数几位始终未离所。

研究所颠沛流离的时候，岂愿轻易舍弃？然而，孟和先生在明确了人们的去志后，就尊重个人的自由意志，并进而代谋去路，将成批的专业人员输送到更需要他们的地方去。孟和先生的这种风度是极其可贵的。可惜自此以后，我就离开了先生，除在抗战胜利，社会科学研究所迁回南京后，见了先生一面外，再也没有机会亲聆先生的训诲了。

三　孟和先生给我的印象

我追随孟和先生十余年，给我以最深印象的是他那治学严谨而待人宽厚的长者之风。除在上文已经提到者外，再略谈几句以结束本文。

从事学术研究，是要具备一定条件的，但不等于说，不适于做研究工作的人，也不适于做别的工作。孟和先生坚持这一真理，并能证之以事实。社会调查所和社会科学研究所大致每年都招收一定名额的大学毕业生为研究生，经过一年或二年指导和培养后，如果这位新人不愿继续从事研究工作，或不合本所要求，孟和先生总尽可能将他推荐到其他适宜的工作岗位上去，以期人尽其才。事实证明，这些人走到新岗位上去后，都能愉快地胜任，有的还逐渐升至负责地位，更有效地发挥其所长。此外，工作人员中有的未受过正规的大学教育，但在孟和先生的熏陶和同事们互相观摩下，治学治事都有特殊表现者，孟和先生对他总是循循善诱，予以深造的机会，到了一定程度时，与其他研究人员同等待遇。而后来这些同志的成就也确实能得到人们的一致赞许。凡此不但说明孟和先生待人忠厚，也充分说明了孟和先生的识别人才和培植人才，不受世俗之见的限制，而是独具慧眼、独运匠心的。

孟和先生在激励人们的进取心上是做得出色的。用现在的话说，他是善于调动人们的积极性的。举例以言，《社会科学》杂志创刊之初，是社会调查所出版的唯一的综合性学报。各期重要稿件都由孟和先生亲自审阅遴选，具体编辑工作则由曾炳钧担任。而在封面上，孟和先生与曾炳钧并列为主编者。平心而论，这种做法是合理的，但在当年，许多知名学者往往把繁重的具体工作压在后辈的肩上，而独居编者或著者之名。相形之下，孟和先生的作风就不同凡响了。试想一下，使一位刚从大学毕业的青年得与一位老师宿儒并列署名于一本国内有数的学报上，这该是多大的鼓励呀！有一次，曾炳钧因事请假回乡，孟和先生叫我代编一期，随即告诉我，这是一次临时措施，主编者拟姓名不改动，望我谅解。其实，我并未计较及此，而孟和先生首先想到了，并且及时地温言抚慰。这使我得到的激励比列名为主编者更大更深，我至今也没有忘却这件事。

1982 年 8 月于上海

（原载《工商经济史料丛刊》第 3 辑）

陈翰笙记忆

30 年代的农村调查

陈翰笙

当时中央研究院院部设在亚尔培路（现陕西南路）331 号，而社会科学研究所则设在劳利育路 4 号，是租的郭泰祺的房子。郭从 1929 年起连任中国驻意大利大使、驻英公使和驻英全权大使，因而他在上海的房子就空了出来，租给社会科学研究所使用。我到那儿一看，所谓研究所，仅二十来人，什么资料都没有，房子也比较狭小。原来王世杰当所长时并没有做什么工作。好吧，一切从头开始！我认为，要办研究所，第一，要有得力的干部。于是我去找王寅生，请他帮忙多介绍些人来。王寅生不负所托，果然介绍不少人来。我讲明用人不讲资历，不凭关系，只是要问他愿不愿意干，再就是看他能不能干。一般刚来的人都要经过一两个月试用，确实能干，才上报院部，正式聘用。不久，我就聘用了王寅生、钱俊瑞、张锡昌、张稼夫、孙冶方、姜君辰等一批有能力、有气魄、热心于社会科学研究的年轻人。第二，要搞好研究工作，就需要充足的资料。有了资料，才能“耳听六路，眼观八方”！研究所要资料，就得有钱订阅大量报刊，还得雇用剪报人，而研究所的经费有限，大多数还要留做社会调查，那么这笔钱从哪儿来呢？我忽然想到顾孟余先生，在北京大学任教时，我们颇有交情。当时，顾先生正在南京国民党政府做铁道部长。其实顾先生是最不喜欢做官的，生活也很朴实，平日寡言少语，属国民党左派，与李大钊同志关系也不错，1927 年，我去上海组织工人罢工时，他还帮过忙。我去找他，相信他会帮忙。果然，他一见我就问："你是不是需要钱啊?"我说明要订报，要雇人剪报，确实需要钱。顾孟余听后，连连点头说："啊，这个工作是该做啊，不知你需要多少钱?"我说："我大概算了一下，订一些必须订的报刊，至少要 180 元；要雇 4 个人剪报，大概需 120 元吧。"顾孟余痛快地说："给你个铁道部顾问，每月拿 400 元干薪!"他很信得过我，知道我拿了钱会干正经事儿的。我立即拿这笔钱雇了 4 个人，每人工薪 30 元；其余的钱都订了报纸、刊物。雇的 4 人中有一个叫李长江的，是宜兴人，后来参加洪湖赤卫队牺牲了。还有一个是曹轶欧，她当时并不叫这个名字，叫玛丽亚。直到 1935 年我到莫斯科后，在康生那儿见到她，才知她叫曹轶欧，与康生结婚了。另外两个人我记不清楚了。

下一步，就是怎样开展研究工作了。同马季亚尔的争论，一年来时时浮现在我的脑中。中国社会到底是什么性质的？中国革命的出路在哪里？我说得出来，但要拿出充足的证据，又感到脑中一片空白。对，工作应该从深入、细致的社会调查入手。我们的第一个调查目标是上海日资纱厂，调查包身工制。日资纱厂中的包身工，身受帝国主义资本家和包工头的双重剥削。这些包身工，多是贫苦的农家少女，或受骗，或为生活所迫，签订了包身契。一般一包三年。这三年中，她们完全失去了人身自由，全部收入归包工头所有，包工头供给她们仅能活命的衣食，每天却要干 12—16 个小时的繁重工作，因而许多人死于非命。我们通过调查，收集了大量资料，写出报告，并印成小册子，广为宣传，以唤起广大工人的觉醒。报告指出："中国经济之衰落，在中国已成普遍之现象。水旱蝗螨之天灾，兵匪苛税之人祸，物价之飞涨，举债之绝路；凡此种种，驱使大批穷苦无产者群趋城市以供包身制度之牺牲。"这份调查报告所揭露的活生生的现实，刺痛了国民党政府中的某些人，他们声言这个调查是共产党支持搞的，要调查我的背景。蔡元培先生也对我讲，有人反对在日资纱厂调查，劝我们改赴农村，去调查农村经济。在这种情况下，我们决定立即将调查研究转向农村。

我认识到，一切生产关系的总和，造成社会的基础结构，这是真正社会学研究的出发点，而中国大部分的生产关系是属于农村的，因此，中央研究院社会科学研究所就拿中国的农村研究作为它的第一步工作。中国地域广阔，农村情况千差万别，经过分析摸底，我们决定调查从我的家乡无锡开始，然后再扩展到河北和岭南。所以，选择这三个地方，是因为江南、河北和岭南是中国工商业比较发达而农村经济变化得最快的地方，假使我们能彻底地了解这三个不同的经济区域的生产关系如何演进，认识这些地方的社会结构的本质，对于全国社会经济发展的程序，就不难窥其梗概，而对挽救中国农村的危机，也就易于找出有效的办法了。

我先着手组织一个 45 人的调查团，从 1929 年 7—9 月，对无锡地区 22 个村进行挨家挨户调查，对 55 个村进行概况调查，并对 8 个市镇 1204 户的经济生活进行调查，同时做了详细记录。

1933 年 11 月至 1934 年 5 月底，我们又组织了对广东农村的调查。由于孙夫人宋庆龄的帮助，调查工作得到广东中山县县长唐绍仪的协助，调查顺利进行。调查团员由社会科学研究所、中山文化教育馆和岭南大学派人组成，首先对梅县、潮安、惠阳、中山、台山、广宁、英德、曲江、茂名等 16 个县进行详细调查，历时三个半月；而后用一个半月时间在番禺 10 个代表村中调查了 1209 户。同时进行的还有 50 个县 335 村的通信调查。

保定是自耕农最多而工商业不十分发达的地方典型。对保定的调查，是在 1930 年 5—8 月进行的。由 68 个人组成的调查团共调查了 6 个农村市场、78 个村庄和 11 个村中的 1773 个农户，取得了大量第一手资料。

过去，也有人搞过一些农村调查，不过，那是为了慈善救济事业，或为了改良农业，或为了完成某个社会改良的讨论题目而已，这都是些表面的，没能深入下去了解社会结构的本身。而像我们这种深入到农村最底层的大规模农村调查，在中国是一个创举。农民和被调查对象对我们的调查也深表怀疑，以为我们也不过做做官样文章罢了。比如，在无锡调查后樟径时，到贫苦的佃、雇农家去，他们不是说没人在家，就是说不懂得。后来，想在茶馆中开一个座谈会，他们就大骂我们是“脚客”（注：为地主绅士跑腿的），说我们调查他们不怀好意，是要准备抽丁加税的。在任巷调查时，男人不出面，却指使妇女出来，对我们取笑怒骂，无所不至，后来甚至用刷马桶的扫帚向我们调查员的头上乱画。根据这种情况，我们也想了一些办法来消除他们的怀疑和敌对情绪。比如，先让地方行政局将他们找来，拉拢他们，请他们挨家挨户介绍我们调查的意图，果然消除了许多障碍；乡村的小学教员是村民尊敬的人物，请他们帮忙解释，一切怀疑就烟消云散了。采取了这一系列办法后，调查顺利多了，所得材料的可靠性在90%以上。通过对无锡的调查，我们看到：“借贷、押当、起会、放赈等高利贷资本和商业资本在无锡农村中具有雄厚的势力，百分之八九的农户差不多都负有债务。近年来，因为战争和农村骚动的影响，乡村资本愈益趋向城市。农户借贷，更加困难。”（《社会科学研究所无锡农村调查记略》）

1929年夏天，我又组织了调查团去营口、大连、长春、齐齐哈尔等地，调查流亡“国内”的东北难民问题。

被天灾人祸逼的，不得不离开本乡，一群一群投奔他处去谋生的人，普遍称为难民。流亡东北的难民一向是山东人最多。据长春总商会会长董立广先生的估计，1927—1929年，来长春的难民，山东人占95%强，河北南部人占4%强，其余的是河南、安徽和热河人。近年来，山东、河南的天灾人祸连续不断。水、旱、蝗、雹和兵匪差不多遍地皆是。层出不穷的天灾人祸使大多数人陷入破产的境地。粮食的缺乏逼着一般的灾民连种子、耕畜一齐吃尽，甚至草根、树皮、滑石粉都用来充饥。求生的希望逼得他们东奔西窜地流亡，地广人稀的东北吸引了大批难民。山东去东北的难民，大部分是凌乱地各自逃生，而河南的则完全是由赈灾会移送去“垦荒就食”的。据了解，从山东三五成群流亡的难民，流亡途中常有被逼卖儿卖女，过后又因悲哀、懊悔、愤懑而自杀的。而被赈灾会移送的河南难民，沿途很难得到饮食，加之风餐露宿，老人、儿童及孕妇等染上疾病，常有死亡的。到了吉黑两省的难民，多数成为雇农和佃农，也有一部分人在铁路当了苦力，或迫于生计投靠了土匪。

1933 年，太平洋国际学会打算出版一套研究各国生活水平的书，用意在于了解国际资本对各国人民生活的影响。我决定研究一下与国际资本发生联系的烟草生产地区烟农的生活。这年，我带调查组到安徽、山东、河南烟草区做了调查，后因其他事而离去，大量的工作由王寅生、张锡昌等同志在 1934—1935 年完成，并整理出丰富的第一手资料。到 1939 年，我根据这些调查材料，又在美国收集了大量的有关资料，写成《工业资本与中国农民》一书，副题为《中国烟农生活研究》。这是用英文写的，它通过烟草这个最典型的商品作物，反映出国际垄断资本同中国的中央政府到地方政权、从军阀官僚到土豪劣绅，直至买办高利贷者互相勾结，剥削压迫农民的真实画面，很有说服力。过去，一般人认为，商品作物的推广会有助于资本主义农业的发展，可是，事实上，在半封建半殖民地的中国，种植美国良种烟的大多数是贫农和下中农，而上中农和富农不依靠借贷，也不热心种烟。这是对中国烟草生产区调查的新发现。

在 1928—1934 年的 6 年时间里，我们农村社会调查团的足迹遍及大半个中国。脚踏实地的调查，真实可靠的第一手资料，加上马克思主义的历史分析方法，使我们终于得出了关于中国社会性质的正确结论。大量的调查材料表明，当时的中国是一个落后的农业国，农村人口占全国人口的90%，因此，农村的经济问题是中国经济的主要问题。事实证明，在外国帝国主义的侵略下，农村经济受到帝国主义和农村封建势力的双重压迫，面临着破产的威胁。由此我认为："中国社会是一个非常特别的社会，纯粹的封建已过去、纯粹的资本主义尚未形成、正在转变时期的社会——我们给它一个名字叫前资本主义社会。在这种社会里，田地所有者和商业资本及高利贷资本三种合并起来，以农民为剥削的共通的目标。"（《中国田地问题》）过了不久，我更明确地看到中国就是一个半封建半殖民地社会，废除封建的土地制度，进行土地革命，是解决农村问题的唯一正确的道路。

后来，主要是旅居国外期间，我就调查得来的材料写了一些论著。1929年写了《亩的差异》《黑龙江流域的农民和地主》；1930年写了《封建社会的农村生产关系》《中国农村经济研究之发轫》和《东北的难民与土地问题》；1934年写成《广东农村生产关系和生产力》（被译成日文）；1836年用英文写了《中国南方农业问题》；1940年写了《工业资本与中国农民》，1946年在印度用英文写成《中国农民》；等等。另外，还写了一些论文，发表在《劳动季刊》《中国经济》《农业周报》等报刊上。其他参加调查的同志也写下许多论著。目前，这些调查报告、专著、论文等，已由冯和法同志负责收集、编排，合为三辑计300余万字的巨著——《解放前的中国农村》，由中国展望出版社陆续出版。这部巨著的出版，为研究旧中国、研究党史提供了十分珍贵的资料；对于广大青年了解旧中国劳动人民的苦难生活，树立革命的人生观，也起到了一定的启迪、推动作用。

1933年8月，我出席了在加拿大召开的太平洋国际学会，散发了英文论著《中国当前的土地问题》。论著从两个方面陈述了中国土地问题的真实情况：第一，贫农耕地不足，土地分配不均，耕地分散；第二，地主占有大量土地，地主、富农残酷剥削农民，农业生产力低下。太平洋国际学会认为，这篇论著是关于中国土地问题的权威著作。

20 世纪 20 年代末 30 年代初的这次农村社会调查，其范围、时间、影响都是空前的。我终于能够以大量的第一手资料和充分的事实来驳斥马季亚尔及中国托派的谬论，也揭穿了当时国民党政府关于“农村复兴”的谎言，为我党在农村实行正确的策略提供了可靠的依据。我是中国共产党地下党员，国民党是不知道的，这次调查是在国民党民主人士蔡元培和杨杏佛的支持和保护下，利用合法机构和合法身份进行的，不仅在理论上取得了很大成就，而且锻炼出一支专业理论队伍。中国农村社会调查的发祥地是无锡，无锡进步青年钱俊瑞、薛暮桥、孙冶方参加了这项工作，后来都成为我党有名的经济学家。参加三江流域（珠江、长江、黄河）调查的还有王寅生、张稼夫、张锡昌、刘瑞生、秦柳芳、姜君辰、陈洪进、石凯福等，他们也都在经济学研究方面有所建树。

1933 年，在农村社会调查的基础上，我同吴觉农、孙晓村、王寅生、张稼夫、钱俊瑞、张锡昌、薛暮桥、孙冶方、冯和法等共同发起，成立了“中国农村经济研究会”，我被推选为理事会主席，并一直担任到 1951 年该会解散。1934 年后，我在国外期间，由吴觉农代理主席。为了配合农村调查，创办了《中国农村》月刊，登载大量的调查报告和论文。中国农村经济研究会和《中国农村》以合法公开的活动方式，有力地支持了我党的土地革命，对反对封建土地制度起了很大的作用。

我在中央研究院工作期间，虽然蔡元培先生自己兼社会科学研究所所长，但所内的具体工作，全部放手让我主持，他从不干扰。

遇有重要的事情，我就去找他报告。他总是仔细、认真地听取报告，先征求我的处理意见，然后提出具体办法来同我商榷。有一段时间，他在青岛休养，我有事去信请教，他都亲笔回信，答复具体而切实，从没有训人的口吻。他不仅对我是这样，对所里的每一个工作人员都是这样平等相待。尤其是我当时做地下革命工作，在国民党统治的白色恐怖下，如果没有蔡先生那样的知人善任和兼容并包，我简直没有立足之地。因而，说到我在社会科学研究所工作时取得的一点点成绩，首先应该归功于蔡元培先生。

（原载陈翰笙《四个时代的我：陈翰笙回忆录》，文史出版社2012年版，第44—50页）

巫宝三记忆

永远的学者风范

——纪念巫宝三先生百年诞辰

朱家桢

今年是我国著名经济学家巫宝三先生逝世六周年，同时也是他的百年诞辰。为此，我们追思先生的生平及其学术思想，以志缅怀之情。

一　正直爱国的学者

巫宝三（1905—1999 年）原名巫味苏，江苏省句容县人。他从小生活在乡村，因此，从青年时代起，就很关心农村的经济问题。当 1926 年大革命浪潮澎湃发展、《东方杂志》开展关于农民状况调查的征文时，巫宝三应征发表了《句容农民状况调查》一文，对农村的阶级结构、土地占有、生产收入、各阶级的消费构成、农村的金融流通、农民的教育与农民组织等问题进行了调查分析。文章最后对广大农民所受“摇脑袋之村长、走狗之办事员、唯钱势是视之劣绅土豪及作威作福之恶官污吏”的剥削与压迫，进行了斥责，表现了这位年轻的作者对农村经济问题的正确认知和锐敏的分析能力，同时也反映出作为一位正直的学者所具有的正义感与良知。

1927 年，巫宝三考入南京中央大学；1930 年，转入清华大学经济系；1932 年毕业，同年入南开大学经济学院，从事研究工作；1933 年，转入陶孟和先生主持的社会调查所（设在北平）；1934 年，随社会调查所并入中央研究院社会科学研究所。历任助理研究员、副研究员、研究员及南京中央大学兼职教授，直至1949年年初。其中，1936—1938年由中央研究院派赴美国留学，获哈佛大学硕士学位。1938—1939年在德国柏林大学进修。这期间与同在美国留学的孙家琇女士相识相恋。两人当时都深受国内抗日斗争的爱国激情影响，因此，孙女士决定放弃攻读博士学位，先赴柏林与巫宝三结婚，然后一起回国参加抗日战争。当时德国警方要求他们出示祖先非犹太血统的证明，才允许结婚。对此，巫宝三十分憎恶法西斯的无理要求，遂寻求中国使馆的帮助。终于在中国使馆内举行了婚礼，绕开了这恼人的麻烦。婚后在蜜月中就开始了匆匆的回国行程。先从意大利乘船至香港，再坐上人畜共处、门窗紧闭的闷罐车，经越南海防等地，历尽艰辛，终于到达中国抗战大后方的昆明。当时两人已身无分文，靠变卖衣物度日。随后巫宝三找到了已迁昆明郊区农村的社会科学研究所，孙家琇也到了位于昆明城边的西南联大任教。虽然安了家，但每天上班和回家，都要走20多里的田梗路。后来孙家琇转到乐山的武汉大学任教，就只得两地分居了。由于日本侵华战争的加剧，对大后方不断地进行轰炸，人们经常要“跑警报”。巫宝三上有年迈又跑不动的老母，下有出生不久、体弱多病的女儿，既要上班工作，又要照护家人的生命和安全，担子很重，压力很大。但巫宝三始终以乐观坚强的意志，坚定抱着抗战必胜的信念。在历尽艰难的八年抗战后，终于迎来了胜利。1946年，巫宝三一家随社会学研究所迁回南京。1947年，巫宝三受罗氏基金会资助，再度赴美国进修，完成博士学位论文《中国资本形成的消费支出（1933）》，获哈佛大学博士学位。1948年冬，国内时局形势处于根本性变化的时刻，巫宝三为了迎接时局的新变迁，在取得博士学位后，立即乘飞机赶回南京。当时国民党政府已处于风雨飘摇之中，为了南逃，南京机关大搬迁，把中央和北平两图书馆珍藏的本图书及故宫最精美的艺术品，都先后搬去台湾。对此，社会学研究所以陶孟和先生为首，表示坚决反对，并在《大公报》上发表文章，严辞斥责搬迁行径。同时，坚决抗拒当局关于中央研究院全部迁往台湾的命令。巫宝三坚决拥护陶孟和先生拒迁的立场，积极参与护院护所，坚守岗位，等待解放，使在整个解放过程，社会学研究所的图书资料等丝毫无损。在南京解放的次日，陈毅司令员着布衣军服，带着一个卫兵，来到社会学研究所，看望陶先生及全所人员。巫宝三回忆说，初见面互不认识，及至互道姓名，才知是陈总。1950 年，原中央研究院及所属各研究所实行改组，成立了中国科学院，陶孟和任中国科学院副院长兼社会学研究所所长，巫宝三任副所长。为了适应新的形势，全所研究人员积极参加了华北革命大学的学习班，学习马列主义理论，改造思想。接着 1951 年巫宝三率领全所研究人员参加了当时农村的土地改革运动。随后全所进行了知识分子的思想改造运动。1952 年年底，社会学研究所由南京迁往北京，陶孟和辞去兼所长职务。1953 年，社会学研究所改名为经济研究所，巫宝三任代所长。此时的经济研究所，正处于变革的全新的社会条件下，对于这位党外代所长来说，要推展对现实经济问题的研究工作，简直是四处碰壁，一筹莫展。为此，他力主组织上派一位党员经济学家来领导经济所。对此，陶孟和亦深以为然。终于在 1954 年党员经济学家狄超白被任命为中国社会科学院经济研究所所长，巫宝三任副所长。由此对现实经济问题研究的航道，遂逐步启开。

1956 年，中国共产党开展整风运动，向党外人士征求意见，号召“大鸣大放”。1957 年，以北京大学经济系教授陈振汉为首，邀集北京大学经济系教授徐毓南、罗志如，中国科学院经济研究所副所长巫宝三，邮电部副部长谷春帆，中国人民银行干部学校副校长宁嘉风六位教授，一起讨论关于开展经济科学工作中存在的问题。经反复讨论，三易其稿，写成《我们对于当前经济科学工作的一些意见》，进呈中央。其主要内容是：认为当前经济科学研究缺乏某些必要的条件，多数经济科学工作者脱离实际，无法接触并掌握实际的经济资料。业务部门的一些领导，不重视经济科学工作的作用，这种状况应当改变。同时认为，对西方资产阶级经济学要深入研究，批判地吸取其可以利用的东西，反对一棍子打死的态度。对于马列主义经典著作，应采取实事求是地随着时代发展而不断发展的态度，反对一字一句照本背诵、转述的方法。不料这份“意见书”竟惹来了大祸。陈振汉等四人被划为资产阶级右派分子，受到点名批判、降职降薪、监督劳动的处分。巫宝三虽未划为右派，但被撤销了副所长职务。同时他的夫人孙家琇教授，因被别人盗用她的名字贴了一张大字报，而被划为右派，这真是天大的冤枉。从此，巫宝三在政治上长期受到不公正对待。对此，巫宝三一直淡然处之，始终表现无怨无悔。直至20世纪70年代，打倒“四人帮”后，才获得政治上的解放。在1980—1981年审判“四人帮”时，巫宝三被任命为中华人民共和国特别法庭审判员。1978—1982年，担任经济研究所经济思想史研究室主任。1979年起，任经济研究所顾问、学术委员会委员，《经济研究》编辑委员会委员、顾问；中国社会科学院研究生院教授、博士研究生导师；北京大学兼职教授；中国经济思想史学会名誉会长；外国经济学说史研究会顾问；中国民主促进会第四届、第五届中央委员，第六届、第七届中央常委，第二届、第三届中央参议委员会委员；第五届、第六届、第七届全国政协委员，北京市政协第五届委员、常委、副主席、第六届委员、常委等职。

在这改革开放的年代里，巫宝三终于迎来了迟到的春天。虽然此时他已届耄耋之年，却精神倍加焕发，与同为全国政协委员的夫人孙家琇教授，一起参加会议，并到全国各地视察，为国家的振兴和发展，积极建言献策。同时他全身心地投入曾因“文化大革命”而中断的经济思想史的学术研究工作，在生命历程的最后20年里，孜孜不倦，笔耕不辍，写作和编著了累计达 300 多万字的论著，成为他一生中创作生命力最为旺盛的又一高峰。

巫先生一生为人正直真诚，对工作积极勤奋。正像他的夫人在她撰写的纪念文章里所说的："宝三的一大长处是乐观和积极向上，他为人耿直，就像他挺直的腰板，直到晚年，我眼中的宝三，仍是那样的高大挺拔，一如当年哈佛校园中那个风华正茂的书生。"① 这是对这位正直爱国的学者一生形象的真实写照。

二　三四十年代的学术思想

20 世纪 30 年代，巫宝三主要致力于中国农业经济问题和西方经济学的研究。在 30 年代前期，他着重考察了中国农村的合作社组织，特别是对农村信用合作社的现状与历史、其利弊与存在问题，进行了深入的调查研究，提出了在城乡间实行资金融通，从组织合作社入手，培植农民互助自助力量，以及利用已有银行的放贷组织、农业金融机构及合作银行等具有创见性的意见与建议。同时，他还对当时的一批教育救国论者在定县农村开展的平民教育实验，以一位经济学家的眼光，进行了实地考察。他在肯定平教会开展农村扫盲文字教育工作所取得的成绩的同时，指出："对于中年男女农人"来说，"他们所渴求的是痛苦的解除和生活的改善"，"他们对于文字教育，远不若实际生活问题之有兴趣"。因为在农村"总的来说由于贫"；"现在中国农村的最重要的病态是贫，是无组织"。因此，他极力主张农民应该组织起来，发展"合作社的组织，直接代表农民的经济利益"。对于平教会开展的农业生产改良与经营技术改进的工作，巫宝三深入分析了生产量的增加与农民实际收益之间的差异和矛盾，指出："一个科学家的看法是如何增多生产，而一个经济学

---

① 参见《群言》1999 年第 9 期。

家的看法则为如何增加得利。”提出了改进生产必须落实到能够增加农民的实际收益上这一十分中肯的意见。他反对平教会提出的以县为单位，搞“自给自足的计划经济”，指出：“现在社会经济结构到了交换经济阶段”，应打破自给自足的经济观念，大力提倡发展商品生产。平教会的做法是脱离实际、违反经济发展规律的。他的这些意见和批评，表现了一位经济学家的卓越见识。接着，他又于1934年6月在《东方杂志》上发表《民国二十二年的中国农业经济》一文，对1933年中国农业的生产状况、农产品数量、成本价格、农民购买力、农村利息率及农民生活程度，进行了一一考察；对一年来造成农产品数量减少，价格下跌，农业生产成本增高，农民购买力下降，农村利息率增高，农民生活水平降低，从而形成农村经济凋敝、资金外流、利息增高的原因，进行了分析。并在此基础上，提出了撤销粮食外运之禁令，加征外国粮食进口税，改善交通运输以减轻农产品运输成本，组织农村信用合作社，以提供农民低利贷款及废止扰民苛政等一系列有利于改善农村经济发展的意见。这反映出一位学者对农村经济现实的切实把握和洞察力。

巫宝三对西方经济学说的研究，有深厚的造诣。20世纪30年代后期，他曾编译出版了美国30年代初通用的教科书《经济学概论》。他对此书不是单纯地做文字翻译。一方面它压缩了关于美国经济制度方面的过多的叙述；另一方面结合了中国经济的现实，是一部有独创性的译著。此书当时为西南联大等高校采用作教科书。1943年，他在英国《经济研究评论》上发表《预期储蓄与流动偏好》一文，是一篇研究凯恩斯经济理论的力作。在40年代前期，巫宝三还相继发表了《农业与经济变动》及关于农业经济问题的多篇论文（后编成《农业十篇》一书），其中，《农业与经济变动》一文发表于清华大学《社会科学》第3卷第1期。该文是从落后的农业国经济的现实出发，对西方发达国家经济学界的农业经济理论进行分析并提出质疑的一篇极富创见性的论文。文章探讨了在农业国家（不同于发达的工业国）中，经济变动是如何发生的，分析了杰文斯与谟尔的收成学说所提出的“农业丰收是成为发动经济繁荣的因素”的理论，指出，它既不完全适合工业国家经济变动的实际，更不能在农业国家成立。文章进一步分析了经济变动中的弹性需求理论，认为这一理论也是从英美等发达工业国家立论的，而对于像中国、印度等农业国家来说，并不适用。因为在不同农业国、不同对外贸易关系的情况下，农产品需求弹性有着种种差异，由此引起不同的经济变动。归根结底，取决于各国经济结构的不同。文章还探讨了需求线的移动问题，指出汉森教授的有关论点，对发达的工业化国家是真实的，但对中国、印度等农业国则不适用。文章最后批评了凯恩斯关于经济盛衰发动于农产物存积周期的论点，但赞同熊彼特的“在一个前资本主义社会所包含的资本主义部分越小，则资本主义过程中，特殊变动所产生的影响越小，而外来因素则成为经济变动的主因”的观点。该文以富于理论性创见，而获得中央研究院杨铨社会科学研究奖。

巫宝三在研究西方经济理论时，十分重视联系中国经济的实际，而不是做一般的介绍和阐述。这是他的研究思想的一个特点和优点。他在研究农业经济和总量分析的经济理论时，联系中国经济的实际，发现中国经济中存在两个突出的现实问题：一是在中国经济中，农业生产占有极为重要的地位；二是要使中国经济发展，就要大量投资，而这些投资，必须从每年的国民生产中减去消费部分以后，才能得到。为了研究这个问题，就必须进一步研究中国的国民生产（国民收入）有多少？农工商等各业在其中各占比重是多少？国民生产总额中用作消费部分有多少？剩下可用作投资部分有多少？等等。弄清这些国民经济的基本问题和数据，对于研究和制订中国财政经济的发展计划以及对国民经济各个方面做进一步研究，都具有头等重要的意义。因此，要研究中国的经济问题，就需要对中国国民所得问题进行研究，但是，要进行这样的研究，就需要详细占有每个经济部门的材料，这对于统计资料完备的现代国家来说，体现国民所得概念的国民生产总值（GNP）和国内生产总值（GDP）的计算，已是政府部门的一项经常工作，然而，对于统计资料极端缺乏和凌乱的20世纪30年代的中国来说，国民所得的估计，是一个十分棘手的难题，在当时的社会科学界，更是一个尚没有开发的课题。为此，从20世纪30年代末开始，巫宝三就着手筹划这项工作。首先是对国民所得概念的厘定和理论的阐发，进行深入的探讨。然后与汪馥荪（敬虞）、章季闵（有义）等五位研究人员一起，对中国国民所得的实况，进行前所未有的精细测量，于1945年完成《中国国民所得（一九三三）》（上、下册），被列为中央研究院社会学研究丛刊之一，于1947年由中华书局出版。这是我国第一次对国民所得做出的较为详备的研究，也是我国在这方面的第一部著作，得到国内外的高度重视和好评。美国哈佛大学费正清教授认为，此书“是对中国国民所得现有的最详备的估计”。联合国1948年出版的《各国1938—1947年国民所得的统计》中的中国部分，介绍了此书，并引用了书中的资料。巫宝三在完成此书的前后，还撰写了《国民所得概论》（正中书局1945年版）、《中国国民所得估计方法论稿》（华西大学《经济学报》1944年第1卷第1期）、《国民所得与国际收支》（哈佛大学《经济学季刊》，1946年）、《中国国民所得的一个新估计》（芝加哥大学《政治经济学杂志》，1946年）、《中国国民所得（1933、1936、1946）》（《社会科学》杂志1947年第9卷第2期）、《中国国民所得（一九三三修正）》（《社会科学》杂志1947年第9卷第2期）等一系列有关研究国民所得的著作和论文。同时他还与汪馥荪先生合作写成《抗日战争前中国的工业生产和就业》一文，发表于英国《经济学季刊》1946年9月第223期上。该文在当时有关资料十分缺乏的情况下，以极大的努力，克服种种困难，对中国的工业生产和就业状况做出了相应的估计和测算，并与英国、德国、美国三国的工业生产和分配状况进行了比较分析。在20世纪90年代末，日本学者久保亨和牧野文夫两教授对此评价说，该文“从总体上把握近现代中国经济的发展过程，特别是为探讨民国时期（1912—1949年）中国工业的生产规模及其结构而进行的必需的基础工作”，“是一项令人惊叹的成果”。此外，巫宝三根据抗战胜利后的一些新材料，估算了1946年的中国国民所得，得出的结论是：南京政府八年抗战之后，又掀起内战，工农业生产继续遭到破坏，导致了经济衰落，投资成为负数，整个国民经济连简单再生产也不能维持。据此，他在上海《大公报》上发表了《消蚀的经济》一文，揭露南京政府经济崩溃的情形。巫宝三在20世纪三四十年代，对西方经济学和国民所得所做的一系列研究，在理论和实际方面，都做出了重要贡献。

三 50年代以后的学术思想

中华人民共和国成立后，巫宝三积极学习马克思主义理论，努力用马克思主义理论指导自己的研究工作。但是，在1957年“反右”运动后，在政治上遭受的不公正对待，直接影响到他对新中国现实经济问题的研究，使他不得不转变研究方向。当时他感到中国经济思想史这个领域，一向少为人们注意，在世界经济思想学说史中，中国经济思想史是一个空白，这与我国悠久、丰富的思想文化遗产是极不相称的。他认为，整理和研究中国经济思想史，也是社会主义思想文化建设中的一项重要任务，因此，下决心为实现这个任务而贡献自己的精力。从此，他中止了国民所得的研究，转入到中国经济思想史的研究。这个转变，在研究对象来说，是一个大转变。但是，由于他过去在研究工作中，一向注重经济理论结合中国的经济问题，并且对中国传统文化素有浓厚的兴趣和良好的素质功底，因此，实现这个转变，亦比较自然。

巫宝三认为，在现有的世界经济学说史或经济思想史中，其古代部分，只限于希腊、罗马和西欧，而没有古代东方国家，如印度和中国的部分。这显然是一个很大的缺陷。这个缺陷的产生，在中国来说，主要是由于我们对本国自古代到近代的经济思想，没有做出充分和深入的研究，并提出相应的研究成果，使一般经济学说史的研究者，不能有根据地来阐述中国在经济思想史的发展对于世界经济思想史发展方面的贡献。因此，我国的经济思想史研究者的一个重要任务，就在于要从中国保存的丰富的古代文献（这是世界各国罕有的）中，整理和发掘经济思想，用来丰富世界经济思想史的内容。这是一项十分艰巨而繁重的工作。它首先要广泛深入地研究古代文献，从中掌握第一手资料，然后在掌握资料的基础上，对各种经济思想、范畴和有关思想家的经济思想，逐个进行专题研究，对史料进行理论的分析，并通过充分的讨论，提出具有说服力的论断。而要做到这一点，还需要与西方经济思想进行比较研究，从中总结出我国各个历史阶段经济思想的特点及其思想体系。

巫宝三认为，要进行这样的研究，就需要正确认识经济思想的内容，并要有一套研究的具体方法。基于他对古今中外经济思想的深刻了解和认识，提出了研究经济思想应包括三个方面的内容的观点：一是为经济思想基础或出发点的哲学思想；二是对于各种经济问题的见解、主张和政策方案；三是对各种经济现象和问题内在外在关系的分析。他认为，一个大经济学家的经济学说，常常包括这三个方面。如亚当·斯密的经济学说，既有以道德哲学作为它出发点的哲学思想，又有对于资本主义经济体制成因和各种关系的理论分析，还有由此而得出的经济自由主义的各种经济政策处方。但一般思想家的经济思想，则往往着重于表述经济思想的一个或两个方面。在近代是如此，在古代更为显著。如近代的数理经济学家，他们既不说明其经济分析所源出的基本思想，也不提出据以分析所提出的政策意见，而仅仅是对经济现象和问题本身内在及外在的关系作分析和说明。在古代，经济思想还没有成长为独立的学科，往往附属于哲学、政治、伦理等基本思想中。因此，在研究古代经济思想时，同时研究它所源出的哲学、政治、伦理等基本思想是非常必要的。

巫宝三的这一观点，是他长期从事经济思想研究所得出的体验和总结，它对于进一步深化经济思想的研究，在理论上和实践中，都是很有意义的。在这一基本思想的指导下，他还提出了一套研究经济思想史的具体方法，这就是：首先从编辑经济思想资料入手，目的在于掌握第一手材料。在此基础上，再进行各个专题的研究，然后再进行综合的系统研究，写成各个历史时代的专著。根据这一基本设想，他在20世纪50年代就对鸦片战争前后这个时期的经济思想和经济政策的资料，进行了选编，并在此基础上，对一些思想家的经济思想，进行了简略的论述，写成《中国近代经济思想与政策资料选辑（1840—1864）》一书，于1959年出版。这是中华人民共和国成立后第一部有关研究中国经济思想史的著作。巫宝三认为，这部著作的出版，对研究中国经济思想史来说，仅仅是个初试和起步，像中国这样一个曾经历了长期封建社会的国家，封建的思想文化，在先秦时代就有过灿烂的发展历史，以后各个时代的思想学说，主要是对先秦时代的继承和发展。如果不对先秦经济思想进行充分和深入的研究，以后各个时代的研究，就缺乏基础。因此，中国经济思想史的研究，应从先秦时代开始，由古及今，循序展开。为此，他倡导并组织中国社会科学院经济研究所和中国人民大学、北京师范大学、南开大学、杭州大学、安徽大学、广东省社会科学院、河南省社会科学院、云南民族学院等有关单位的学者，成立了中国经济思想史著作编写组，着手编写经济思想史资料、论文和专著三种著作。首先是收集和注译古籍中有关经济思想史的资料，编写出一套从先秦到清代的多卷本《中国经济思想史资料选辑》，在此基础上，深入开展专题研究，写出一系列专题研究论文，为撰写专著提供扎实的基础。自1985年以来，相继编写出版了《中国经济思想史资料选辑》先秦卷、两汉卷、隋唐卷、宋元卷、明清卷共5卷6册；《古希腊、罗马经济思想资料选辑》和《欧洲中世纪经济思想资料选辑》各1卷。专题论文集《中国经济思想史论》和专著《先秦经济思想史》各1卷。除上述编写组的集体性研究论著外，巫宝三还对中国古代的重要经济思想著作《管子》一书进行了系统的研究，写成了《管子经济思想研究》一书，于1989年出版。此外，他还在各类刊物上发表有关中国经济思想史的研究论文数十篇。这些论著，为推动中国经济思想史这个古老而又年轻的学科的发展，做出了积极的贡献。

巫宝三治学严谨认真，实事求是，坚持探求真理。他的治学精神体现了求实精神与创新精神的结合。他认为，创新是科学研究的生命，没有新的发现、新的见解，科学研究就停滞了。但创新必须建立在求实的基础上，必须实事求是，才能站得住脚，才会有说服力。本着这种精神，他对学术界某些尚待解决的问题，总是抱着实事求是的态度，进一步做深入的研究，提出自己的新见解和新的论证。如对《管子》一书的研究，一方面他深入探索《管子》原著的原意；另一方面博览前人的研究成果，审慎地进行比较鉴别，在此基础上提出自己的见解。如一些学者根据《侈靡篇》中“末事起，不侈，本事不得立”，断言其为重侈与重商思想。巫宝三认为，《管子》一书以重本立论，《侈靡篇》亦是以重农为主旨的，文中“不侈”应作“丕侈”解，就完全符合其重农主旨了。对于《侈靡篇》中侈靡与主俭并存的现象，一些学者认为，两者是矛盾的。巫宝三认为，它论述的是在不同情形下的统治阶级的消费政策，两者并不矛盾。对于《侈靡篇》中关于消费对生产反作用的论述，巫宝三给予了高度的评价，认为这是超出了所有古代思想家的独到之处，是对古代消费理论的突出贡献。

对于《轻重篇》，学术界有一种颇为流行观点，认为它是主张君主运用货币和价格政策，控制全国的货币和物资去牟利，是代表了商人阶级的本性。巫宝三认为，《轻重篇》所主张的趋向和目的，是旨在把商品货币经济纳入封建主义轨道，用以巩固封建生产方式和封建统治，并非为了发展商业、奖励商人和积累商业资本。相反，它是以排斥富商大贾、为强化封建统治服务的。因此，它既非重商主义，亦不代表商人阶级的本性。

对于《轻重篇》中提出的“币轻”“币重”的理论，近几十年来，不少学者都把它与16世纪以后，法国和英国出现的货币数量说相比拟。巫宝三在做了深入的比较辨析后指出，《轻重篇》所说的数量，不是货币数量说所说的数量，而是影响商品货币交换价值的供求数量。因此，它不是货币数量说所意味的货币价值论，而是在一定的货币流通数量条件下，由货币供求关系所决定的理论。

巫宝三对《管子》中提出的“相地而衰征”的租税政策高度重视，认为它在理论和实践上都具有划时代的意义。它比史学界广为重视的“初税亩”要早半个多世纪。它不但包含租税负担公平的原则，而且还包含级差地租的原理，在经济理论上有重大意义。此外，在分配关系方面，巫宝三认为，《管子》提出的“富上足下”的原则和“食民有率”即直接生产者保有必要产品的最低比率的思想，在古代经济思想中，亦是少见的卓越思想。

关于《轻重篇》的成书年代，学术界自来就分歧很大。巫宝三认为，各种见解都有史实佐证，各有所是，亦各有所非。但以《轻重篇》与《韩非子》的文体、用词和概念等方面做比较，以及该书对西汉时私铸盗钱这一当时的重大经济问题全无反映等情况来看，《轻重篇》很可能是成书于战国末至秦初的韩非子学派之手。

以上仅就巫先生在《管子经济思想研究》一书中提出的部分新见解为例，可以看出，他的研究都体现了求实和创新相结合的精神。这一精神也体现在由他发起组成的中国经济思想史著作编写组的学术活动中。正如他在《先秦经济思想史》一书的“编著说明”中所称，该书“在保持全书的整体性和在主要论点上的一致性”的同时，“提倡各自提出新的见解和研究性成果，可以有不同的写作风格，论点亦不强求一律”。充分体现了他既提倡严肃认真、实事求是的治学精神，又尊重个人学术思想自由的学者风范。

巫宝三在经济思想史研究工作中，一贯提倡对中西经济思想做比较研究。他在《中西古代经济思想比较绪论》一文中指出，对中西经济思想做比较研究，其目的在于阐明两者的共同性与各自的特点，尤其是后者。为此，文章以中国的西周至战国时期（公元前11世纪至公元前221年）与古希腊、罗马（公元前12世纪荷马时代至前5世纪罗马帝国灭亡）做比较，分析了两者社会经济发展的异同和在此基础上形成的经济思想上的异同，并着重分析了古代中国所特有的经济思想，如对封建经济问题的理论分析，以及封建主义的功利思想、租赋思想、富国思想等。这些经济思想，在古代希腊、罗马经济思想中是很少有的，甚至是见不到的。通过中西经济思想的比较研究，既分析鉴别了彼此的异同，又充分论述了中国经济思想的特点及其体系，从而丰富了经济学说通史的内容，把经济思想史这门学科的研究，在广度和深度上推向前进。

对于如何看待西方经济理论的问题，巫宝三有他一贯的看法。他过去是研究西方经济理论的，中华人民共和国成立后也做过一些介绍和批判西方经济学的工作，如20世纪60年代初参加编写大学教材《经济计量学》《福利经济学》等。他认为，对于西方经济理论，既要批判其谬误和庸俗的东西，也要吸取其中合理的有价值的因素。马克思就是在研究、批判和吸取前人的思想理论基础上，创立起自己的学说的最好典范。当前在新的历史条件下，批判地吸取西方经济理论中有用的因素，对进一步发展马克思主义理论和适应经济改革与社会主义经济理论建设的需要，都是有必要的。他的这一观点在《经济研究》1981 年第 8 期上发表后，在经济理论界产生了广泛的影响和认同。

巫宝三先生是我国老一代著名经济学家，他学贯中西，是中国经济思想史研究新阶段的开拓者之一。他秉性正直真诚，热爱祖国，热爱所从事的事业，不计名利，不尚虚荣，脚踏实地，潜心于学术，直至耄耋之年，仍孜孜不倦地写作，以自己渊博的知识，优良的学风和高尚的品德，教育培养了一批又一批的硕士和博士研究生，为国家造就有用人才，弘扬祖国优秀传统文化而呕心沥血。他的道德文章和学者风范是永远值得人们怀念和学习的。

（原载《经济研究》2005 年第 7 期）

许涤新记忆

纪念许涤新同志诞辰100周年

吴承明　方　行

今年10月25日，是老一辈无产阶级革命家、著名的马克思主义经济学家许涤新同志诞辰100周年。他的一生，为中国革命和建设建立了卓越的功绩，也为马克思主义经济学在中国的传播和发展做出了重要贡献。我们曾经长期在他领导下工作，特撰文追忆他在科学研究上勤于耕耘、勇于探索、奋斗不息的敬业精神，以激励我们和经济学界同人与时俱进，奋发向前。

一

1960年春，周恩来总理向许涤新同志提出，现在中国资本主义经济的改造已基本完成，应当对它作一个历史总结，并把编写一部《中国资本主义发展史》的任务交给他。这实际上是实现毛泽东主席的思想和心愿。在1942年党的整风运动中，毛泽东同志就提出了“要使马克思主义在中国具体化”，并且指出，“中国资本主义的发展，从鸦片战争到现在已经一百年了，但是还没有产生一本合乎中国经济发展的实际的真正科学的理论书”。资本主义在中国这个古老东方大国艰难而畸形的发展，是资本主义全球化在中国历史条件下的反映，是世界资本主发展的一种典型。他把编写这部著作作为马克思主义在中国具体化的重要实践。于1962年就着手筹划，从收集整理资料入手。由于10年动乱而中断，于1978年才组织写作队伍重新工作。他拟订了指导思想，编写了提纲，撰写了总序。他提出，这部著作应当在马克思主义指导下，认真实行理论与历史实际的结合，从生产力与生产关系、经济基础与上层建筑的相互作用中，用史与论相结合、用定性分析与定量分析相结合的方法，分析不同时期外国资本、官僚资本与民营资本的消长、产业结构的变化及其发展水平，反映半殖民地半封建条件下资本主义发展的崎岖道路。至1993年，这部200余万字三卷本经济史巨著，在他的这个思想指导之下终于完成。但非常遗憾的是，他审定了第一卷书稿之后即不幸逝世。这是我国第一部全面考察和论述资本主义发展的优秀著作，受到了学术界的普遍好评，成为国内外引用率最高的中国经济史书之一。这应当可以告慰他的在天之灵。

二

20世纪40年代中叶，许涤新同志在中国革命的实践中认识到，不同时代、不同国家或民族所形成的政治经济学，必然具有各个时代、各个民族的特点。并在恩格斯建立广义政治经济学的启示下，他力图写出一部能够解释中国的过去、现在和未来道路的广义政治经济学来。在当时国民党统治区白色恐怖之下，在香港紧张工作之余，通过多年努力，终于写出了这部三卷本的著作，于1949年和1954年先后出版。经过30多年，世界经济和中国经济都发生了巨大变化，从1982年起，他又将这部著作重新改写出版。

这部著作以中外对比的方法，全面、系统地考察了原始社会、奴隶社会和封建社会的生产关系及其运动规律，考察了当代资本主义和社会主义的发展，考察了帝国主义殖民体系的解体和第三世界的兴起，以及中国的半殖民地半封建经济，提出了许多精辟的见解。但是，该书最重要的贡献则是在方法论上。

首先，该书从生产力和生产关系的演变出发，着重探讨了原始社会向奴隶制过渡、从奴隶制向封建制过渡的长期性和复杂性。如在中国，就经历了一个近千年的过渡期，奴隶制才基本确立。对于奴隶制生产方式，也不是单纯揭露其残酷的剥削关系，而是根据马克思主义剩余价值学说，分析了从以直接生产生活资料为目的奴隶制，到以生产剩余价值为目的奴隶制的转化过程。在奴隶制向封建制的过渡中，该书除论述了欧洲长时期的封建化过程外，认为中国也是经历了4个世纪的政权、地权、田制、税制的演变，才由“半奴隶”逐步转化为封建制下的农民。在封建社会经济的研究中，该书把封建地租作为剩余价值的原始形式，考察了其演变过程，以反映生产力和生产关系的发展。这就避免了政治经济学抽象研究方法容易带来的简单化和非历史主义倾向。长期以来，政治经济学的研究中，奴隶制总是以希腊、罗马为典型，封建制则是以西欧为典型，该书则着重考察了中国这一典型，尤令人耳目一新。

其次，商品货币关系是社会生产力在前资本主义社会里发展的伟大成果，又是资本主义生产方式的前提。按照马克思和恩格斯的说法，商品、货币等“比较简单的范畴”在历史上早已存在。价值规律在有文字记载的历史以前，就已开始发生作用。因此，该书在讨论前资本主义经济时，以相当多的篇幅，系统地分析了商品货币关系和价值规律的作用。不发达国家几种经济成分并存的经济，虽然难以划分为一种独立的社会经济形态，但对它的研究，也会大大丰富政治经济学的内容，因此，该书又着重论述了中国的半殖民地半封建经济。对其他第三世界国家发展民族经济的斗争，以及这些国家经济的依附性和贸易、债务危机等，都做了充分的分析。正如恩格斯所说，不仅要研究资本主义生产、交换和分配的形式，对于“在比较不发达的国家内和这些形式并存的那些形式，同样必须研究和比较”。该书的这些安排和研究，正体现了政治经济学的原理，更好地实现了逻辑研究和历史分析的辩证统一。在研究方法上，是一种创造，也是使“马克思主义在中国具体化”的贡献。

三

对中国经济从资本主义到社会主义过渡的全过程做出系统研究，是许涤新同志社会主义经济理论研究的一个重要特色。从20世纪30年代起，由于工作关系，他对帝国主义、封建主义和官僚资本主义压迫下旧中国的国民经济现状有深切的了解，对新民主主义经济理论和政策在解放区的实践有比较深刻的了解。从40年代后半期开始，他就着手研究旧中国的国民经济。在这期间，他先后撰写出版了《中国经济的道路》《现代中国经济教程》和《官僚资本论》等书。在这些著作中，通过对中国半殖民地半封建经济的分析，系统地论证了新民主主义经济的历史必然性及其实现的前提，论证了通过新民主主义经济走向中国经济现代化的光明道路。这些著作在中国历史发展的重要转变关头，在全国尤其是在国民党统治区，起到了启蒙作用。

中国国民经济的社会主义改造，是以半殖民地半封建经济为背景，在建立了人民政权的条件下，经过和平的社会主义改造道路实现的。这个改造尽管有正面经验和反面教训，但它在国际社会主义运动中是一个创举，提供了一种新的经验。他对旧中国的经济既有深入研究，中华人民共和国成立后，又长期担任政府经济部门的领导职务，参与了恢复国民经济、对资本主义经济实行社会主义改造的全进程。社会实践推进理论探索。从1957年开始，他就从马克思主义理论和中国实践的结合上，着手探索中国社会主义经济的形成和成果。于1957年撰写、1962年修订出版了《中国国民经济的分析》，1980年撰写出版了《我国国民经济的变革与经验》。在这些著作中，他以丰富的史料，系统地探讨了中国社会主义经济形成和发展的客观进程。从工业、农业、贸易、国民收入分配和社会再生产等方面，从不同性质经济规律的消长中，考察了经济变革的成果。

该书特别是对与商品生产存在相联系的价值规律，也结合工农业经济的改造过程做了分析。他指出，从1953年起，国家对一些重要产品实行计划收购，限制了价值规律对这些产品的自发性调节作用，但是，国家在规定收购价格时，不能违背价值规律。农业合作化进一步限制了价值规律自发作用的范围，但是，生产队的产品除自用外，还要作为商品去交换工业品，价值规律调节生产的作用仍然存在。在资本主义经济的改造中，加工订货形式下私营企业的生产，基本上还是受价值规律的支配。如果工缴货价少于在市场上自销的利润，资本家就会逃避加工订货，而追求自产自销。企业公私合营以后，私股分红随企业利润的增加而增加，价值规律仍然有一定的调节生产的作用。公私合营企业实行定息以后，生产虽然按照国家计划进行，但价值规律的客观要求，如等价交换和平衡社会必要劳动消耗的要求等，仍然不能不顾。正是着力于对各种经济规律作用的分析，就把中国国民经济改造过程的研究，提升到了马克思主义理论的高度。

在十年动乱时期被关在“牛棚”中，他重读了《资本论》，写下了40多万字的读书笔记。1979年撰写出版的《论社会主义的生产、流通和分配（读〈资本论〉笔记）》一书，就是根据这些读书笔记加工整理而成。在这部著作中，他以马克思《资本论》中在资本主义生产方式废除以后有关经济范畴和经济规律的提示为线索，来考察中国社会主义建设的实践，构筑自己的理论体系。1983年，他又将这部著作修订再版。按照他的愿望，这部著作应当是一个不断的再实践、再总结的过程。但也提出了许多值得重视的论点。他指出，在社会主义制度下，劳动、土地和科学技术的伸张力是归社会所有，由此节省下来的劳动力不再构成过剩人口，改变了资本主义生产方式特有的人口规律。但是，仍然需要有计划的人口再生产，以保持生产、消费和积累的平衡。在社会主义流通过程的研究中，他论述了社会主义生产的资金循环和资金周转，并进而以专门的篇章论述了非物质生产的第三产业的重要性，从社会整个交换过程来探讨国民经济的发展。

中国社会主义经济的发展还处在初级阶段。社会主义经济理论还正在探索之中。他的著作留下了许多宝贵的思想资料，也存在历史的局限，然而，他重要的贡献还是治学的学风。他的一生，兼革命家和理论家于一身，理论和实践的统一，也是他治学的首位要求。他深信作为一个中国经济学者，任何时候都必须从中国的历史和现实出发，来探讨中国革命和建设的规律。他常常引用恩格斯的下面一段话："马克思的整个世界观不是教义，而是方法。它提供的不是现成的教条，而是进一步研究的出发点和供这种研究使用的方法。"而进一步研究的根据，则是社会实践，就是中国的实际。他一生的研究工作都是遵循着这一原则，都总是立足于马克思主义基本原理和中国实际的统一。这无疑是难能可贵的。

四

许涤新同志认为，人类与自然之间的物质变换，是人类生存的永恒条件。生态平衡规律与经济领域中的许多规律是息息相关的。如果以破坏生态平衡来追求经济效益，势必造成再生产的失衡和中断。在社会主义现代化建设中，应当注意把经济平衡、经济效益同生态平衡、生态效益结合起来。早在 1980 年，在一次学术讨论会上，他就提出了研究生态经济问题的重要性。此后，他主持召开了多次学术讨论会，以组织和推动一批著名的自然科学家和经济学家、一批理论工作者和实际工作者共同协作，来开展生态经济学的研究。

在生态经济研究有一定发展的基础上，为逐步建立生态经济学理论体系做准备，他在1985年出版了《生态经济学探索》一书，对这门学科的研究对象、性质、任务、基本原理和实际应用等许多重要问题，都做了论述。稍后，他主持编撰了一部有较高学术水平的《生态经济学》，于1987年出版。在他的倡导下，一些高等院校也开设了生态经济学的课程。他又受国务院环境保护委员会的委托，担任《中国自然保护纲要》的主编，主持编写了我国保护自然资源和自然环境方面第一部系统的具有宏观指导作用的纲领性文件。他以经济学家的历史责任感和科学敏感，开拓了我国生态经济学的研究，抓住了这个关系到国民经济建设全局的重大问题，给予有力的推动。他将以新中国生态经济学的奠基人之一而载入史册。

五

1977年，许涤新同志在担任中国社会科学院经济研究所所长期间，受中国社会科学院和教育部委托，由他担任主编，编写一部适合广大干部和大专院校师生需要的《政治经济学辞典》。1978年，国务院决定编辑出版《中国大百科全书》。他担任了《中国大百科全书》总编辑委员会委员，并担任《中国大百科全书》（经济学卷）主编。他组织全国高等院校、研究机构和财经部门数百名学者、专家进行编撰。这两部大型辞书于1980年、1988年先后出版。它们是中华人民共和国成立以来，特别是党的十一届三中全会以来，政治经济学理论研究成果的一次重要阶段性历史总结。

1989年，出版了他的自传式回忆录《风狂霜峭录》，记录了他在革命斗争中的艰难历程。1979年出版了《百年心声》的诗话。这是一部记述鸦片战争以来革命家和志士仁人反帝反封建慷慨悲愤情怀诗词的诗话，编写这部诗话也寄托了他坚强的革命意志和爱国热忱。

他的一生是革命的一生，又是勤奋治学的一生。就是进入了耄耋之年，他仍然灯火阑珊，夜以继日地工作。他的著作都是严格按照计划写出来的。在他生命的最后10年间，工作虽然非常繁忙，但他仍然写出了上百万字卷帙浩繁的著作。他的勤奋精神，老而弥笃。1988年1月，在他生命的最后日子里，已经无法下床，病痛使他不时低声呻吟，但他仍以顽强的毅力，坚持做完四件事情。一是将为胡子昂先生回忆录所写序言修改定稿。由于手发抖，字写不好，只好请夫人方卓芬重抄送去。二是请中共中央组织部来探望他的同志，回去转告组织，抗战后期，经中共中央南方局批准，在重庆成立的“中国经济事业协进会”，是党的外围组织，在当年民主运动中做过不少工作，应当承认这些同志的革命历史。三是请曾帮助他编写过《政治经济学辞典》和《中国大百科全书》（经济学卷）的同志来医院，嘱咐他们将这些辞书中已落后于实践的条目尽快修改，准备再版。四是为纪念重庆《新华日报》创刊50周年，艰难地口述了一篇回忆录《回忆〈新华日报〉的筹建》。当时，他已完全靠输液维持生命，声音嘶哑，呼吸困难，说一句话，都要时断时续才能讲完。“春蚕到死丝方尽，蜡炬成灰泪始干。”

许涤新同志把自己的全部生命奉献给了党和人民的革命事业，献给了马克思主义的科学事业。我们将永远怀念他。他将永远激励我们前进！

（原载《中国经济史研究》2006年第4期）

许涤新晚年的学术生涯

苏辛涛

一 《广义政治经济学》的修订和出版

许涤新晚年主要是用来修订他以往在经济学上的代表作，即在30年代末，根据毛泽东关于应“使马克思主义在中国具体化”的指示准备写却延至1949年、1950年、1954年才先后出版的三卷本《广义政治经济学》。这部巨著出版后，不仅发行量很大，而且还被好些高等院校用作教材，但他仍要修改。因为他认为，这部旧著缺乏对国内外新的经济情况的评介，又有些经济史的论证同该书出版后新发现的文献不尽相符。

为修改这部巨著做好准备，许涤新在晚年首先致力于完成或完善以下三部与这部巨著部分研究对象相同的专著，即由他主编的《中国资本主义发展史》和他的个人著作《论社会主义的生产、流通与分配》（读《资本论》笔记）和《中国国民经济的变革》。这些专著，也不全是他晚年的研究成果。其中，《中国资本主义发展史》一书，就是他一生主编过的著作中花费的心血最多、历时最长又未能在他生前全部完成的著作。编写此书的必要性，是毛泽东在1942年发表的《整顿党的作风》一文中提出的。1960年春，周恩来获悉中央宣传部和中央统战部在1958年已根据许涤新（当时任中央统战部副部长、国家工商行政管理局局长等职）的建议，发文给有关党委，要求他们组织人力去调查、收集、整理中国的资本主义行业、企业史，写此书的任务交给了许涤新。但是，此书分为《中国资本主义的萌芽》《旧民主主义革命时期的中国资本主义》和《新民主主义革命时期的中国资本主义》三卷的出版时间，却分别延至1985年、1990年、1993年三年（按原计划，还有第四卷《中国资本主义工商业的社会主义改造》，但后来作为《当代中国丛书》之一出版）。之所以会这样，根本原因当然是全书涵盖的历史很长、很特殊，问题很多；中国资产阶级又没有对其经营过的企业、行业留下应有的记载；从1958年开始对这种史料的调查、收集和整理工作，在“文化大革命”中又被迫中断。另外，也还有一个重要原因，这就是许涤新到经济研究所不久，把“文化大革命”后为此书重建的写作班子也调到所里。开始进入编写阶段后，他除为编写组织人力、拟订规划与提纲，审稿竭尽全力外，还对此书的内容设计和写作方法提出了极为严格的科学要求，并得到编写者的拥护和认真贯彻。他对内容设计的要求是：（1）对经济基础和上层建筑的关系，应“结合资本主义的发展，有重点地来处理，不能把经济史融政治史和思想史于一体”。（2）对生产力和生产关系的关系，应“反映两者的适合或不适合”，不能像经济学一样，只以生产关系为对象，“不包括生产力”。（3）对外国资本、官僚资本、民族资本的关系，既要反映它们在中国资本主义发展史上的地位及其演变经过；又要反映外国资本和中国资本之间的“互相对立”和“互相依存”，官僚资本和民族资本之间的“亦此亦彼”和“互相转化”。对写作方法的要求是：（1）只能用历史唯物主义的立场、观点和方法，从历史实际中得出结论，而不是从既定的原则中引出结论来。（2）坚持史与论“有机地结合”，历史与逻辑“辩证的结合”，不能写成有论无史的“史论”，也不能写成有史无论的“史料书”。（3）在断代上，坚持“定性分析和定量分析相结合”，“不能把小事当大事，把局部当一般”。《论社会主义生产、流通与分配》（读《资本论》笔记）的初稿，是1970—1971年被关在“牛棚”中写成的，1972—1973年先后改了三次，在1978年夏又再改一次，才付印。1983年春，此书初版快售完时，他为了“回答许多同志对本书的鼓励和批评”，又“乘再版之机”，“从头到尾，做了全面的修改”。他在1981年年初出版的专著《中国国民经济的变革》的“后记”也指出：“这部书并不是一口气写下来，而是由以前两部旧著和一篇学术论文编成的。”两部旧著是指1945年初版、1948年又修订再版的《中国经济的道路》和1957年写成初版、1962年又修订再版的《中国过渡时期国民经济的分析》。一文是指1980年秋写成的《我国国民经济的变革与经验》。

作者对旧版《广义政治经济学》的修改，是从1982年冬开始，花了4年时间才修改完，并依次在1984年4月、1985年12月、1988年1月问世。《广义政治经济学》写作的重要性及其对象与方法，是恩格斯在他的晚年名著《反杜林论》中提出的。但是，在许涤新的初版本问世前，国内外却还未出现过这种书，因此，好些学者都称他为《广义政治经济学》的先驱，这当然对。但是，从作者反复表述过的写作动机和书的内容来看，则更应称为马克思主义经济学在中国具体化的先驱。这种双重先驱作用，新版比旧版更突出。现按卷次，各举数例以供参考。

以原始公社、奴隶制、封建制的生产方式为对象的第一卷，新版对旧版的增改内容就有：（1）对原始公社分析，旧版因史料缺乏，用的是史学眼光；新版根据新发现的古文物，则用经济学眼光，着重分析了原始公社生产方式所包含的生产力和生产关系的产生、发展、演变经过及其向奴隶制转变的复杂性和长期性。（2）新版也用新发现的文物说明：中国夏、商、周三代和古代的巴比伦、埃及、印度“都具有奴隶制的基本特征”，即奴隶主“垄断了土地”“占有奴隶的身体”和“奴隶主国家的出现”。但是，古代的东方国家，却有其与古代希腊、罗马奴隶制的不同特点，即“土地国有”“农村还保留一种公社的组织形式”和国家负责“治理水利”。并指出：东方奴隶制这种特点，就是马克思所说的“亚细亚生产方式”，把亚细亚生产方式当作封建制或原始公社，都是错误的。（3）关于我国在明代开始出现了具有资本主义萌芽性质的手工业工场之后，之所以仍长期停留在封建社会，新版也用更翔实的史实说明是由于：封建领主或地主对农奴或农民的残酷剥削，小农业和小手工业的家庭结合、实物地租很难转化为资本和土地的自由买卖又造成货币积累转化为土地。

以资本主义、帝国主义、殖民地半殖民地经济为对象的第二卷，新版对旧版也有如下重大修改：（1）旧版来不及分析的第二次世界大战后的新变化，如资本售出的多元化、跨国公司的出现、经济一体化、殖民地的瓦解和第三世界的兴起等，新版都增加了评介。（2）对长期被人误解的列宁关于帝国主义是垂死的资本主义的提法，新版也做了极为科学的说明，指出这一提法“是从社会科学的意义出发，而不是从生物学的意义出发的”。这一提法，同毛泽东说的帝国主义和一切反动派“是真老虎、又是纸老虎”是完全一致的。“这就是说，从现实上看，从战术上看，帝国主义仍是有力量的，是真老虎；但从本质上看，从长期上看，从战略上看，帝国主义是腐朽的、垂死的，是纸老虎。”（3）对殖民地半殖民地经济的分析，新版不仅比旧版更翔实，而且“为了使我国同胞，对解放前的旧中国有一个较为系统、较为概括的认识”，还用很多篇幅增设了《半殖民地的中国经济》一节，翔实地论述半殖民地半封建的旧中国的形成和演变经过及其与我国的民主革命必然发展成为新民主主义革命的关系。

新旧版的写作动机，虽皆想从原始公社经济写到社会主义经济，但旧版第三卷因写于50年代初，为了突出中国化，却只以当时面临的新民主主义经济为对象。新版第三卷发稿于1985年，才改以社会主义经济为对象。新版第三卷的《序言》说得对：旧版“第三卷是失败了的，因为过渡期很短的新民主主义经济是不能作为一个独立的生产方式去对待的”。新版第三卷除突出介绍了我国社会主义经济建设的经历和经验教训外，还提出了好些走在时代前列的主张。例如，在分析《社会主义的基本经济规律》这一节，在肯定斯大林对这一规律的表述（“用在高技术的基础上使社会主义生产不断增长和不断完善的办法，来保证最大限度满足整个社会经常增长的物质和文化需要”）“对马克思主义政治经济学的发展是有贡献的”的同时，也指出：“尚有可商榷之处，例如，离开人的因素，即离开劳动者的文化科学水平、政治觉悟去谈高技术的基础问题；例如，离开按劳分配的社会主义原则，而谈最大限度满足整个社会不断增长的物质文化需要的问题”。在《建设具有中国特色的社会主义制度》这一节中，又提出了为往后实践所认可的如下关于经济体制改革的主张：（1）国营企业的所有权和使用权应分属国家和企业，“使企业成为真正的经济实体，成为自主经营、自负盈亏的社会主义商品生产者”。（2）国家实行计划经济应“根据国民经济的实际情况，减少指令性指标，增加指导性指标，并充分运用价值规律和市场调节作用，有效地促进商品经济的进一步发展”。（3）“国家对国营企业从直接控制改为间接控制”，“间接控制的工具是税收、价格、信贷和利率，等等”。（4）对外对内部“实行开放政策，是经济体制改革的重点”。（5）“发展企业与企业、地区与地区之间的横向联合”。（6）改革应“以进一步发展我国社会生产力为目的”。（7）“企业要树立为满足社会需要而生产的观念”，“禁止偷工减料、掺杂掺假、以次充好、以假乱真的不法经营方式”。（8）“要把个人（或局部）利益同集体利益结合起来，而以后者为前提；要把眼前利益和长远利益结合以来，而以后者为前提”。最后还着重指出：“鉴于新旧体制转换过程中存在着艰巨性和复杂性，体制改革只能采取一个渐进的过程。”

当然，任何人的见解，都有历史的局限性的，新版《广义政治经济学》也难例外。例如，书中在反对把国有资本分给国有企业的职工当作他们的私人股本的同时，也反对用股份制来改造国有企业。但许涤新为这部巨著写的《初版序言》和《修订版序言》都反复指出，这“是一个大胆而冒昧的尝试”，期待大家的“指正和批评”。

二　开创编纂经济学工具书的先河

许涤新晚年在学术上的第二大贡献，是先后主编了三部具有系统性又突出中国性和现代性的经济学工具书，即三卷本《政治经济学辞典》、一卷本《简明政治经济学辞典》和三卷本《中国大百科全书》（经济学卷）。

《政治经济学辞典》的组编，是许涤新到经济研究所初期全力以赴的工作，是我国出版史上第一部经济科学大辞书。上卷分导论、前资本主义和资本主义三部分；中卷分帝国主义（含世界经济）、半封建半殖民经济和新民主主义经济、中国经济思想史、外国经济思想史四部分；下卷分社会主义经济和部门、专业经济两部分。万事开头难，“文化大革命”刚结束，就编写这种大辞书，更难。许涤新之所以迎难而上主编这部书，他在1997年秋，为了争取中国社会科学院和教育部等有关部门的支持而写的报告中和得到支持就立即召开全国性的筹编大会上的讲话中，都反复指出：这不仅因为这种困难充分说明编写此书的重要性和迫切性，中华人民共和国成立28年还未写出，显然是我国经济学家积欠人民的一笔巨债，而且还因为我党在长期斗争中，特别是在中华人民共和国成立后，已培养出众多富于理论与实践相结合的教学、编著经验的经济学专家、学者，只要把他们组织起来，集思广益，各献所长，分工合作，就不难尽快还清这笔巨债。事实也这样，这部书在编写过程中，经过他的动员组织，先后提供过稿件和参加过编审的高等院校、研究机构和财经机关，就有20多个省份、60多个单位的数百名专家、学者。可以说，这部书是集当时我国政治经济学的研究和运用成果之大成。此书出版后发行之快且多，在出版史上也少见。1980—1981年三卷各出近30万册，到1982年年底就售完。1983年各再版近50万册，也满足不了读者的需求，又在1985年各再版近100万册。

《政治经济学辞典》初版虽发行很快，但也有读者来信说，此书分量太重，分类过细，查阅不便。因此，1981年春，他主编完此书的下卷时，就立即从参加篇写人员中选出十余人，要他们以此书为基础，再编一本《简明政治经济学辞典》。在写作方针上，除仍要以马列主义和毛泽东思想为指针、突出中国性和现代性外，还特别要在“简明”二字上下功夫。对框架的设置和条目的释文，都要按初学经济学者的需要压缩，并做到通俗易懂。条目的排列也只按首字笔画多少，不再分九个部分。压缩结果，字数和条目各较《政治经济学辞典》减少2/3和1/3，三卷也改为一卷。此书发行也快，1983年年初版问世后，1985年就再版。

1981年11月，《简明政治经济学辞典》还未编完时，许涤新又应聘担任《中国大百科全书》（经济学卷）的主编，组织百余人编写。在编写规划上，经过讨论，决定把全书条目首先分为七大类，即政治经济学、中国经济史、外国经济史、马克思主义经济学说发展史、中国经济思想史、外国经济思想史、部门经济学和专业经济学。这七大类的条目再按它们的从属关系，分为2—4层。全书共400多万字，分两大卷出版。这部巨著由于篇幅大、分类细，许涤新又要求把条目写得“全”“简”“新”。中国大百科全书出版社还要求在条目中多加彩图（包括人物图像），全书条目拖到1986年才定稿，配图更是拖到1987年才基本找齐。有些条目释文因与新的实践有联系，不得不在付印的清样上加以增补。因此，这部巨著也就拖到1988年3月才开始陆续出版。

理论总是随着实践的发展而发展的。党的十一届三中全会一贯坚持理论与实践相结合的许涤新，在这种大环境下主编的三部辞书，自然也一部比一部经得起实践的检验。这在三部辞书中相类似的条目释文中，尤其显得突出。例如，关于计划经济与市场调节的关系，《政治经济学》中的"计划经济与市场调节"的释文，就对传统的高度集中的计划经济体制有所突破，认为"社会主义经济是计划经济，但由于存在商品生产，必须利用市场机制，以保证国民经济高速度、按比例发展"；并主张给国营企业"有一定经营管理的自主权"。但由于当时的国营企业还未开始改革，因而释文仍有上述传统观念痕迹。如认为计划经济所根据的经济规律"主要是社会主义基本经济规律、国民经济有计划按比例发展规律"。《简明政治经济学辞典》是在一些城市和企业开始实验经济体制改革时编写的，受了试点的启示，对上述传统观念又有新的突破。这就是书中设的"计划经济"和"市场调节"两条释文，在肯定正在实行的"计划调节为主，市场调节为辅"的同时，也指明"无论指令性计划和指导性计划，都应研究市场供销情况，自觉利用价值规律，充分运用经济杠杆"。《中国大百科全书》（经济学卷）中的"计划经济与市场调节"条目，是写于1984年《中共中央关于经济体制改革的决定》公布之后，根据《中共中央关于经济体制改革的决定》中关于社会主义经济是"有计划商品经济"的提法，更彻底否定了上述传统观念，指出"社会主义社会是在生产资料公有制的基础上实行计划经济，同时又是商品经济，实行计划经济，必须遵守价值规律，利用市场机制"，"计划和市场的作用都是覆盖全社会的"。

在这些辞书编写过程中，最令人难忘的是，1982年秋，当许涤新获悉《政治经济学辞典》初版书售完时，就想立即根据新的实践进行修订。但是，由于读者的需要量很大且急，出版社只同意对应修订的条目释文，按原来页码和行数进行修订，以便立即付印。这样做，离许涤新的要求当然很远。因此，《中国大百科全书》（经济学卷）在1986年付印时，他又想立即对大小政治经济学辞典修订，但因该书的再版书还未售完，只好仍按出版社的意见，再等一个时期。1988年年初，他因病住院，当助编过这些辞书的同志去看望他时，他又郑重叮咛他们：一定要吸取新的实践经验和科研成果，对这些辞书尽快修订。但由于这些同志都已离退休，经济研究所任务又多，他又很快告别人间，故这一心愿也就变成了未了的遗愿。

三　拓宽经济学的研究和应用领域

许涤新晚年的又一贡献，是拓宽经济学的研究领域和应用途径。这种成果主要有三个方面：

（一）带头创建具有中国社会主义特色的经济学与自然科学和别的社会科学相结合的边缘科学，并在应用上积极推广

这类成果又可分为两个方面：一是经济学与生态学相结合的生态经济学。生态经济学在国外创建于60年代中期，当时我国已进入“文化大革命”动乱时期，被打成所谓“臭老九”的知识分子，当然无法接触到这种著作。许涤新在“文化大革命”后一看到，就非常重视，并力争把西方以资产阶级眼光写成这种著作，改用以马克思主义为指导，并联系我国的实际来写。因此，1978年12月和1980年8月，他先后出席全国农业经济学会和全国畜牧业经济学会的学术讨论会时，在发言中都介绍了马克思主义关于人类与自然之

间的物质交换的原理，强调在现代化建设中，既要遵守经济规律，又要遵守自然规律，加强防治水土流失和环境污染。1980 年 9 月，他还用由他主编的《经济研究》杂志的名义，召开我国历史上第一次由经济学家和自然科学家组成的学术讨论会，决定建立生态经济学的研究机构和学会。会后，经过他和志同道合者的反复努力，到 1982 年 11 月，我国第一个生态经济学研究机构，即所内的生态经济学研究室，终于正式成立。学会则延至 1984 年 2 月才成立。他在著作上，除为这门科学写过一些专文外，还写成《生态经济学探索》一书，于 1985 年 11 月出版。生态经济学学会成立后，他又根据万里副总理在学会成立大会上的指示，组织并指导会员先后编出《生态经济学》《生态经济学概论》和《农业生态经济学》三本书，供有关大专院校增设的生态经济学课程当教材。同年下半年，他又应国务院环境保护委员会之请，担任《中国自然保护纲要》主编。前述他主编过的辞书和专著，也皆设有有关生态经济学的条目或章节。

二是带头恢复我国人口科学的研究。1978 年、1979 年两年，当“人多好办事”这种只看见人是生产者而无视人又是消费者的“左”的思想在人口问题上仍占统治地位的时候，许涤新为了落实早被人遗忘党的计划生育政策，就先后倡议并组织召开了两次人口科学讨论会。在第二次讨论会上决定筹组人口学会时，他被选为筹备组长。1980 年秋，他还在所内创建了中国人口科学研究中心。1981 年中国人口学会正式成立并到他逝世前，他一直被选为会长。为了促进人口科学的宣传和运用，他还发表了好些专文；主编过《当代中国人口》一书，作为《当代中国丛书》之一出版；担任过《人口科学辞典》和《人口与优生》杂志的顾问；前面介绍过他主编过的辞书，也皆设有人口问题的条目。

（二）为了争取香港、澳门在我国开放中发挥应有作用和如期回归祖国，1980年8月，他就在所内组建了一个港澳经济研究中心，并把它的机构设在广州，俾乃就近收集资料

1980年11月，还指导该中心创办了《港澳经济》杂志。1984年4月，在他的动员组织下，又建立了香港经济研究会，并被选为会长。1983年7月，他带领国内经济学家代表团访问香港时，正碰上中英两国为香港前途进行谈判，英国妄图永久统治香港，除在谈判中提出所谓把主权和治权分属中英的怪论外，港府还为此制造了一场空前的港元危机。许涤新应邀到香港中华商会讲演时，就义正词严地指出：谁发钞票谁负责，港府有责任维持港币稳定。此论一针见血，震动全港。港府当天虽公开辩护说：香港是“自由市场”，他们不能“控制币值取向”；但真理毕竟战胜邪恶，在众怒难平的情况下，港府仍不得不发表稳定港币的措施。

（三）组建《中国城市经济社会年鉴》理事会，为我国经济体制改革服务

1984年夏，当我国以城市为重点的经济体制改革逐步深入时，有几位市长向许涤新建议创办城市年鉴，俾乃传递信息和交流经验，并请他负责领导。他慨然承诺后，就立即上书万里副总理，万里立即批示：“赞成此举。”接着，他就邀请大城市的市长和一些经济学家共同发起创办这部年鉴，也很快得到200多个城市市长的响应。同年12月，就在北京召开了年鉴理事会首届会议。会中，除选他为理事长外，经过讨论还决定：为了及时传递信息、交流经验和为年鉴积累资料，除公开发行的年鉴外，还应出一本半月刊的内部刊物《市长参考》。年鉴和半月刊皆从1985年开始出版。

四　经济研究直接为社会主义建设服务

许涤新晚年在写作上，除致力于完成和完善前述的大部头著作外，每当面临经济建设中的重大问题时，他无不挤时间调研，写成专文发表。并先后编成《许涤新文选》《中国社会主义建设发展中的问题》和《许涤新选集》三本书，分别在1980年、1982年、1985年三年出版（以下依次简称为《文选》《问题》和《选集》）。三本书所收专文，除前两本书各有几篇写于这个时期以前外，余皆为晚年之作。这些专文充分体现了他在写作上力争做到更及时、更直接地为社会主义经济建设服务的精神。

（一）总结社会主义经济的建立和建设的经验与教训

三本书所收专文，无不涉及这个问题。其中，好些总结还走在时代的前列。例如，《文选》所收《遵守价值规律搞好社会主义生产和社会主义建设》，就是发表于封闭集市贸易等错误做法还在风行的1978年春。《选集》所收1981年秋发表的《建国以来国民经济的发展与顿挫》，就较早又较系统、较详细地总结了社会主义经济的建立和建设的经验与教训。也是为《选集》所收、发表于1981年12月的《论社队企业和农工商联合企业的作用及其关系》，则是对这年下半年才出现的农工商联合经营和农工商联合企业大加赞赏，认为“这是对过去若干年来‘左’倾政策严重地束缚农业生产的重大突破”。

（二）社会主义建设应遵循的客观规律

三本书所收文章，对这一课题的贡献，不仅表现在篇数多，而且更表现在：（1）既强调要遵守社会主义经济特有的基本经济规律、有计划按比例发展规律和按劳分配规律，也强调要遵守社会主义和别的社会共有的生产关系一定要适应生产力性质的规律和价值规律。例如，《选集》所收、1979 年 4 月发表的《论“穷过渡”》就指出：“‘穷过渡’不仅破坏了农业生产力，不仅违反了生产关系一定要适合生产力性质的规律的要求，而且也破坏价值规律和社会主义按劳分配的要求。”（2）既强调要遵守经济规律，也强调要遵守自然规律和人口规律。《问题》一书的《序言》指出：“我们的社会主义生产和社会主义建设，如果损害了客观存在的生态平衡，那也没法不受到自然的惩罚。”《选集》所收、1981 年 4 月发表的《对于人口科学几个问题的看法》也指出：“人口增加如果不实行计划化，社会生产和社会需要如果失去平衡，那就很难谈到扩大再生产。”（3）既强调遵守与生产发展息息相关的经济规律、自然规律和人口规律，也强调要遵守生产力自身特有的规律。《文选》所收、1979 年 2 月写成的《中国国民经济的变革与发展》指出，“生产力的发展有着自己的特点和规律”，“要发展社会生产力，就不仅要提高劳动群众的社会主义觉悟水平，而且要提高劳动群众的生产技术水平；就不仅要有先进的技术设备，而且要有先进的科学技术水平”。（4）既强调上述各种规律自身的客观性，也强调它们之间相互制约的客观性。《选集》所收、1980 年 11 月发表的《实现四个现代化与生态经济学》指出：“生态平衡规律同经济领域中的一切规律是息息相关的。”前引《对人口科学几个问题的看法》也指出：“社会主义的人口规律同国民经济有计划按比例发展规律的要求是分不开的。”

（三）社会主义建设应采用的经济体制

三本书所收文章，也多涉及这一课题。有些主张还提出较早，经得起实践的检验。这些主张主要有：（1）前引《论“穷过渡”》一文就指出：“否定‘穷过渡’，就必须否定与农业生产力不相适应的‘三级所有、队为基础’的制度，而代之以能够调动社员积极性的生产责任制。”（2）《选集》所收、发表于开始实行“计划经济为主、市场调节为辅”的1981年6月的《对于特区经济的认识》，在指出特区经济的“特点”是“以市场调节为主、以计划调节为辅”后，谈到“特区的经济作用”时，就着重指出：“可以作为经济体制改革的试点，可以作为掌握价值规律和市场调节的学校。”

（四）坚持和捍卫四项基本原则

三本书所收文章，也多与此有关，好些文章连题目也表明为此而写。例如，《选集》这种题目就有11篇，即1979年4月写的《论“穷过渡”》、《克服“左倾”思想影响、稳步地发展社会主义现代化建设》和《论社会主义制度的优越性》，1981年3月发表的《学习周恩来同志的〈新民主主义建设〉》和7月发表的《论社会主义制度》，1982年7月发表的《社会主义制度是我国的根本制度——学习〈中华人民共和国宪法修正草案笔记〉》，1983年3月发表的《论〈资本论〉的生命力》、7月发表的《社会主义现代化建设的伟大方针——学习〈邓小平文选〉中的经济思想》和9月发表的《马克思对待资产阶级经济思想的科学态度》，1984年12月发表的《马克思经济学在我国的发展——学习党的十二届三中全会关于经济体制改革的决定的体会》，1985年12月发表的《再论〈资本论〉的生命力》。《问题》一书的《序言》也指出：“此书所收论文，都是为了清除‘左倾’指导思想在经济领域内的干扰”和“一些人……对社会主义制度优越性的怀疑”。都是为了“证明”“只有社会主义才能救中国”。上述《文选》所收此类文章第八篇的学习心得，还是发表于《邓小平文选（1975—1982年）》出版后不到一个月发表的，并在题目中就称此书是“社会主义现代化建设的伟大方针”，文中又着重指出：“这部著作的一个突出特点，就是实事求是从实际出发，而又以伟大的共产主义为目的。这部著作对于马克思主义的发展，对于毛泽东思想的发展，有着巨大的贡献。”

还应指出是的：三本书所收论题大致相同的文章，也充分体现了作者与时俱进的精神，即后写的都比先写的更经得起实践的检验。

许涤新除在理论上坚持马克思主义经济学在中国的具体运用外，晚年还热衷于用文学体裁写回忆录，把自己熟知又鲜为人知的革命史实和人物写出来，帮助人们认清过去，正确地面向将来。其中，《百年心声》《永怀集》和《风狂霜峭录》就是其代表作。这些著作由于非经济理论问题，故不赘述了。

（原载《经济学家》1999 年第 4 期）

梁方仲记忆

忆梁方仲教授

罗尔纲

梁方仲教授毕生研究中国经济史，著述宏富，而对“一条鞭法”历史，发前人所未发，蜚声国际；在历史研究上，为应用数字统计奠下基础，厥功尤大。自1949年回中山大学任教后，对青年循循善诱，至今岭南桃李成林，影响深远。现在中山大学对他举行纪念，关于他的巨大贡献，已有同志详述，我在这里只说说他对我的帮助和我对他的体会。

1934年，我和梁方仲教授同编《史学》副刊；1936年，我兼任前中央研究院社会科学研究所工作；1937年秋，我转入社会科学研究所，与方仲共事前后14年，风雨同窗，共同研讨。

方仲同我论过通人。他说：“专家多有，通人难求。”我说：“梁启超是个通人，人们都可惜他不曾写下一部中国通史。”方仲说：“陶孟和先生也是个通人，当今还想不出第二个。陶孟和先生专攻社会学，他对经济学、政治学、历史学、地理学以至地质学、天文学无不通晓。但我还不知道他也很熟悉文学。有一次夏夜乘凉，闲谈中，他问我近来看什么书，我说正看哈代（Thomas Hardy）的《苔丝姑娘》，他听我说看哈代著作，就给我说了一番哈代的历史、创作经过和其成就，我以前觉得哈代小说布局十分匀整，与其他作家不同，到听了孟和先生说，他做过建筑师助手，才理解哈代是把建筑艺术用到文学创作来。”方仲说孟和先生是通人，我认为是知言。

梁方仲教授在陶孟和先生创办社会调查所时就来所工作。他专攻经济学，而博学多能，是陶孟和先生培养出来的一位著名的经济史专家，也正是一位难得的通人。我研究文史，他就经常帮助我。

我研究过清末作家吴沃尧代表作《九命奇冤》。这部小说的本事是清乾隆二年（1737）广东一件大命案。这个本事，见于六十年后，根据传说来写的欧苏《霭楼逸志》卷五《云开雪恨》篇中。经我稽考，多与史事不合。方仲是番禺的世族，他的家乡，正是这件大命案产生的番禺县的黄浦乡。因此，我向他请教。他说：“这件大命案流传下来的口碑，而今还是有的。现在番禺县属有些地方，梁、凌还是不通婚，据说其起因便是由于这件大命案。但却不是处处都是这样，如我的高祖便娶番禺县深坍乡凌氏太夫人，又我的六世祖也娶凌氏。”后来，我在同治《番禺县志》卷五十四“杂记”里看到一条记载，这条记载是替凌贵卿辩诬的，其全文如下：

> 世传梁天来七尸八命事，皆诟罪于凌贵卿，而苏古侪（珥）赠贵卿子汉亭诗曰：“九疑风雨暗崎岖，八节波涛险有余；世路合裁招隐赋，俗情催广绝交书；传闻入市人成虎，亲见张弧鬼满车；旧约耦耕堂愿�，平田龟诉又何如！”凌后人名扬藻有答黄香石书，辨此事之诬尤详。

这一条记载注明：“据《粤小记》，采访册参修。”我又向方仲请教，他说：“这条短短的记载，是很值得重视的，从其中已经看出这个传之民间见之著作的《九命奇冤》本事的核心，所说的黄香石，有诗名，世称与谭康侯农部、张南山太守为粤东三子，即先祖母周太夫人的外祖父。凌氏既有后人给他们的先人辩诬，则凌贵卿之为实有其人可知；再从另一方面看，七尸八命这一件大命案，为实有其事可知，梁天来之为实有其人又可知。问题只在于世传梁天来七尸八命事为凌贵卿所为，而凌子汉亭有友名苏珥者为其赋诗叹人情的险恶，对此事极力认为是被人陷害的，凌后人复有辩诬之举，目前文献不足证，则我们对这一件大命案的案情之是非曲直，自应以疑传疑为是。”方仲对问题判断的敏锐，治学精神的严谨于此可见。方仲不仅指点了我，他还牢牢地把这问题记在心里。那时，社会调查所在故宫博物院和北京大学文科研究所两处所藏清代档案发掘经济史料，每天有几十个人长期工作，方仲与汤象龙教授领导这个工作，他们也亲自来发掘。大约两年之后，有一天，我正在北京大学文科研究所考古室量拓本，突然，方仲急速地把门推开，满脸喜色，原来他已在文科研究所明清史料室档案里给我找到了两件《九命奇冤》凶犯穿腮七的档案了！一件是乾隆二年（1737）六月二十二日署理广东巡抚鄂弥达的题本，另一件是乾隆二年十月十四日刑部尚书徐本的题本。这两件题本，都是奏陈审结广州府南海县强盗穿腮七打劫顺德县江乡民蔡绘群案而旁及打劫梁天来家烟死多命等案事的。据这两件题本，可以证实《九命奇冤》所根据的梁天来兄弟家大命案的事是确实有的。打劫梁家的凶犯为强盗穿腮七等，强盗行凶是用火熏攻，致烟死多命，都是确有其事的。并且据鄂弥达题本，知穿腮七放火烟死梁天来家人多命一案，经鄂弥达亲自“审拟斩枭刺字，现在另疏具题”。只要鄂弥达这封题本尚存，总有一天会发现，可以看见全部案情的。当时我把这两件档案在《史学》上刊出。几十年来，研究到《九命奇冤》的人，都引以为据，这是梁方仲教授在浩如烟海的档案中搜查出来的，请毋忘他的辛劳。方仲一生，帮助朋友、帮助学生做研究工作都是这样。

方仲对我研究工作帮助最大的是我改变纪传体为综合体史书体裁的探索。我于40年代用旧史纪传体写成一部《太平天国史稿》，纪传体用本纪记君主统治事迹，用表驾驭复杂浩繁的史事，用志详记政制，用列传记人物。这类体裁，以“类别区分”为原则，其优点是使大大小小的史事都有类可归，寻求方便。但缺点是记事分散，大纲要领，观者茫然，尤其是以人物为本位，宣扬君主统治，宣扬将相业绩，历代封建王朝所修正史都用这种体裁，为封建主义服务。我从1951年夏起，经过艰苦的探索，随着一步步深入的认识，不断地改变，直到1984年，才改成为一个以多种体裁组合而成的综合体史书新体裁。我增加“叙论”，以概括全书，另立“纪年”，专记大事，取消了宣扬君主统治具有浓重封建性的“本纪”，把以本纪、表、志、列传组成的以人物为本位的纪传体旧体裁，改为以叙论、纪年、表、志、传组成的综合体史书新体裁，根本改变了纪传体的性质。在这个探索过程当中，最困难的是如何取消纪传体的浓重封建性与偏于记述人物，突出个人，掩蔽人民群众这两项大弊病，我对此苦思了多年，想不到办法。那是1960年前后的一个秋天深夜，方仲路过南京，我们分别已经十多年了，他来家匆匆一见，我就把我的困难告知他。他毫不迟疑，立刻说：“问题从洪秀全来，解铃还须系铃人，就要从洪秀全去下手解决问题。”他一句话提醒了我。我送他走后，一边在星光暗淡的庭院徘徊，一边思考。我想：将洪秀全、洪天贵福移入列传部分，把本纪取消，不就把纪传体浓重的封建性消除了吗？但本纪“系日月以成岁时，书君上以显国统”，它具有编年和尊君的两面作用。尊君这一面封建糟粕固然必须剔除，撰史首重纪时，编年这一例却如何处理呢？我走回工作室，伏案思索，想了一会儿，起来在书架上抽了几部书来查，最后想通了，决定取消本纪，改为专记国家大事的编年，采用中国古史的称谓，称为“纪年”。这样，取消了本纪，改为“纪年”，就把纪传体浓重的封建性消除了。以前，纪传体以本纪、表、志、列传组成，记人物的本纪、列传占全书2/4，表、志只居于从属地位，现在，改为以叙论、纪年、表、志、传五部分组成，传只占全书1/5，也就把以人物为本位的纪传体性质改变了。苦思多年未能解决的大难题，得到方仲指点迷津，一旦解决了[①]，这个综合体史书新体裁，如果经过今后史家的试用而得到认可，那是在中国一大贡献，都出于方仲的识见宏通。

方仲不仅学识过人，他还是个一丝不苟的严谨学者。1938 年夏天，中央研究院社会科学研究所迁到广西阳朔，我写成了《湘军新志》，请他给我看看。其中，引有清道光时人桐城派大家梅曾亮《上方尚书》信中的一段话，初时标点如下：

> 窃念国家炽昌熙洽，无鸡鸣狗吠之警，一百七十年于今。东西南北方制十余万里，手足动静视中国头目，大小省督、抚开府持节之吏，畏惧凛凛，殿陛若咫尺。其符檄下所属吏，递相役使，书吏一纸揉制若子孙，非从中复者，虽小吏毫发事，无所奉行。事权之一，纲纪之肃，推校往古，无与伦比。

方仲看了，指出“其符檄下所属吏，递相役使，书吏一纸揉制若子孙，非从中复者，虽小吏毫发事，无所奉行”这句话标点有问题。我问他问题在什么地方，请他改，他却说不出来。当时心理所也同迁阳朔，唐擘黄（钺）先生在心理所，他是一位心理学专家，又精通国学，曾有国学专著出版，他还是方仲在清华大学时的老师，于是我们两人就同往求教。他看了我的稿，放了下来，想了一想，又拿起来再看一遍，他说：“这个句子所以看起来不很清楚，那是因为在‘书吏一纸揉制若子孙’下用了逗号，如果改用分号就清楚了。”我们照他的指点去改，果然如此。这个故事，表明方仲做学问一丝不苟，连一个逗号与分号之间的小小差池都不肯放过，他自己要求严，对朋友也同样要求严。

① 参见罗尔纲《我对综合体史书本规的探索》，《历史研究》1987 年第 1 期。

方仲极重友谊，他遗嘱他的著作出版都送老朋友一部。我承他的儿子梁承邺同志送了他的大著《中国历代户口、田地、田赋统计》《梁方仲经济史论文集》等书，我珍藏了起来。我珍惜我们的友谊，我珍惜他的心血结晶。这些心血结晶，也将为千秋后世研究中国经济史的学者所共同珍惜！

（原载《中国经济史研究》1989 年第 1 期）

骆耕漠记忆

骆耕漠：一位辛勤耕耘的马克思主义经济学家

——热烈庆贺骆老百年华诞

张卓元　韩　孟

骆耕漠是我国著名的马克思主义经济学家。他是我国20世纪50年代在哲学社会科学界被授予中国科学院学部委员荣誉称号至今健在的三位著名学者之一（另两位是于光远、季羡林）。2006年，他又一次被中国社会科学院授予荣誉学部委员称号。今年10月18日，是骆老100周岁华诞。骆老一生艰苦朴素，大部分时间专心致力于经济研究工作，辛勤耕耘他的经济学园地，收成十几本专著。他为人十分厚道、和善，身为高级干部和学术权威，没有任何架子，但在同别人争辩学术理论问题时则毫不客气地指名道姓，据理力争，不和稀泥，体现了他的优良学风。作为他的后辈和学生，我们愿就和他相处几十年（张卓元在1958—1964年骆老任《经济研究》主编期间一直在他手下工作，韩孟从1980年年底起一直担任骆老的助手和秘书）的经历，侧重论述骆老对马克思主义经济学的研究与贡献，并借此机会祝福他老人家高寿更高寿！

一　经济研究—财经管理工作—经济研究：八十年的丰富经历

骆耕漠是在20世纪20年代中后期投身于中国革命事业的老前

辈。他经历了北伐战争、抗日救亡运动、解放战争、中华人民共和国成立头几个五年计划建设和改革开放新时期等重大历史阶段，阅历之丰富，现在已很少人能与他相比。1927 年，他走出浙江省立商业专科学校，加入国民革命军北伐部队。四一二事变后，他流亡武昌，武汉政府叛变后奔赴南昌，准备赶上共产党领导的武装起义部队，由于在九江受阻，他回杭州，毅然加入中国共产主义青年团，从事艰险的革命活动。1927 年年底，由于叛徒出卖，他被国民党政府逮捕，作为政治犯被关入浙江陆军监狱，达六年多。在这六年多时间里，他如饥似渴地学习马克思主义，为他日后的经济研究工作打下了坚实的理论基础。出狱后，他积极投入抗日救亡运动，开始研究和论述中国社会性质和农村的经济问题，参加了中国经济情报社、中国农村研究会、新知书店、文化界救国会、职业界救国会理事会等社会团体的革命活动，同陈翰笙、薛暮桥、钱俊瑞、孙冶方等一起，经常在“左派”刊物《中国农村》发表文章，主编《东南战线》大型综合性刊物，逐渐成为活跃在中国的颇有影响的共产党员经济学家，成为中国现代经济学人的先驱之一。1934 年，他开始使用“骆耕漠”作为笔名。从此，这个寓意“在沙漠中耕耘的骆驼”的名字，伴随着他以后数十年的理论耕耘。

从 20 世纪 40 年代初起，骆耕漠参加了革命军队和根据地的后勤及财经部门的领导工作。1941 年 5 月初，任新四军财政经济部副部长，主管江淮银行工作。同年 9 月，第一次反扫荡胜利后，任盐阜行政公署委员、财经处处长兼盐阜银行行长、中共苏北区委财经委员会副书记。1945 年 9 月至 1946 年年底，任苏浙军区供给部长、华中军区供给部长。1947 年 1—12 月，任山东军区供给部长、三野东兵团后勤部长。1948 年 1—8 月，率财经干部随三野西兵团参加开封睢杞战役后勤领导和接管工作。1948 年 8 月至 1949 年 1 月，任中共中原局豫皖分局财办副主任。1949 年 3 月，任总前委财委委员兼秘书长。中华人民共和国成立前夕和初期，继续从事财经领导工作。1949年5月以后，任华东局财委委员兼秘书长，政务院华东区财委秘书长、计划局长、副主任。1953年4月，任国家计委委员兼成本物价局局长。1954—1958年，任国家计委副主任。由上可见，骆老在20世纪40年代和50年代，主要从事财经领导工作，是我国经济建设开拓者之一。20年经济工作的丰富经验，无疑为他的经济理论研究植下了深厚的根基。

1958年年底，因怀疑他与“潘杨事件”有牵连（“文化大革命”后证明无任何牵连，接着“潘杨”冤案也平反了），被调到中国科学院经济研究所任《经济研究》主编直至1964年经济研究所开展“四清”运动为止。此后及“文化大革命”期间骆老屡受迫害、批判。“文化大革命”后，20世纪80年代，骆老被任命为中国社会科学院顾问和国务院经济研究中心顾问。从1958年到现在的半个世纪，除“文化大革命”期间外，骆老一直从事经济理论研究工作，出版了多本专著，发表了许多有影响的经济学论文。在20世纪50年代和60年代前半期，骆老是我国经济论坛上最活跃的经济学家之一。

二　社会主义经济问题的积极探索者

由于骆耕漠有丰富的财经工作经验，因此，他写的文章都比较有针对性和现实背景，言之有物，论证充分。即使是抽象程度较高的经济理论问题，他也能提出有现实意义的观点。

首先，要介绍骆老1955年关于我国过渡时期基本经济规律问题的文章。1955年，我国经济学界展开了关于过渡时期基本经济规律问题的热烈讨论，王学文、苏星、徐禾等经济学家发表了有影响的不同看法。由于这是当时经济学界第一热门话题，所以，《经济研究》1955年创刊时，也要组织发表这方面的文章。我们组织到骆耕漠写的《我国过渡时期基本经济规律问题》一文。由于这篇文章观点独树一帜，论证有力，成为《经济研究》创刊号的打头文章。这篇文章的主要观点是："我国目前还处于过渡时期，还是一个过渡社会，还不是一个'独立的划时代的'社会，还不是一个已经形成的社会主义社会。它基本上包含三种经济：国营经济—社会主义经济；资本主义经济；个体经济。这三种经济都有它们各自的基本经济规律（王学文同志称为'主要经济规律'）。由于在这三种经济之中国营经济是最强大的（不仅是指它在国民经济中所占比重而言），它占着支配或主导的地位，因此，社会主义基本经济规律就成为（不是将成为而是已经成为）我国过渡社会的基本经济规律。"① 骆耕漠的这一观点，是当时崭新的、论证最为充分的观点。经过两年的讨论以后，骆老的这一观点，已成为得到较多经济学家接受的观点，成为主流观点。而骆老的上述文章，是这一主流当之无愧的代表作，因为该文论证比较充分，说服力比较强。《经济研究》是我国创办最早权威性较强的经济理论刊物，它的创刊号发表的打头文章，今天在我们看来还具有相当强的现实意义。我国现阶段也存在多种所有制经济，但是，以公有制为主体，国有经济在国民经济中起主导作用，因此，社会主义经济规律应是现今社会支配经济运动的基本的经济规律（撇开对斯大林关于社会主义基本经济规律的论述是否准确不说）。

其次，骆老一贯不赞成把经济科学规律神秘化，鼓励大家大胆探索和寻找经济规律。他在 1958 年发表的一篇理论文章说："现在有些经济学者把经济科学规律神秘化，好像只有具备高深学问的人才能对它有所作为，吓得读书不多的人不敢大胆地想问题和提出自己的不同意见。其实，经济科学规律不过就是我们日常经济生活的

① 参见《骆耕漠集》，中国社会科学出版社 2002 年版，第 202 页。以下正文所标页码，无特别注明者，均指该书。

内在的必然联系，其中，有较复杂的规律，也有较简单的规律；有很概括的规律，也有很具体的规律；有大规律，也有小规律；有万年通用的规律，也有一时一地有效的规律，它们是相互联系和相互补充的。……比如对社会主义生产关系，我们已经知道它是生产者公有生产资料的关系，是生产者互助合作的关系，是按劳分配的关系。但是以上关系会因不同民族、不同国家、不同外部条件、不同历史经验而呈现大同小异的多种样式；同时，按一个社会主义国家来说，也不是一成不变的。……所以，凡是深入接触实际经济生活的人，只要具有马克思列宁主义的基本知识，自己肯用心去想，边干边学，就有可能揭示出或大或小的经济规律，为丰富马克思列宁主义的经济学说做出相应的贡献，它并不神秘。”（第254—255页）1979年，骆老在《光明日报》发表文章，又提出：“我们对待新时期的经济研究工作，应该思想再解放一点，胆子再大一点，办法再多一点，步子再快一点。”（第293页）骆老的这一观点，至今有现实意义。我们搞社会主义现代化建设，必须从中国国情出发，必须从不同时期的阶段性特征出发，探寻现代化建设规律，不能照抄照搬外国模式。我们实行改革开放，也要努力研究改革开放的规律性，包括大规律和小规律，以便更好地推进改革开放，不断地用马克思主义中国化的创新成果，丰富和发展马克思主义经济学，丰富经济科学宝库。

再次，较早地提出现阶段应是多种经济成分并存。1980年年初，骆耕漠在《新观察》发表《谈多种经济成份并存局面》一文，主张在现阶段，按照生产关系必须适合生产力性质规律的要求，必须允许多种经济成分并存，认为在“允许和扶助偏僻的零星散户独家耕种，对生产队实行包产到组的责任制，超产可多分，鼓励各户大搞家庭副业（不仅自留地）；开展集市贸易和议价议购，保护能先富起来的不用怕冒尖，等等；在城市集镇，则有组织地提倡办集体服务行业和手工艺生产，恢复部分代销店、‘夫妻店’和小摊贩以及城市家庭手工副业生产，广开城镇闲余劳动力的生活门路。这类个体经济、半集体经济和小集体经济……有助于调剂国计民生，有利于加快四化建设，是新时期新的多种经济成分中的必要构成部分。它绝不是什么‘回潮’，而是对过去的偏误的积极调整，适合我国人力资源丰富而资金力量薄弱的状况。它绝非 10 年、20 年的权宜措施（如在城市里，不是仅为扩大目前的知青就业面），而是受我国不发达社会主义阶段的生产力性质决定的长期部署”。（第 295 页）骆老 28 年前的这一段论述，是很正确的、符合客观经济规律要求的，而且用多种经济成分并存局面来概括，并作为长期部署加以肯定，具有远见卓识。需要指出，在同一时期，骆老的老战友薛暮桥也鉴于当时城镇有 2000 多万人失业，极力主张允许个体经济存在和发展。可以说，他们和其他有识之士一起，共同打破了公有制一统天下的理论和政策。

最后，“文化大革命”前，在所有制问题上提出了“大全民”中有“小全民”，集体所有制是“内公外私”的独特观点。20 世纪 50 年代末，骆老提出：“在社会主义阶段，全民所有制的生产资料和产品，在一定范围内和一定程度上，还包含有局部全民所有的关系，即在‘大全民’所有之中还有‘小全民’所有的关系。”“这种大小全民的交叉关系，归根结底也是由于生产力发展水平还不够高和人们的共产主义觉悟还不够高。这两点使代表全民的国家，对于它底地方经济组织和各部门经济组织以及基层的企业单位，还必须适当利用物质利益去推动它们努力管好生产，好像国家必须适当利用‘按劳分配’原则（物质利益）去推动人们努力劳动一样。一是物质利益原则在个人生活资料分配领域中的表现；一是物质利益原则在生产管理领域中的表现。”（骆耕漠，1959）骆老在另一专著中，还提出了集体所有制经济是“内公外私”的观点。他说：“集体所有制经济虽然是社会主义经济，但是毕竟是一伙人一伙人的公有，它们并不是全民所有；——我认为甚至还可以这样说，那一伙一伙的集体公有制经济是‘内公外私’的，即它对内为公有，对国家就比全民所有制经济内部的企业和个人对国家还含有更多的‘私的残余’。”（骆耕漠，1957）骆老的上述观点，在当时是颇有新意的，对经济学界深化社会主义公有制性质的研究，有重要意义。特别是对集体所有制经济“内公外私”的概念，至今仍为一些经济学家引用和称道。

此外，骆老关于劳动对象应列为生产力的构成要素，必须肯定恩格斯关于人类种族繁衍和生活资料生产同样是决定社会及社会制度的发展的原因的公式，关于我国工农业产品等价交换问题的论述（第267—280、219—238、256—266页），并和不同观点展开指名道姓的说理的争论，在当时中国经济论坛上都有重要影响。

三　社会主义制度下商品价值理论争鸣中“窄派”代表

20世纪50年代中期至60年代初期，中国经济学家展开了关于社会主义条件下商品、价值问题的大讨论，同其他经济问题比较，参加商品价值问题讨论的论著最多，也最热烈，真正体现了百家争鸣的精神。讨论中形成了旗帜鲜明的“宽派”和“窄派”。孙冶方是价值和价值规律问题“宽派”的代表，他认为，“千规律，万规律，价值规律第一条”；主张社会主义国家应“把计划和统计放在价值规律的基础上”；即使在未来共产主义社会，价值规律仍起调节作用。于光远等是商品问题“宽派”的代表，认为社会分工是商品生产和交换存在的原因，“凡是加入交换的产品（在交换中要比较产品中所包含的社会必要劳动，依据等量劳动与等量劳动交换的原则进行），都是商品，社会主义经济中存在的几种交换关系，都是商品交换关系。”（于光远，1959）在未来共产主义社会，仍然会存在商品。

与上述观点不同，骆耕漠是“窄派”的代表。他认为，应严格按照马克思在《资本论》中关于“不互相依赖的私人劳动的产品，才当作商品互相对待”（马克思，1963）；马克思在《哥达纲领批判》中关于“在一个集体的、以共同占有生产资料为基础的社会里，生产者并不交换自己的产品；耗费在产品生产上的劳动，在这里也不表现为这些产品的价值”（马克思，1970）等论述，来考察我国社会主义制度下的商品价值问题。骆老的观点总的来说是这样的：在单一社会主义全民所有制条件下，只有产品交换，没有商品交换，不存在政治经济学意义上的商品。在多种经济成分并存的条件下，用来同农民交换的国有大工业产品本身也已经不是商品，但仍存在一部分私有成分基础上的商品生产和交换，而且从数量比例上看，社会主义越是在它的初期，私有成分的比例就越大，因而商品生产和交换的范围也就越大（第 413 页）。商品的范围决定价值的范围，决定价值规律作用的范围。骆老的这一套“窄派”观点，是严格按照马克思、恩格斯、列宁的著作和论述推导出来的，论证和逻辑是严密的，尽管同我国经济学界大多数人的认识有较大差异，但应承认他的观点是言之成理的、持之有故的。

值得提出来的是，骆老的“窄派”观点并没有扩大到对交换关系的分析中。相反，他多次撰文认为，不仅在多种经济成分并存的社会主义阶段存在多种交换关系（其中有的是商品交换关系，有的是产品交换关系），而且在全民所有制内部各企业之间仍然存在交换关系，并且一定要受“等劳动交换规律的制约”。“将来到了共产主义也永远有‘等劳交换产品’的经济关系，否则就没有共产主义。”（第 415 页）他还一再批评苏联波格丹诺夫认为到了社会主义就是自然经济、不需要交换了的观点。他说：“难道到了共产主义就不需要核算生产成本和补偿生产成本吗？到那个时候，虽然不用按劳分配和奖金鼓励，但是，生产资料要多少和要花费多少劳动，这些是必须综合平衡的。”（第415—416页）我们认为，骆老的上述见解是有启发性的。随着人类社会的发展，将存在复杂的社会分工，没有交换关系是不可想象的。至于复杂的交换关系是不是总是商品交换的性质，可以讨论，但是，有一点，正如骆老所说，这些交换关系应遵循等劳交换的规律，或者像我们今天说的等社会必要劳动交换的规律、等价交换的规律，看来是不可避免的。

从20世纪50年代末期起，直至90年代末，骆老90多岁，他一直集中主要精力，以马克思主义经典著作为指导，研究社会主义商品价值问题，倾注了大量心血，发表了一本又一本专著，形成了一套逻辑严密的体系。他一生勤奋做学问的精神和严谨的治学态度，是值得我们学习的。我们这篇短文，不可能将他的内容丰富的观点全面和详细地进行介绍，但是，我们深信，骆老的一系列著作是值得我们仔细研究，并从中获得许多教益的。

（原载《经济研究》2008年第9期）

孙治方记忆

对冶方同志的片段回忆

汤象龙

我和冶方同志相识很晚，但我们之间的了解较深，这种了解是通过工作上的多次接触而加深的。他是我敬佩的一位学者，也是我学习的榜样。当他逝世的噩耗传来，我怀着悲恸的心情在寄去的唁电中说："孙冶方同志是党的正直无邪、有骨气和群众观点的马克思主义经济学家，是我们知识分子学习的楷模，他的浩气长存！"

我们第一次见面是 1978 年 3 月在成都召开的西南地区经济科学规划座谈会的前一天晚上，他是来西南主持这次座谈会的。他一见到我就说："老汤，我刚到经济研究所的时候，就知道你是搞经济史的。解放前你收集的大量资料现在仍然保存在经济研究所里！"这两句热情洋溢的话，说明他对我是有了解的，对我所从事的事业是关心的，他的话深深地触动了我的感情。我激动地说："这太好了，在这次座谈会上我要把这个问题提出来，请大家研究。"

在座谈会的第二天谈到科研规划时，我说我仍然从事经济史的研究，主要研究中国近代财政史，建议中国社会科学院经济研究所把收藏的 10 多万件清代抄档资料赶紧组织人力整理出来，其中许多资料已是半成品，是可以列入规划的。冶方同志十分认真地说："整理资料工作很重要，会后我们专门开个会，仔细研究一下。"在座谈会第三天的会后，冶方同志特别嘱咐经济研究所的经君健同志邀请有关方面的同志对合作整理资料问题进行了研究，冶方同志表示要将各方面的意见带回北京再研究。他那认真的工作态度和研究负责的精神，给我很大的鼓舞。后来，只是由于经济研究所未能得到有关方面的积极支持，在全国规划会议上，四川又没有人参加经济史方面的规划，这个意见没能付诸实现。

在座谈会结束的第二天，与会的 20 多个同志一同游都江堰。冶方同志精神饱满，健步当车，畅游了这一名胜古迹。在二王庙前，他紧紧地拉着我的臂膀照相，他风趣地说："我们都是七十岁左右的人啦！"我也悄悄地对他讲："你坐了七年多牢，我被关禁刚好一百天，被迫劳动长达三年，你的精神和身体都还这么好，我得向你学习！"怎么也没想到当国家实现"四化"还需要他贡献才智的时候，他却离我们而去了。

从都江堰回来的次日，冶方同志到省委党校作报告，地点在四川财经学院学生食堂，四川财经学院的师生都参加了。他的讲话是以淳朴的学者风度和坚强的革命意志表达的，原则性很强，主要讲了他研究的心得，认为中国的经济建设要用最少的劳动取得最大的经济效果，要重视价值规律的作用，并强调提高利润指标在经济管理中的地位，等等。这是他在十年动乱开始时被康生、陈伯达一伙围攻的重大"罪状"，实际上是研究我国社会主义经济建设在理论上的重大贡献。他襟怀坦荡，观点明确，这次讲话深受与会的几千名师生和干部的热烈欢迎。

这位深情的学者在这次报告的次日又专程从城里来四川财经学院看我。可太不凑巧，那天我因事不在家，他对我女儿说："请你父亲给我写信，去北京时一定来我那里。"不久，我给他写了表示歉意的信。

1978 年 9 月中旬，我去北京收集科研资料，一天晚上，我和我爱人一同去看望冶方同志。谈不到三句，他从书桌抽屉里翻出半年前我给他的信重念了一遍，十分亲切。在这次会见中，我们亲切地谈了一些问题。他对整理经济研究所的抄档仍然十分关心，认为这批档案资料不整理是个损失，建议给乔木同志写信谈谈这个问题。我把我和另一位同志合编的《毛泽东关于财政的基本理论》（一本资料性的汇编）请他审阅，他毫不推辞，立即答应十天后看完给我回复。我又把带去的一本拉丁文历史资料请他找一位懂拉丁文的同志翻译一下，这是1938年我在伦敦一家古书店买的，是清乾隆皇帝给英国维多利亚女皇的信。他也热情地满口答应了。我们告别时，他一直送我们到他住处的大门口，他诙谐地说："我就到此止步了，手中拿着个撮箕，进大门会被误会的？"原来我们离开他家时，他顺手端了一撮箕垃圾倒在楼下垃圾桶里，又送我们走的。这时冶方同志夫妇只住两间房子，一间卧室，一间书房兼会客的地方，挤得满满的，听说当时分给他一套很好的房子，他不要。老夫妇俩的生活完全靠自己劳动，自己料理，孙老说："我是劳动惯了的，我什么都能做。"

10月中旬的一个晚上，我和我爱人再去看他。一见面他就说："你编的东西，内容比较丰富，但毛泽东同志的著作中还有的没有公开发表，以后发表了，你那本东西要加以补充。"又说："我从你编的资料中摘抄了一些，很有用处，省了我不少的工夫。"他还告诉我那篇拉丁文史料已托人翻译去了，有了回信就告诉我。后来，这篇资料托北京大学外文系钱崇树教授译成中文，由李文治同志转交给我了。

以上这些片段只是我和冶方同志在成都和在北京几次平凡的接触。当然，除此之外，我们还有过多次会晤，这里就不多回忆了。但仅从这几次接触，冶方同志给了我永远不会忘记的深刻印象：

他是一位对共产主义有坚强信念、对马列主义毛泽东思想有深湛造诣、对国家经济建设关心而有独到见解的学者。

他是一位正直无邪、光明磊落、有骨气、有“横眉冷对千夫指，俯首甘为孺子牛”的鲁迅风格的革命家。

他是一个风格高洁，鄙视拉帮结派、任人唯亲和搞家长作风，同时艰苦朴素、不追求个人私利又平易近人和关心同志的领导干部。

总之，冶方同志的各方面都是我们知识分子学习的榜样，我们永远怀念他！

（原载《社会科学战线》1984 年第 1 期）

孙冶方同志治学精神和治学方法点滴

董辅礽

孙冶方同志值得我们学习的方面很多。我想就他在治学精神和治学方法方面的几个特点谈一点体会，主要是作为自勉。

一　在研究宏观经济问题时往往从微观经济问题入手

冶方同志是把国民经济作为整体来研究的，或者说是研究宏观经济问题的。但是，他在研究宏观经济问题时往往从微观问题入手，或者说从微观上提出问题，把它们提高到宏观经济上来观察、来分析，得出宏观经济的结论。例如，冶方同志研究社会主义经济体制问题（当时他称为计划和统计工作方法制度或财经体制），就是从一些微观经济问题入手的，即总产值指标问题、固定资产折旧问题、利润指标问题、生产价格问题、实物指标和价值指标问题，等等。他在分析微观经济问题时，并不是停留于这些问题的本身，而是从国民经济的整体上去把握它们，以解决宏观经济的经济体制问题。

举例来说，冶方同志研究过总产值指标问题。对于这个问题，是可以从两个不同的角度来研究的：一是从微观经济的角度，研究这个指标的内涵、计算方法、它同其他经济指标的关系、它在考核企业经营成果中的作用，等等。这种角度的研究自然是必要的，有意义的。另一个角度则是从宏观经济的角度，研究利用这个指标来考核企业的经营状况所带来的结果，从这里进一步观察和分析社会主义计划经济运行中出现的各种问题，并由此得出经济体制方面的结论。冶方同志研究总产值指标问题就是这样做的。所以，他的一篇著名的文章就叫作《从总产值谈起》。这个标题明确地告诉我们，他研究总产值问题只是把它作为起点，从这里“谈起”，他的目的是要解决“计划和统计的方法制度”问题。他在研究其他微观经济问题时也大体是这样做的。冶方同志这种研究问题的方法，能给我们以什么启发呢？

我们知道，宏观经济问题同微观经济问题是有区别的，但又是不能分割开的。宏观经济问题往往会在微观经济问题上这样或那样地在某种程度上反映出来。而且进一步说，对于许多宏观经济问题来说，往往必须对微观经济问题有所了解，才能更具体、更深刻、更为透彻地把握和理解它们，从而正确地解决它们。

再以总产值指标为例。总产值指标作为一种综合性指标，在国民经济计划中是不能缺少的，是不能被其他指标完全取代的。当然，这个指标是有缺陷的。有的缺陷是与我们对它“求全责备”有关的，例如，因为它过于“综合”，致使它不能稍微更加具体地反映一个部门、一个行业、一个地区、一个企业的情况，但这不是它作为一个综合指标之所以存在的根据。有些缺陷则是有实质性意义的，例如，按“工厂法”计算的总产值，会由于计算总产值的企业在组织上的变更（合并或分开）而影响其数值。这些具有实质意义的缺陷，当其同一种特定的经济体制相联系时，它就被赋予反映了经济体制本身的缺陷的意义。例如，总产值中包含着重复计算的物质消耗。当这种缺陷存在于一种企业吃“大锅饭”，即没有盈亏责任的经济体制下时，它就产生了严重的问题。因为在这种体制下，把总产值指标作为考核企业经营管理状况的一个重要指标，就会鼓励企业去浪费原材料、利用价值大的原材料，而不必顾及这样做所能造成的企业以致国民经济的负效果。因为，在吃“大锅饭”的经济体制下，企业不必承担盈亏的责任，企业所要考虑的主要是它是否能完成总产值指标的任务，而不需考虑在完成这项任务时是否能取得或增减盈利的问题。同时，在实行工业产品“统购包销”的经济体制下，企业可以不关心它的产品是否合乎消费者的需要。因此，用总产值指标作为考核企业的经营管理成果的最重要指标，就会鼓励企业像冶方同志文章中所说的那样，宁愿用九条狐狸皮去生产昂贵的大衣（因为产值大），而不愿去生产广大群众迫切需要的用低廉的衣料制作的大衣。这个例子说明，从总产值指标这个微观经济问题的分析入手，使我们能具体而深刻地把握和理解国民经济体制这样的宏观经济问题。冶方同志正是这样做的。

我们常常看到有些经济理论工作者在研究某些宏观经济问题时，由于不能从分析微观经济问题入手，并把它们提到宏观经济的高度去观察、去分析，使他们不能具体地、深刻地理解这些宏观经济问题，从而给人以“隔靴搔痒”、若明若暗、浮光掠影的感觉，这样，自然也不可能得出正确的理论结论。我自己的研究工作也存在同样的问题。当然，我们也常常可以看到另一种相反的情况，即在为了研究一些宏观经济问题而去观察和分析一些微观经济问题时，不能从宏观经济的全局和高度去把握它们，陷入就事论事的境地。

二　理论要有力量必须求其彻底

从冶方同志的整个研究工作中，我们可以看到，长期以来，他执着地在追求一整套经济理论体系的建立，力图使他对一个个理论问题的探讨能够构筑成一座渠道纵横、互相衔接、四通八达的坚实的理论城堡。我们虽不能说他已经完成了这项任务，但他确实在这样努力着。只要我们稍加留意地阅读冶方同志的著作就可以看到，无论你从他所论述的哪个问题入手去追踪他的理论，他总会把你引导到他的理论的中心——社会主义计划经济中的利润问题上去，进一步把你引导到社会主义经济中的经济效果问题上去，最后把你引导到他的价值论上去。这是因为，一方面在他那里，他不是就事论事地、孤立地、彼此割裂地去观察和把握那一个个具体的经济问题的，而是从本来是不可分割的国民经济整体及其整个运行过程去观察和把握它们的，它们本来是可以互相通达的；另一方面是因为一种理论之所以够得上是一种理论，本来就不允许为了说明同一事物及其不同的侧面而提出的理论是相互否定的。这就是说，当我们在研究国民经济及其各个侧面时，我们的理论本来就应该是相通的、互相衔接的，而不能彼此打架。理论上的彼此相通和互相衔接，正是国民经济中各个问题的彼此相通和互相衔接的反映。而要使各个理论能彼此衔接，就要求理论具有彻底性。而要使理论具有彻底性，就不能让理论去迁就不能反映事物本质的某些现象，迁就某种主观愿望、需要或考虑。理论要具有力量，它必须是彻底的（当然首先它必须反映事物的本质联系）。我觉得，冶方同志的理论就具有这种特点。当然，我们还不能说他已经完满地做到了这一点（他自己也不这样认为），但是，至少从他的治学精神和治学方法来说，他是努力在这样做的。

我想，我们可以赞同冶方同志的经济理论，也可以反对他的经济理论。但是，不论是赞同或反对，有几点我们是必须向他学习的。

首先，毫无疑问，绝不是每个从事经济理论工作的同志都有能力像冶方同志那样去试图建立一整套经济理论体系，但是，我们应该努力做到使自己主张的理论具有彻底性，使自己主张的各种理论能相互衔接一致，而不是彼此否定。这虽然也是不易做到的，但我们确实应该这样去努力。有些同志不同意冶方同志的理论，这是正常的事，也是冶方同志所欢迎的。但是，他们的批评往往不仅没有使冶方同志信服，反倒被冶方同志抓住了“辫子”，并使他对自己的理论更具有信心，进而利用对方的批评去充实自己的理论，完善自己的理论。为什么会这样呢？因为像冶方同志所经常说的，对方没有击中他的要害，因为对方提出的理论不彻底，露出了破绽，对方没有从他的理论大厦的基石——价值论上驳倒他。一个突出的例子就是关于社会主义计划经济中利润指标的地位、意义和作用问题。有些同志反对冶方同志的理论，特别是反对他把利用利润指标比作“牵牛鼻子”的主张。但是，有些同志在反对他的理论和主张时，未能做到理论的彻底性（这里固然还有其他原因），提出社会主义企业只能有“一定的利润”的主张。也就是说，他们试图用利润的量的问题去取代他们所要批评的冶方同志提出的关于利润的质的问题。于是，反而被冶方同志抓住了。他反驳说：“难道‘一定的利润’就不是利润吗?”我想，我们不是在这里去评判这段有趣的往事的理论是非，但这件往事确实给我们以启发：理论必须彻底，只有彻底才具有力量。

其次，我们知道，冶方同志是很坚持他那一套经济理论的，在过去政治批判时，有些人骂他“顽固不化”，而他则即使身处囹圄对自己的一套经济理论也丝毫不动摇。是什么力量支持着他？这当然同他在长期革命斗争中锤炼出的无产阶级的坚贞不屈的精神、对党的事业忠心耿耿、为了社会主义建设事业敢于赴汤蹈火、置个人身家性命于不顾的共产主义战士的崇高品质是密不可分的。与此同时，我想，支持着他的力量也来自他的（至少是他追求的）理论的彻底性。这种理论的彻底性使他对自己的理论想通了，他的理论首先并且至少能够说服他自己，而在长期的受批判中批判者没有能够提出使他信服的理论，反而使他对自己的理论具有坚定信心。这就是说，理论的彻底性不仅具有说服他人的力量，同时也具有支持一种理论的创造者的力量。哥白尼不向反动的宗教势力屈服，他的力量不也是来自他对自己的理论的信心，来自他的理论的彻底性吗?

在理论的探索中，改变自己的观点是正常的现象。细细看来，冶方同志也改变了他的理论的某些部分（例如奖金问题），他在做出这种改变时他同样自己想通了，说服了自己。我们有时看到有少数从事经济理论工作的同志经常改变自己的主张。这是因为，他们在提出或赞成一种理论时，这种理论或者是不彻底的，或者他们自己对这种理论就没有想通，连自己也不能说服，这种情况是不利于理论工作的发展的，也是不利于理论工作者的成长的。

冶方同志经常说，他欢迎别人批判他，而且欢迎指名批判他。为什么？其中有一个道理，就是他要从这种批判中看看自己的理论是否彻底，是否站得住，并从回答这种批判中发展和完善自己的理论，放弃某些不正确的理论，使他的理论越来越彻底。

三　紧密结合现实生活的发展，坚持不懈地进行探索

冶方同志在治学上有一个可贵的特点，这就是问题抓准了，就抓住不放，坚持不懈地进行探索。我觉得，这是他在经济理论上取得卓越成就的原因所在。我所知极少，我想，可能不少大学问家都是如此。如果通读一下冶方同志从1956年起所写的著作，可以看到冶方同志反反复复在一些问题上做文章，这些问题有价值、价值规律、总产值指标、利润指标、生产价格、固定资产再生产和折旧基金、技术更新、社会主义经济中的流通、大权和小权的划分、积累率，等等。他在1956年夏率领我国国家统计局代表团访苏过程中，就抓住了这种种问题，并从这些问题中抓住了现在我们称为经济体制的问题。从那时起，他开始认识到（以后有发展）不解决这些问题，不解决经济体制问题，社会主义经济就不可能富有效率和效果地运行。正因为他能从理论上把握这些问题，使他进一步认识到，必须从经济理论入手，打破长期统治着经济理论和影响着经济工作的“自然经济论”，建立一整套以马克思主义价值论为基础的社会主

义经济理论。这是一件关系到社会主义千秋大业的事情，必须用毕生精力去做。从此，他就抓住这些问题不放，坚持不懈地进行探索，即使在监牢里也没有一天放弃过。

有些同志在看过冶方同志的一些文章后说："还是他那老一套。"这话有对的地方，也有不对的地方。有对的地方是说，冶方同志的文章始终是他那一套，从 1956 年以来，那一套从基本的理论观点来说并没有改变；有不对的地方是说，那一套并不是"炒冷饭"。这里有一个非常有意思的现象，从这里很有值得我们向冶方同志学习的地方。这就是说，他总是用他"那一套"结合当前的实际去探讨新问题，在这种探讨中去检验、发展和完善"那一套"。所以，"那一套"并不是"那老一套"，而是"那发展着完善着的一套"。举个例子来说，党的十二大期间和以后，冶方同志为了论证到本世纪末实现工农业年总产值翻两番的战略目标是能够实现的，批判基数越大速度越低的论点，他又把他的关于提高固定资产折旧率、反对"复制古董"加速企业技术改造的理论重新提出来了。乍一看来，"还是那老一套"，其实他是在用他那一套去研讨当前需要解决的问题，而且运用得那样妙。他把批判基数越大速度越低的论点同提高折旧率、加速企业技术改造、反对"复制古董"的主张联系起来，是我不曾想到的。记得 1959 年我在一本书中也批判过基数越大速度越低的理论。听了和读了冶方同志的主张，使我折服，深感我过去的批判是没有力量的，没有击中这种论点的要害。从这个例子可以看到，冶方同志始终在探索新问题，从不停留在他已经达到的理论成就上。

在这一方面，我觉得至少有两点是值得我们很好地学习的。

首先，研究任何一个理论问题，如果这个问题是抓得准的，就必须长期地、系统地、坚持不懈地进行探讨。这样，才有可能取得一点成绩。当然，这并不是说问题不能变换，但却不能浅尝辄止、蜻蜓点水。

其次，在这样做的时候，对于研究现实经济问题者来说，又必须紧密地结合实际去进行研究，在这种研究中去创新、去发展、去完善自己探索的理论。

这两点并不是那样容易做到的，但要在理论工作上，多多少少能做出成绩，我觉得又非如此不可。

以上是我在长期受到冶方同志的教诲中粗粗领会到的几点，也都是我自己没有做到，需要今后努力去做的。冶方同志的治学精神和治学方法还有许多值得我们学习的地方。我上面讲的只是其中很少的几点。即使是这几点，我也觉得不敢说领会得恰当、正确。

1982 年 12 月 25 日写于从北京飞洛杉矶途中

（原载《经济研究》1983 年第 2 期）

积极倡导经济管理体制改革的经济学家——孙冶方

黄范章

孙冶方同志，是我们党的老一辈革命家，老一辈马克思主义经济学家。难能可贵的是，中华人民共和国成立以来，他一直站在我国社会主义经济战线和理论战线的最前列，成为我国经济理论界中关于社会主义经济管理体制改革的一名创导者：作为一名“改革”的倡导者，他既从社会主义经济建设的伟大实践中提出了问题，从理论的高度探讨了问题；而且还较早地明确地提出了我国经济管理体制改革的基本方向。

一　从实践中提出问题

在我国社会主义经济建设的伟大实践中，孙冶方同志从一开始就坚持理论与实践相结合的原则，深入工厂和农村，进行调查研究，以马克思主义为指导，研究新情况，探讨新问题，阐发新观点，提出新倡议，创造性地开展经济理论研究工作。

随着1956年“三大改造”基本完成，大规模的社会主义经济建设全面开展。但社会主义经济建设究竟如何搞法，我国社会主义国民经济究竟应如何管理，这是当时摆在全党和全国人民面前的一个具有重大历史意义的课题。当时，我国在一切方面都学习苏联，是不是我们可以照抄照搬苏联模式而坐享其成呢？孙冶方同志有很深的理论素养，有丰富的经济工作经验，而且还是通晓苏联经济理论和实践的专家，但他不唯书，不唯上，也不唯“洋”，积极开展科学探索，进行了广泛的调查研究，敏锐地从社会主义建设的腾腾热气后面，揭示出一系列惊人的矛盾现象：明明社会主义制度为技术的革新和生产力的发展开辟了广阔的前景，可是为什么一些企业却在干“复制古董，冻结技术进步”的蠢事呢？在技术进步一日千里的今天，为什么我们的企业在处理固定资产折旧时会忘了“无形损耗”呢？明明知道企业利润是社会主义积累的重要来源，为什么我们的企业却不敢谈“利润”，更不敢理直气壮地抓“利润”呢？为什么我们的企业一方面积极向国家争投资，另一方面又不去充分利用资金呢？社会主义经济本应是朝气蓬勃的，但在实际生活中，供求关系常脱节，反应不灵敏，调整不灵活，造成巨大的浪费，其原因又何在？1956 年，孙冶方同志在赴苏联考察中也发现类似的一些问题。他坚定地认为，中国必须探索自己的社会主义经济模式，必须消除这种弊病，才能使社会主义制度的优越性充分发挥出来。

经济管理中的这些弊病是从何产生的呢？通过大量的调查，他首先从政策上提出问题，认为它们是由于经济管理中某些错误的政策造成的，并相应地提出了新的政策建议。例如，他发现，由于经济管理的权力过于集中，而且这个集中统一的领导又过分强调抓“总产值”指标（实际上是物量指标），因而造成不讲究经济效果、不计工本、不抓利润等严重浪费现象；主张中央抓“大权”而把“小权”交给企业；主张以“利润”指标取代“总产值”指标并作为“中心”环节来抓，以便带动考核企业的其他指标，把经济效果原则贯彻到一切经济活动中去。他发现，由于在管理中实行固定资产无偿供给制和考核成本利润率，因而造成企业既争投资又不充分利用固定资产的现象；主张代之以固定资产有偿占有制，考核资金利润率以及采用生产价格制。他发现，由于对固定资产的重建重置实行的财政控制失当，以致出现“复制古董，冻结技术进步”的现象；主张把固定资产更新的“权力”交给企业而与新投资问题分开处理。他还极力主张用社会主义流通来取代经济管理中流行的“物资调拨”办法，以克服各部门、各企业不注重经济核算、不讲究经济效果和吃“大锅饭”等弊病。总之，从1956年他发表《把计划和统计放在价值规律的基础上》一文起，直至1964年他被剥夺发表文章的权利这几年间，他的全部文章、讲演和研究报告，都是围绕着现实经济问题和经济政策问题进行的。

作为一位理论经济学家，孙冶方同志不仅要把人们的视线从实际生活中的问题引到政策上来，而且还要进一步引到理论的高度上来，即引导到社会主义制度下价值和价值规律的作用问题上来认识。因为，无论是片面强调“总产值”（物量指标）而忽视“利润”指标在经济管理中的作用，还是在固定资产折旧问题上只看到“有形损耗”而无视“无形损耗”；无论是否定生产价格和资金利润率在计划经济中的作用，还是用“物资调拨”取代产品流通，用吃“大锅饭”的办法取代经济核算和经济效果原则，归根结底，都是否认或忽视社会主义经济中价值和价值规律的客观性和重大作用问题。而这一切所造成的人力、物力、财力的损失，归根结底，都是社会劳动或“价值”的损失。他在50年代就发表了好几篇（如《论价值》等）理论性、战斗性非常强的文章，力图从理论和实践的结合上阐述社会主义经济中价值规律的作用问题。他从来反对无谓的“概念之争”，但为了深入阐明实际问题，主张有些“概念”则必须争一争，不应回避。他说，“重视‘价值’概念，在我们社会主义社会中，就意味着重视经济效果。”① 正是高度的理论性，使他的著

① 孙冶方：《社会主义经济的若干理论问题》，人民出版社1979年版，第121页。以下引文凡出自该书，只在引文后面注明页码。

作特别具有战斗性。

二　批判“自然经济观”

为什么我们的一些同志会否认或忽视价值规律在社会主义经济中的客观存在和重大作用呢？孙冶方同志把对当时国民经济管理体制中某些弊病的分析，进一步引向深入。他认为，一个重要原因，就是这些同志自觉或不自觉地接受了这么一种观点，即错误地把社会主义经济关系（特别是全民所有制经济的内部关系），看作“像原始共产主义社会一样的实物经济”，从而把价值、价格、货币、利润等概念，实际上，“当作资本主义商品经济的专有物”而抛弃了（第60页）。这种观点，不仅片面强调统一集中的管理，而且把社会主义计划化误认为和原始部落经济中首脑管理差不多，认为生产关系已“一目了然”，产品的流通不过是从左手到右手，价值的计算、等价交换已无实质意义（第60页）。因而，在他看来，“政治经济学的任务，无非是计算和计划国民经济中各个部门之间和各种产品之间的实物量的比例关系的一门科学而已”（第60页）。孙冶方同志把这个错误观点，称为“自然经济观”。他认为，正是这个“自然经济观”，在五六十年代对我国经济理论界和经济工作产生了严重的影响和后果；只有在理论上肃清这个观点的影响，才能推进经济管理体制的改革工作。因而他在五六十年代的全部著作，就是把“自然经济观”及其影响作为理论上的主要批判对象。最近他在病中的一次谈话中，再次强调了这一点。

这个“自然经济观”是从何而来的呢？孙冶方同志曾提到当时苏联经济理论与实践对我国的影响，但这毕竟是“外因”。他又进一步分析了产生“自然经济观”的客观基础和主观原因。

孙冶方同志认为，“自然经济观”之所以能在我们的一些同志中产生影响，一个重要客观原因，就是“私有制的消灭，以及由此而引起的盲目自发的市场商品交换的消失，使人会产生一种错觉”，认为整个社会（至少全民所有制经济本身）已经成为一个统一的工厂，“社会分工已经与工厂内部的技术分工等同化”。他大声疾呼这是一个“莫大的误解”。因为，技术分工是发生在一个独立核算单位的内部，而社会分工却发生在各个独立核算单位之间。如把两者等同起来，自然看不到经济核算、价值规律、等价交换和流通的必要性了（第205—207页）。

孙冶方同志还进一步认为，思想意识上的“唯心论”（或“唯意志论”）乃是“自然经济观”得以流行的一个主观原因。他认为，这个“唯意志论”的实质，就是根本否认经济规律的客观性，不用客观的经济规律而用思想上和政治上的原因来“说明”经济现象和问题。有这种“唯心论”观点的人，就会以为有了“公有制”和“计划化”、盈亏全在“大锅”里，就可以不搞经济核算，而用“政治账”去取代“经济账”；就可以不考虑价值而去制定价格，就可以搞“物资调拨”而无须“等价交换”；就可以追求物量而不讲经济效果。一句话，就可摒弃“价值规律”而为所欲为，无须担心会受到客观经济规律的“惩罚”。这种“唯意志论”的观点以及与之密切联系着的“自然经济论”，在1958年的“大跃进”“共产风”中表现得特别尖锐。孙冶方同志对此痛心疾首，挺身逆潮流而上，在《要懂得经济必须学点哲学》一文中，特地把这个“唯心论”观点与“自然经济论”联系在一起进行批判。

其实，“自然经济论”以及上述“唯意志论”的观点，都是当时“左”的思潮在经济理论和经济工作中的一种反映。为什么这类“左”的东西容易在我们这个社会里掀起轩然大波呢？孙冶方同志在60年代初期的一次学习会上，试图回答这个问题。他认为，这是因为，“左”的东西在国内有着较深厚的社会基础——小资产者或小生产者的“汪洋大海”。他的这个看法是有道理的。因为小生产者一方面固然有资本主义自发倾向，另一方面却又有一种害怕商品经济发达而要求返回到“自然经济”中去的心理。小生产者一方面随着资本主义的发展而趋于两极分化，另一方面却由于害怕这个“分化”而表现出“绝对平均主义”的倾向，由于害怕经济地位的沦落而向往有一个吃“大锅饭”的“保障”。如果感染了这种思想和心理，自然会把与“自然经济”相对立的价值规律、等价交换等连同资本主义一道，当作“罪恶”的渊薮而加以摒弃；也自然会把与“自然经济”相适应的不核算、“平均化”，吃“大锅饭”、无偿调拨等，误认为是社会主义“优越性”的表现，误认为是社会主义公有制经济应有的“气魄”。

所以，孙冶方同志坚持认为，为了端正我们的理论和思想，推进经济管理体制的改革，就必须肃清政治经济学中的“唯意志论”和“自然经济论”。

三　探讨“改革”的基本方向

孙冶方同志在自己的著作中，尽管经常讨论具体政策，但是，他从一开始就提出，他所讨论的问题绝不只是个别的、具体的政策问题，而是一个管理体制问题，即一个关于抓什么“中心”环节去带动一切的问题。

他认为，国民经济管理体制的关键，并不在于中央与地方的关系，而在于国家（中央和地方）与企业的关系。这里的中心问题，乃是企业作为一个独立核算单位所应有的权力和它对国家所应承担的相应责任的问题。事实上，他的一切建议，无论是他那把简单再生产的决策权力交给企业的主张，或者关于把“利润”作为考核企业经营好坏的“中心”指标来抓的主张，或者关于实行资金利润率和按生产价格定价的主张，或者关于企业有权与原协作单位订立供销合同的主张，还是关于提高固定资产折旧率的主张，都是环绕着国家与企业之间的关系问题进行的，即围绕着企业的权力与责任的结合问题进行的。其目的就是使企业作为一个独立核算单位，在权力与责任相结合的基础上产生出一个“励精图治”的经济“动力”。

孙冶方同志提出，一切经济问题的秘密，就在于如何以最小的劳动消耗去取得最大的经济效果。但决定社会必要劳动的消耗的，既不是生产者的具体劳动，也不是个别生产者的抽象劳动，而是社会平均必要劳动。照他说，价值规律的重大作用，乃是“通过社会平均必要劳动量的认识和计算来推进社会主义社会生产力的发展”（第5页）。据此他认为，“价值”“价值规律”不仅存在于资本主义社会，而且还存在于社会主义和共产主义社会；所不同的是，价值规律在不同社会起作用的形式不同。在资本主义商品经济中，它是自发地对生产进行调节的。孙冶方同志把这个自发地起调节作用的价值规律称为“市场价值规律”。对于资本家来说，这个市场价值规律“有时变成了蚀本或破产的恶魔威胁着他”，有时又变成了额外利润“像一个迷人的妖精引诱着他”。结果，它形成了一个巨大的经济“动力”，一方面推动他不断地改进经营和革新技术，以期以最少的成本取得最大的利润；另一方面又驱使他盲目地调整生产，因而导致经济危机、失业和侵略战争。在社会主义计划经济中，价值规律不再自发地发挥作用，而是可以由人们自觉地加以利用，因而“也就消除了它的消极、破坏的一面，而保留并且发挥它的建设性的一面”，从而不断地推进社会主义社会生产力的发展（第5页）。孙冶方同志认为，当时管理体制中各种弊病的症结，就在于在“自然经济观”的影响下，没有也不懂得自觉地利用价值规律去推动社会主义企业和整个社会的生产。而他所创导的“改革”，就是在国家计划的指导下，在赋予企业以必要的权力与责任的基础上，通过抓“平均资金利润率”，推动企业不断地实现以最小的劳动消耗取得最大经济效果的任务。一句话，在自觉运用“价值规律”的基础上给企业装配一个强有力的经济“动力”机。

值得指出的是，在“文化大革命”以前，孙冶方同志主张的这个在“价值规律”基础上形成的企业经营的“动力”，只是与企业的“权力”和“责任”相联系着，却未曾与企业自身的经济利益相联系。这是可以理解的。当时，他为了让更多的人更好地理解他的理论和政策主张，他极力把他心目中“价值规律”在社会主义经济中应起的作用，跟它在资本主义经济中的作用区别开来；极力划清社会主义利润与资本主义利润的“界限”，曾主张企业的利润全部上缴国家，不主张“企业利润留成”和“奖金制度”。在粉碎“四人帮”之后，他改变了这个观点，并公开做了严肃的自我批评，说自己过去“一般地否定奖金制度和企业留成，主张把利润一个不留，全部上缴，是错误的，是不利于促进生产的”。是一种“左”的思想（前言第3页）。从这时起，他便实际上把企业的经济“动力”建立在权力、责任和利益三者相结合的基础之上，从而进一步明确了经济管理体制改革的基本方向。

孙冶方同志几十年来从理论和实践的结合上，较深刻地阐明了经济管理体制改革的必要性和基本方向，对于这个“改革”要“破”什么、“立”什么以及如何着手“立”等问题进行了有意义的探讨。这一切，使他成为经济理论界在经济管理体制改革领域中的一位“开拓者”，如果联系国内外经济理论的发展来看，则可对他的理论贡献获得更深一步的认识。

第一，社会主义的宏观经济与微宏经济的结合问题。孙冶方同志主张国民经济管理体制必须“改革”，而且“改革”的重点应放在国家与企业的关系上，这里谈的实际上是社会主义制度下的“集权”与“分权”或“集中”与“分散”的问题。国民经济计划化是社会主义经济的一个优越性，但计划化过于“集中”，便会把经济管“死”了，使之失去经济“动力”，丧失效率。如何正确处理集中与分散的关系，把国民经济计划化和经济“动力”结合起来的问题，乃是几十年来世界上各个社会主义国家都在进行探索、力求解决的问题。人们还记得，在十月革命后的一个长时期内，马克思主义者大多认为，依靠国民经济计划化就足以确保社会主义经济高速度、无危机地发展；忽视了社会主义企业的内在动力问题。同时，一些西方资产阶级经济学家则把微观经济问题仅只跟资本主义私有制相联系，攻击社会主义公有制和计划化扼杀了企业的“动力”，扼杀了以企业活动为中心的微观经济。一些马克思主义者在此影响下也担心“过多”地强调企业的地位与作用会“瓦解”公有制与计划经济。然而，战后一些社会主义国家的建设实践，不断地提出了如何把国民经济计划化与企业经济动力相结合的问题；许多国家的经济学家也围绕着这个问题进行探索。孙冶方同志鉴于国内外的实践，总结出一条非常重要的经验，这就是：仅只局限于宏观经济范围内调整中央与地方之间的“权限”，往往只会重复“一抓就死，一死就放，一放就乱，一乱就抓”的循环，解决不了经济“动力”问题；这个问题，只有通过建立社会主义微观经济，使国营企业在权力、责任和利益结合的基础上成为独立核算单位才能解决。按照他的设计，由国家掌握改变企业生产方向、改变原有协作与供销关系和进行新投资的“大权”，而把在原协作与供销关系内订立供销合同、确定供销数量和品种规格、更新固定资产的“小权”交给企业。国家通过保证合同的严肃性来贯彻计划化；通过抓资金利润率和按生产价格定价，在比较经济效果的基础上决定生产与投资。这样，就能做到“管而不死，活而不乱”，也就是把社会主义计划化跟企业经济“动力”结合起来。他所主张的把计划放在“价值规律”的基础上，实际上就是要为社会主义宏观经济建立一个与之相适的微观经济的基础，使两者结合成一个朝气蓬勃的整体。

无独有偶。十多年来，西方资产阶级经济学家也经常讨论现代资本主义制度下，宏观经济与微观经济的“结合”问题。第二次世界大战后美国、英国等主要资本主义国家，一向把注意力放在宏观经济管理上，推行凯恩斯主义政策以遏制经济危机。但 70 年代以来，随着凯恩斯主义的失败，新的经济困难迫使一些经济学家不得不重视宏观经济与微观经济的“结合”问题。例如，（1）70 年代的能源危机表明，个别商品市场的波动，不仅能对一国的宏观经济管理，而且能对整个西方世界经济造成巨大震荡；（2）资源的合理分配与运用，要求研究宏观经济政策的微观效果，如公共支出的部门选择或部门优先问题、巨额“福利”设施带来吃“大锅饭”“低效率”“高缺勤率”之类的“泄气”（disincentive）问题，等等。于是，不少人提出，要为现代资本主义的宏观经济建立一个“微观经济基础”，才能使宏观管理“行之有效”。诚然，西方学者所提出的这个问题，在性质上与我们讨论的社会主义经济管理体制问题根本不同，但在一定程度上是可以互为借鉴的。

第二，计划与市场的结合问题。孙冶方同志提出的把国民经济计划化放在“价值规律”的基础上的问题，从另一个意义说，也是计划与市场的结合问题。这也是社会主义国家长期进行探索以求解决的问题。从马克思主义经济理论发展的历史看，人们对这个问题的认识至少经历了三个阶段：（1）马克思、恩格斯阶段。他们设想的社会主义经济是在生产力高度发达的基础上、在世界范围内同时建立的，是没有商品生产和市场机制的；认为计划化与市场机制互不相容。（2）列宁、斯大林阶段。苏联在 20 年代初曾在“战时共产主义”时期做过消灭商品生产与商品交换的尝试，不久代之以“新经济政策”。在整个斯大林时期，马克思主义者大多把价值规律看成是社会主义经济所不得不暂时容忍的“异己物”，或者认为社会主义制度下生产资料仅只具有商品的“外壳”。（3）战后阶段。特别是 50 年代后期以来越来越多的马克思主义者认为，对于社会主义经济来说，商品生产、价值规律与市场绝不是“异己物”，而是它本身应有的一个有机的组成部分。孙冶方同志的理论有其特点。他一方面把商品生产、商品经济与自发起作用的价值规律相联系，认为社会主义经济不是商品经济，而是一个能够自觉尊重价值规律的计划经济；另一方面他坚决反对把价值规律、等价交换、商业看成是“资本主义的残余”（第67、79—80页），坚持认为，它们是社会主义经济本身所固有的，甚至认为“价值规律”在共产主义阶段也存在。他和国内外某些学者有一个不同之处，即坚持认为价值规律、产品流通是实现计划化必不可少的工具。

总之，关于社会主义国民经济管理体制问题，是世界范围内广大学者长期进行探讨的重大课题。孙冶方同志是我国经济学理论界的杰出代表之一。他数十年如一日，为探讨和解决这个课题而呕心沥血，他的理论研究是有成绩的。虽然如此，他从来并不认为他的理论和模式是“完美”的，事实上，在我看来，他的理论体系还有着不少的矛盾未能解决（如他所定义的“价值规律”与“商品生产”脱钩，等等），他的一些论点也是有争议的。他在病中常为自己未能完成一个理论体系而深感遗憾。其实，他个人是无由取咎的。因为，社会主义的实践，自苏联十月革命以来仅只经历了60多个春秋，我国的社会主义经济建设实践的历史只有30多年。历史还不够长，经验还不够丰富，在这个基础上自然还很难形成一个完备的经济理论体系或一个完备的社会主义经济“模式”。就国民经济管理体制来说，我国和其他社会主义国家一样，都还在进行探索，各自都在寻求一个适合本国国情的“路子”或“模式”。孙冶方同志的这个不完备的理论体系，正是我们这个时代的产物。它正好反映了我们这个时代经济的特点和当今我国国情的特点；也正因如此，它才更显得可贵。孙冶方同志在理论工作中取得的成就，固然值得我们尊重；但更加值得我们学习的，是他所坚持走的理论与实践相结合的科学道路和他那敢于坚持真理、勇于修正错误的科学精神。我们应该学习他的这种学风和科学精神，在他既有的成绩基础上继续勇敢地向科学的巅峰攀登。

1983 年 1 月

（原载《经济研究》1983 年第 2 期）

孙冶方的“三不改”

张卓元

《孙冶方文集》（10卷本）由知识产权出版社出版发行了。我是这套文集编辑委员会的主任，但做的工作并不太多。我从编辑过程中学习了不少东西，简单地谈三点学习体会。

一　“千规律，万规律，价值规律第一条”

第一个体会，改革开放40年来，中国的经济和社会面貌发生了巨大变化，我们走上了中国特色社会主义道路。中国特色社会主义理论并不是从天上掉下来的，其中包括几代人的艰辛探索，包括像孙冶方、薛暮桥这样的经济学家坚持不懈地长期研究，提出了一些很好的思想理论观点，指导我们的改革开放实践。在改革开放初期取得令人鼓舞的成果后，邓小平等领导人以高度的政治智慧，进一步归纳提炼出中国特色社会主义的思想、理论、道路。

孙冶方实际上是我国改革开放的先驱者之一。我记得党的十一届三中全会以前，胡乔木在1978年10月6日的《人民日报》发表了一篇大文章——《按照经济规律办事，加快实现四个现代化》。文章中有一个观点非常重要，就是按照经济规律办事，其中特别重要的是要按价值规律办事。我想胡乔木的文章应该是借鉴吸收了孙冶方的经济思想。孙冶方从1956年起就重视价值规律的作用，1964年更旗帜鲜明地提出："千规律，万规律，价值规律第一条。"我们学习胡乔木的这篇文章时，都觉得内容非常新鲜，思想非常解放。这篇文章实际上为党的十一届三中全会的召开提供了非常重要的理论准备。

党的十一届三中全会是开启改革开放新时期的标志性会议，会议公报也讲了"应该坚决实行按经济规律办事，重视价值规律的作用，注意把思想政治工作和经济手段结合起来，充分调动干部和劳动者的生产积极性"。会议公报专门讲价值规律，当然也是包含了孙冶方在内的经济学家对价值规律的长期研究和探索的。

我们现在讲要"使市场在资源配置中起决定性作用"，从马克思主义政治经济学概念上说，就是让价值规律对社会化生产起调节作用。当然，"使市场在资源配置中起决定性作用"将价值规律调节社会生产的机理讲得更加透彻，应该说比党的十一届三中全会的提法大大前进了一步。

二　财经体制改革的核心就是怎么处理好国家和企业的关系

第二个体会，在编辑《孙冶方文集》的过程中，我感到孙冶方写的文章，一方面理论性很强，另一方面又很实际，在理论联系实际方面非常好。

比如固定资产折旧要不要上缴财政，这是一个很具体的实际问题。孙冶方把它提到非常高的理论高度进行分析，提出如果固定资产折旧上缴财政，不留给企业来用，连工厂盖厕所都要上报，层层审批，这样，企业根本不可能有活力。从这里出发，他进一步提升到究竟国家的大权和企业的小权应该怎么划分。他说，在资金价值量简单再生产范围内属于企业的小权，应该由企业来定；在简单再生产之外的属于国家的大权，应该由国家来定。他从一个很具体的问题谈起，一直可以提升到国家的大权和企业的小权之间的关系，而且提出，财经体制改革的核心就是怎么处理好国家和企业的关系。从这个例子可以看出来，他的问题是从实践中来的，但是，他的作品理论性很强，实践性也很强。

三 “一不改志，二不改行，三不改观点”

第三个体会，就是孙冶方奋不顾身地坚持真理的崇高精神。我举一个简单例子。1963 年 9 月 18 日，孙冶方写了一个关于利润的内部研究报告——《社会主义计划经济管理体制中的利润指标》，当时并不是公开发表的。

孙冶方认为，对企业来说，争取更多的盈利、更多的利润，应该是企业搞得好的一个非常重要的综合性标志。如果企业的利润率在社会平均资金利润率以上，就是一个好企业；如果在社会平均资金利润率以下，这个企业就是不好的。所以，他要用利润作为综合指标。

当时，有关机构正在酝酿批判经济工作上的“利润挂帅”。作为他手下的工作人员，我们当时都觉得他写这个东西太危险了，替他捏了一把汗。我们五个人，桂世镛、项启源、何建章、吴敬琏和我，就在经济研究所一起商量：要向孙冶方建议，第一取消这个工作，不要写这个关于利润的报告；如果孙冶方坚持，报告无论如何要降温，不能写得那么明确，不能说利润是综合指标，说利润作为一个考核指标还可以考虑。我们公推了两位——项启源和桂世镛，项启源能言善辩，口才很好，桂世镛是孙冶方最得意的一个年轻人，当时是我们经济研究所党总支青年委员、团总支书记，请他们两个人当面跟孙冶方讲，建议他或者取消，或者降温。但是，项启源和桂世镛去了以后，很快就被孙冶方顶回来了。孙冶方说不行，我还是要照写，而且观点不动，也不降温。从这个例子可以说明，孙冶方对自己认准的观点是非常坚持的。

孙冶方曾宣布，“一不改志，二不改行，三不改观点”。他这样的治学精神，我认为，对科学研究是非常难能可贵的，我们搞科学研究，探索未知，可能会碰到一些错误，但是，在你认为是正确的情况下就应该坚持，不要随风倒，这是做科学研究的一个非常重要的原则。

（原载《北京日报》2018 年 3 月 5 日第 20 版）

重新解读孙冶方经济学思想

——纪念孙冶方诞辰100周年

冒天启

孙冶方于1908年10月24日出生在江苏省无锡县玉祁镇的一个小职员家中。他一生著述经天，志之永世，以自己创造性的理论研究，引领了中国一个时代经济学的发展方向；以崇高的道德情操和治学品德，为经济学人树立了做人治学的榜样。

孙冶方经历了革命和建设的不同历史时期。当今，中国社会正处在转型期，经济理论发生了根本性的变化，斯大林的一套经济学思想已被人们所抛弃，马克思经济学连同改革开放中引进的西方经济学也正在中国市场化改革的实践中，为人们所重新认识。有中国特色的社会主义理论立足中国国情，兼容世界人类文化，为创建中国的经济学理论开拓了极为广阔的思维空间。今天，我们纪念孙冶方诞辰100周年，不是要重复孙冶方在特定历史条件下形成的经济思想和观点，而是要历史地、实事求是地评价孙冶方经济思想和观点对我们当今社会转型所起的作用。同时，我们也要历史地、实事求是地反思孙冶方所处的那个时代，因为在那个特殊的社会政治环境中，严重窒息了经济学的发展。

孙冶方原名薛萼果，1921年即他13岁的那年秋天才进入无锡县立小学读书，但很早就接受进步思想，1923年年初，加入社会主义青年团，年底经中共上海区委批准正式转为中共党员。1925年11

月，按照上级组织的安排，孙冶方去莫斯科中山大学学习，同去的有60多人，其中，有张闻天、乌兰夫，还有王明等。在那里经过两年比较系统的马克思主义学习，于1927年夏毕业，分配到莫斯科东方劳动者共产主义大学担任政治经济学讲课翻译。1927年11月，莫斯科东方劳动者共产主义大学中国留学生合并到莫斯科中山大学，孙冶方也随之返回莫斯科中山大学继续担任讲课翻译。从那以后，孙冶方的一生就融入了政治经济学的浩瀚学海之中。

孙冶方在20世纪三四十年代，深入工厂、农村，以大量的调查材料，就中国社会性质曾写过许多富有卓见的文章，比如，《上海纺织厂包身制工人》。[①] 但他最有学术价值与历史意义的文章，大都出自50年代中期以后。1956年11月，他联系经济建设中已经出现的问题，深深感到我国经济管理体制和一些经济政策存在严重的弊病，写了《把计划和统计放在价值规律的基础上》[②] 等文章，批评斯大林把价值规律和国民经济计划管理对立起来的观点，指出：国民经济有计划按比例发展必须建立在价值规律的基础上才能实现。同期，他还写了另外一篇文章《从总产值谈起》[③]，批判总产值指标妨碍对企业进行科学管理，指出：利润指标是考核企业经营管理好坏的综合指标。1959年7月，他在《论价值》[④] 一文中，系统地阐述了自己的理论思想和改革主张，逐步形成了以自然经济论为批判对象，以价值规律内因论和商品生产外因论为基础的理论体系，积极倡导经济体制改革。从1960年年底开始，组织编写《社会主义经济论》，

---

① 孙冶方：《上海纺织厂包身制工人》，《华年》1932年第24期（署名孙宝山），载《孙冶方选集》，山西经济出版社1984年版，第1—10页。

② 孙冶方：《把计划和统计放在价值规律的基础上》，《经济研究》1956年第6期，载《孙冶方选集》，山西经济出版社1984年版，第117—120页。

③ 孙冶方：《从总产值谈起》，《统计工作》1957年第13期，载《孙冶方选集》，山西经济出版社1984年版，第130—146页。

④ 孙冶方：《论价值》，《经济研究》1959年第9期，载《孙冶方选集》，山西经济出版社1984年版，第187—239页。

系统地清理了阻碍社会主义经济理论发展的各种有害倾向。由于众所周知的原因，1964 年 8 月开始，孙冶方被戴上了“中国经济学界最大的修正主义者”的帽子，受到了全国范围的批判。1968 年 4 月 5 日被捕入狱，直到 1975 年 4 月 10 日出狱。七年！孙冶方在一个特殊的环境中，用默记的方法，对《社会主义经济论》第 22 章第 183 节在脑海中过了 85 遍，坚持每月一次。1972 年 3 月，他以给“外调”人员写材料为名，写了《我与经济学界一些人的争论》[①] 的长篇文章，驳斥了康生、陈伯达一伙政治骗子的谬论。孙冶方每每忆起这段生活时，都说：我要感谢政治经济学，政治经济学救了我的命，我的观点是我的精神支柱！他对接他出狱的军宣队的第一句话是：我一不改志，二不改行，三不改变自己的观点！从这以后，孙冶方几乎是拼命，撰写了大量的文章，对经济建设和改革中的紧迫问题，系统地发表了自己的观点，同时，还深入地清理了斯大林经济思想对中国经济理论界的影响。1982 年 9 月，在党的十二大，孙冶方当选为中共中央顾问委员会委员。1983 年 2 月 22 日下午 5 时，这位拼搏了一生的老共产党员，带着铮铮铁骨，离开了我们，时年 75 岁。

从 1978 年年底开始，我一直在他身边工作、学习，我对他的数百万字经济学文献进行了反复思考和研究，把他的经济学思想归纳为一句话：价值规律内因论和商品生产外因论，这得到了孙冶方的完全认可[②]，他说：你可以在这个题目下帮我整理材料，但不能越过这条线，否则，就不是孙冶方了。我认为，在这个大题目中最有实践意义和科学价值的成分是价值规律内因论。他在多篇文章中都讲：

---

① 孙冶方：《我与经济学界一些人的争论》，1972 年，载《孙冶方选集》，山西经济出版社 1984 年版，第 449—501 页。

② 孙冶方：《价值规律内因论和外因论》，《中国社会科学》1980 年第 4 期，载《孙冶方选集》，山西经济出版社 1984 年版，第 680—702 页。

用最小的劳动消耗去取得最大的有用效果，是搞经济工作的秘密。人类靠劳动生存，生活的好坏，从根本上说，取决于劳动效率的高低。经济学就是要以“最小最大”为红线，研究如何以更少的劳动投入获得更多的有用产品，如何减少生产每一单位产品所需要的劳动量，达到提高劳动生产率的目的。孙冶方冒着政治风险，澄清学术界对恩格斯价值理论即价值是生产费用对效用的关系的误解、曲解以致诋毁，用“最小最大”总结社会主义建设的教训，批评在“政治挂帅”下高消耗、低效益的顽症；用“最小最大”判断真假社会主义公有制，批评自然经济论和“大锅饭”的经济体制；用“最小最大”批评苏联政治经济学教科书，重新编写中国的理论经济学，因而使这个古老而朴素的经济学常识在新的历史条件下绽放出了新的理论光彩。

经济学界公认：“最小最大”是孙冶方公式。

孙冶方公开声明：价值是生产费用对效用的关系的理论，出自恩格斯。但他对批判者调侃式地说：可以引以为自己安慰的，那就是（我的价值理论在）逻辑上的一贯性和系统性。如果你们能击破我的要害——价值论，那么整个体系也就摧枯拉朽了。[①] 他认为，价值规律是任何社会化大生产都不能取消的自然规律，一再强调，价值并不仅仅是商品经济所特有的范畴，它是社会化大生产的产物，反映着社会化生产过程中的各种社会经济关系，就这一点来说，它对资本主义和共产主义都是共同的。但是，在资本主义条件下，价值是通过交换价值表现出来的；而在未来社会中（包括社会主义全民所有制内部），价值却可以通过统计、会计具体地琢磨到。因而在量的意义上，价值就是物化在产品中的社会必要劳动。价值和交换

① 孙冶方：《我与经济界一些人的争论》，1972 年，载《孙冶方选集》，山西经济出版社 1984 年版，第 494 页。

价值是完全不同的两个范畴。孙冶方还认为，价值是生产费用对效用的关系的实现，是以商品或产品的供求平衡为前提。价值由包含在商品中的劳动量决定。但是，在商品经济特别是资本主义商品经济条件下，供求却始终是不平衡的。尽管每一物品或每一定量某种商品中包含着生产它所必需的社会劳动，但是，如果它的产量供应超过了当时的社会需要，那么一部分社会劳动还是会浪费掉的。因此，效用通过社会必要劳动的形成来最终影响价值的变化，离开了一定使用价值的质和量，就无从谈论“必要”还是“不必要”。在科学技术日益发达的条件下，有些过去看来是废物的产品，可能变成有用物，新效用的发现会使原来没用的物品变得有用了，把它引入生产过程就会降低产品成本，减少生产费用。社会主义建设效益差、浪费大，就是因为我们缺乏价值观念，不对生产费用和效用进行比较造成的。

孙冶方是价值规律内因论者，他反对斯大林的价值规律外因论。孙冶方用“最小最大”的经济学思想，对斯大林的自然经济论和“大锅饭”体制，进行了尖锐而辛辣的批评，提出的主要改革理论是：

（1）企业扩权理论。[①] 孙冶方强调，国家和企业的关系，并不像斯大林所说的那样，是上层建筑、法律关系，而是一种非常重要的经济关系。国有企业，只是根据它们的活动目的和财产的用途对固定给它们的国家财产行使占有权、使用权和支配之权，在国有制经济中，占有权以及使用权和支配权是一个主体，而所有权则是另一个主体。孙冶方在特定历史条件下针对集权计划经济的弊端，独创地提出了划分国家和企业权限的“杠杠”即资金量的简单再生产和扩大再生产，凡是不要求国家追加投资而在原有资金量范围以内

① 孙冶方：《关于全民所有制经济内部的财经体制问题》，研究报告，1961 年，载《孙冶方选集》，山西经济出版社 1984 年版，第 240—253 页。

的生产，都是简单再生产；而要求追加新投资而超出了企业原有资金价值量范围以外，因而是扩大再生产，属于简单再生产范围以内的事是企业应该自己管的“小权”，国家多加干涉，就会管死，束缚企业从事生产经营的积极性和主动性；属于扩大再生产范围以内的事是国家应该抓的“大权”，国家必须严格行使权力，不管或管而不严，就会大乱。孙冶方按照上述“杠杠”，激烈地批评了固定资产管理体制，要求把折旧基金原则上全部交给企业，由企业自主去搞挖潜、革新和改造。

（2）企业利润理论。[①] 孙冶方认为，利润是考核企业经营好坏的综合指标。利润是物质生产部门职工为社会扩大再生产和社会公共需要而创造的一部分物质财富，无论是社会总产品，还是个别企业总产品，成本越低越好，与此相应，利润就会增加。在价格合理的条件下，降低成本和增加利润完全是同义语，它们都是企业技术水平高低、经营管理好坏的综合指标，抓住了利润指标，就如同抓住了“牛鼻子”一样，许多问题就会迎刃而解。孙冶方认为，价格不合理，就会扭曲利润的作用，比如，工农产品价格的“剪刀差”，如果国家对农产品收购价格压得过低，按价格计算的国民收入实际上就把农民所创造的价值，算在了工业品价格上。孙冶方尖锐地批评了斯大林通过这种价格“剪刀差”，向农民筹集国家工业化资金的超经济剥夺。不合理的价格，成了价值的“哈哈镜”，使计划、投资和分配，失去了判断尺度。因此，他极力主张按资金利润率调整不合理的价格。

（3）商品流通理论。[②] 孙冶方认为，流通是社会再生产的物质代谢过程，社会分工使生产实现了专业化，但要使各个生产部门的

① 孙冶方：《社会主义计划经济管理体制中的利润指标》，研究报告，1963 年，载《孙冶方选集》，山西经济出版社 1984 年版，第 359—389 页。

② 孙冶方：《流通概论》，讲稿，1963 年，载《孙冶方选集》，山西经济出版社 1984 年版，第 304—318 页。

再生产能正常进行下去，他们必须以产品交换为媒介发生经济联系，实现生产的物质补偿和替换。孙冶方还认为，在社会主义条件下，由于全民所有制外部还存在商品生产和交换，因此，全民所有制企业之间的产品流通和不同所有制性质企业之间的商品流通同时并存。要使社会主义流通（产品、商品）成为有计划的经济过程，孙冶方认为，我们必须研究流通中的各种具体问题，包括流通渠道、购销形式、网点设置，等等。孙冶方在提出生产中的“最小最大”的同时，亦主张流通中也要研究以最少的垫支资金取得最大的有用效果的问题，因为等量资金的周转速度不同，获得的有用效果也是不等的。

几十年来，孙冶方以反自然经济论为大旗，揭露了自然经济论对实际工作的影响。他指出：自然经济论没有效益观点，借口政治账掩盖经济建设中的高消耗；没有经营观点，企业按上级定下来的指标进行生产，造成产销脱节；没有等价交换观点，把价值看作是使用价值的计量单位，用“剪刀差”向农民征收“贡税”；没有流通观点，不准生产资料进入流通，用调拨代替了交换；没有资金核算观点，实行资金供给制，培植了败家子作风；没有固定资产的磨损观点，人为压低折旧率，迫使企业搞“古董复制”，冻结了技术进步。孙冶方指出：按照自然经济论办事，就像原始公社首脑指挥生产一样，企业的一切活动都由集中的计划统一支配，生产什么？生产多少？生产者和消费者相互供应什么？都统一按实物计划规定。在我国经济理论界，就一两个或者更多一些的观点，就个别的、局部的观点去批判自然经济论，并不乏其人；但是，还没有哪位经济学家能像孙冶方这样全面、深入、系统地对自然经济论进行过批判。1981 年五届全国人大四次会议的政府工作报告指出：“在经济工作中，我们应该彻底抛弃自给自足的自然经济观点。”充分肯定了孙冶方几十年来批判自然经济论的杰出贡献。

20世纪70年代末，孙冶方把批判的矛头直接指向了斯大林和《苏联社会主义经济问题》，淋漓酣畅地揭露和清理了斯大林经济思想对中国思想界的深重影响。他批判斯大林对生产关系的定义，认为斯大林的《苏联社会主义经济问题》，在生产关系之外去孤立地研究所有制是有害的。[①] 所有制是一种财产关系亦即法律用语，经济学在研究特定社会进行生产和交换并相应进行产品分配的条件和形式时，应该讲清楚：第一，用哪个阶级所有的生产资料来进行生产，生产出来的产品又归哪个阶级占有；第二，交换的产品是哪个阶级生产的又为哪个阶级占有；第三，被分配的产品是哪个阶级生产又归哪个阶级所占有，从而用什么形式按什么比例分配。因此，所有制只能从财产的现实形态即生产关系的总和上来把握，从生产、交换、分配的各个环节来进行具体分析。

他还批判斯大林对生产力的定义[②]，认为斯大林在《联共（布）党史简明教程》中把劳动对象从生产力因素中排除掉是有害的。在《苏联社会主义经济问题》中，为了强调生产工具的重要性，对为什么要把劳动对象排除在生产力之外做了辩解，说：没有生产工具是不能生产任何原料的。但是，人类社会经济发展的历史却告诉我们，任何新型原材料的出现，都意味着社会生产力的伟大变革。

进入20世纪90年代，我们党明确了经济转型的目标是建立社会主义市场经济体制。在市场化改革日益深入的大背景下，我们静下心来重温孙冶方经济思想，我们的心情是非常复杂而又极为沉重的。对照当今在发展着的市场化改革中出现的各种新问题；对照当今变化着的经济理论界和不断提出的新观点；对照我们的新宪法和

① 孙冶方：《论作为政治经济学对象的生产关系》，《经济研究》1979年第8期，载《孙冶方选集》，山西经济出版社1984年版，第593—614页。

② 孙冶方：《政治经济学也要研究生产力》，为平心《论生产力问题》一书序，1979年，载《孙冶方选集》，山西经济出版社1984年版，第615—629、646—665页。

党的各种文件，都远远超出了孙冶方经济理论的基本框架。但是，在20多年前，孙冶方却因他的理论观点而成为“中国经济学界最大的修正主义”受到批判以致被投入牢狱，这难免使我们后来者总有一种酸痛之感。

前面曾经指出：孙冶方的经济理论，可以用价值规律内因论和商品生产外因论总揽起来。他的价值规律内因论，是在对斯大林否认价值规律对全民所有制有调节作用并把计划经济和价值规律对立起来的自然经济论进行批判中确立起来的，但是，他的商品生产外因论却又是继承了斯大林否认全民所有制内部还存在商品货币关系的观点。众所周知，斯大林在《苏联社会主义经济问题》一书中，在否认价值规律对全民所有制还有调节作用的同时，认为社会主义社会尚存在生产资料公有制的两种形式即国家所有制和集体所有制时，还需要有商品生产和商品交换。这种分析方法来源于马克思。马克思说过：只有独立的互不依赖的私人劳动的产品，才作为商品互相对立。斯大林扩大了马克思关于商品定义的适用范围，由不同的私有者扩大为不同的所有者。对此，孙冶方还从经济学上做了进一步论证，他指出：等价交换基础上所有权的转移，是商品交换的本质。从这个论断出发，他说：国营企业之间的经济往来在本质上已经不是商品交换的性质了……因为国营企业都属于一个所有者，属于全体人民，属于全社会，它们之间的交换并不引起所有权的转移问题，而只有核算问题。他接着分析说：由于国营企业还要与集体经济发生往来，个人消费品也作为商品存在，这作为一种外在的因素，使国营企业之间的往来不得不带有一定的商品性。这就是孙冶方非常坚持的商品生产外因论的观点。[①] 这说明，孙冶方用价值规

① 孙冶方：《要用历史观点来认识社会主义社会的商品经济》，《经济研究》1959年第5期，载《孙冶方选集》，山西经济出版社1984年版，第174—186页。

律内因论批判斯大林的价值规律外因论时，却依然受着斯大林商品生产外因论的困扰。因此，孙冶方经济思想的进步性和局限性兼容在他的总体理论框架中。这真实地反映了一位真诚的经济学家对历史的抗争和历史对他的束缚。

孙冶方是我国经济学界对自然经济论的最早批判者；孙冶方是我国经济学界对传统经济体制实行改革的最早倡导者；孙冶方是我国经济学界创建社会主义经济学新体系的积极探索者；孙冶方是我国学术思想界坚持理论联系实际，为真理而勇于献身的光辉典范。他在从事理论工作的60个春秋，尽管饱尝过无数艰辛和曲折，遭受过无数打击和磨难，但始终根据中国国情，在探索真理的崎岖小道上勇敢登攀，从不向各种恶势力屈服。他非常重视实践，经常深入工厂、农村，做国情调查，从中提出重大的研究课题，并寻求解决问题的答案，绝不把实践中的材料按政治气候和政策要求简单地加以堆砌和描述；他同时也非常重视理论，敢于从“俄文版的马克思主义”中剔除假货，剔除不符合中国国情的“条条”，从中国的国情出发，对舶来品进行检验，弃旧图新，破除各种错误观点，在独立思考中形成自己的经济思想体系。孙冶方无论是从政做官，还是弃官从文，都有着一种强烈的专业精神，不为权，不畏权，独立思考，探求真理。但在学术讨论中，孙冶方却平等待人，虚怀若谷，热情欢迎来自各方面的批评和商榷意见，公开检讨并放弃那些被实践证明是错误的或自己认为应该修正的学术观点。孙冶方在经济科学研究中数十年如一日，历经无数艰辛、曲折、坎坷，对中国经济学在一个历史时期的发展做出了杰出的贡献，这是我们永远都不能忘怀的。

（原载《经济研究》2008年第10期）

严中平记忆

回忆严公二三事

章有义

严公中平同我的关系介于亦师亦友之间。相处近五十载，我对他的学风和作风，感受很深。他以严谨学风闻名于经济史学界。谨慎和谦虚是相联系的。而他直率无隐的作风却往往使人感到他有点过分自信，甚至目中无人。但在同他长期而频繁的交往中，我发现，他在学术工作上确实是非常谦虚谨慎的。兹举几件亲身经历的事。

1954—1955年，他在修订《中国棉业之发展》的过程中，经常同我讨论有关问题。原著比较详细地论述了民族资本积累问题，一论、二论、三论，可以说是该书的精华部分。但我认为，恰恰这部分颇有重新斟酌的余地。原书只是从市场角度，说明帝国主义对民族资本的压迫以及高利贷和银行资本对民族资本的侵蚀，并未全面阐述同民族资本积累密切相关的问题，诸如剩余价值的来源和流向问题，等等。而谈市场问题，又将农业和农民状况置于视野之外。我坦率地指出“视野太窄”，“甚至可以说是文不对题”。本以为他接受不了，不料他立即欣然同意。并在“改版说明”（题目改为《中国棉纺织史稿》）中，着重对这个问题做了交代。他承认原著对此一重要问题，处理得“不很恰当”，“资本积累是一个剩余价值如何转化为资本的问题”。“改版迁就初版的论点，对剩余价值的来源、分割、转化这类问题，没有收集足够的资料做正确的分析”。此外，在经过修订的章节中，也有不少地方或多或少吸取了我的建议。当时我刚开始接触近代经济史，所知甚少。他这样虚心听取并认真地对待一个门外汉的意见，其谦虚态度、不耻下问的精神，实在敬佩！

另一件事是，《科学研究方法十讲》出版后，颇受读者欢迎，但严公并不因此心安理得。相反，却继续不断推敲其中某些论点和看法。在获悉人民出版社准备再版的消息后，立即向本研究室的同志广泛征求修改意见，渴望大家畅所欲言。他感到非常遗憾的却是收到的意见不多。他在 1987 年 11 月 13 日来信说："我把《科学研究方法十讲》分送经济史研究室全体，人手一册，意在征求批评意见。我想此书颇发奇想，并非全有把握，故渴望得到批评，但到今无一人见示，看来我太天真了。出版社通知即将重印，如有大谬，不失为一改正机会。你身体如何？其他人都保持沉默，如你也一言不发，我实太遗憾了。你能在下月上旬赐几句否？"如此认真的态度，我岂能置之不理？紧接着，我就写了十点意见，供他参考。这十点并非针对十讲的十点，而是对全书涉及的一些理论问题，如理论联系实际问题，价值原则与规律原则的统一问题，立场与观点、方法的联系和区别问题，客观主义问题，革命性与科学性的统一问题，因果决定论问题，马克思的失误，等等，逐点谈了我的看法。没有想到这些意见受到他的高度赞许。他在同月 19 日回信说："17 日来示收悉。你在病痛中还写出这么长的信，令我十分感动。你所列十条，条条都有创见，如此深度的见解，唯老兄一人而已。人才之难之稀为科研一大瓶颈。你说第九条'简直是胡说八道'（指马克思过早预言资本主义灭亡），我认为，最精彩。"并希望把我对十讲的批注本寄给他。又顺带告诉我，他已发现冠心病，"左心室肥厚，供血不足，喘不过气来，头晕心脏绞痛，还有频率增加之势"。最后表示："天假我年，将就你所提各点加以发挥。（可惜因健康关系，未如所愿）人老矣，但不老好像就没理论深度的可能。"他是在感慨自己未曾达到应有的理论深度，显然是自谦。有的朋友嫌他过于自信，我看他确实称得上虚怀若谷。以耄耋之年益以重病，犹在孜孜不倦地精益求精，而绝不肯停留在已有的成就上。

还有一例。在《中国近代经济史（1840—1894）》的写作过程中，对某些问题，我同他的意见相左。他总是耐心地听取我的见解。有时辩论得十分激烈，我的态度往往失礼，他却心平气和地说，“你别狂嘛，让我慢慢道来”，以缓和争论气氛。此书定稿后，我曾写信同他谈了一些感想，提醒他做好接受批评的准备。具体问题，记不清了。他在 1987 年 4 月 10 日的回信中说，“你所提出的问题都是问题”，“你健康不佳，但每次来信都又相当长，同人中能如此率直而中肯谈心者一人而已”。“长信几分钟就看完了，但余热暖心，历久不衰”。可见，尽管我的一些看法，他不同意或不完全同意，但他还是乐于了解我的见地，并因我肯同他直率交心而引以为慰。我体会到，他既有自己的主见，又能尊重别人。

严公直率无隐的事例，更是举不胜举。比如，关于我国史学界长期流行的让步政策论，我同他的看法有分歧。他在《科学研究方法十讲》中指出，“封建国家被起义人民逼得对人民实行让步政策正是人民起义所发生的进步作用”，“否定让步政策的观点不过是宁左勿右的狂热性在历史问题上的反映”。而我在《明清徽州土地关系研究》中，却写过一段恰恰相反的话。他在 1985 年 12 月收到拙作后，立即写了一封信向我提出质询。“大作已收到，我对你的好些观点很欣赏。但你说让步政策在理论上说不通，‘统治阶级竟以让步为其阶级政策，很难说得通。’为什么说不通？不能根据太平天国后，清政府不让步，就得出这样概论一切统治阶级都不让步的一般结论。列宁明确指出，资产阶级对无产阶级让步。这一点我在研究方法里讲到过，现一时难找（当时《科学研究方法十讲》已交出版社）。”措辞直率而认真，不讲任何客套。然而，我不认为这是出于他的过分自信和自大。同月，我做了简略的回答，对自己的观点做了必要的解释。后来，他没有继续争论下去，只是在讨论别的问题的信中，捎带提了一句“看来这个问题并不那么简单”。可见，他并不囿于成见，对原有看法也开始有点动摇了。

总之，通过几十年的交往，他那严肃认真、一丝不苟的严谨学风和求知若渴、永不自满的谦虚精神，给我以极其深刻的印象。加以他对我私人的深情厚谊，更令我永世难忘。

严公为发展我国经济史学，耗尽毕生心血，卒以心脏病突发，猝然离开人世。他同我数十年亲密相处，耳提面命，知无不言，评古论今，疏狂无忌。而今已矣！噩耗传来，挥泪成绝句一首，永志哀思（1991 年 1 月底）：

沥尽毫端血，
匆匆去彼乡。
泉台无阮籍，
谁与论文章？

（原载《中国经济史研究》1992 年第 2 期）

严中平先生治学学风两例

聂宝璋

严中平先生孜孜于中国经济史研究达半个世纪之久。著述宏丰，饮鉴海内外。他的《科学研究方法十讲》（人民出版社 1986 年出版）可算是他终生治学经验的总结。书中提出了许多他的经验之谈，发人深省、给人启迪。现举两例用以佐证、补充。

一　他在《科学研究方法十讲》中提出科研工作“必须破除成见，力求创新”是一个重要的主张

不破除迷信，科研就难获进展；不力求创新，科研就将停滞不前。因为科研“本质上是创造性工作”。人们有时不自觉地迷信流传已久的某些观点，或是囿于似已定型的某些成见。这些观点或成见往往成为科研工作中的“枷锁”。

要想“力求创新”，先要“破除成见”。要想“破除成见”，必须勇于钻研、勤于思考。“脑勤”可以说是他科研工作的一个特点。在这方面，多年来，他花费了不少精力，提出了不少创新意见。例如，流传甚广的“闭关自守说”，他提出，这是一个“错误的命题”，说中国从来未曾闭关自守过。世俗流传已久的发现美洲新大陆的英雄人物哥伦布，在他的笔下则是一个烧杀抢掠美洲土著的殖民主义者。又如在中国买办资产阶级发生的论述中，他对列宁的阶级

的定义加以诠释后划出几条杠杠来界定洋行买办的本质特征和阶级成分，这也是国内外对中国买办资产阶级的研究中所仅见的研究方法。

诸如此类的创新论点，并非他闪烁一现的思想火花，他都运用史料进行过论证。当然，这些也都是他的一家之言，是可以讨论的。哥伦布问题，在他生前已经公开讨论过。买办问题我也想进行商榷。由他的创新引起的讨论与商榷，必然会把问题引向深入，从而活跃研究气氛。这里还应看到他对中国近代经济史研究所起的推动作用。

他的力求创新、勤于思考，自然不只这些。在为同志批改文章或讨论业务问题之时，往往也不囿成见、常议常新。我想这不是他“没准谱儿”，而是他灵感启动，不断酝酿新思路、新问题的表现。不仅对科研，就是在日常生活中也不时提出一些创新性的见解。比如谈到“按劳分配”时，他就提出“周总理的劳动怎样按劳分配”？有时真是妙语连珠、语惊四座。别看他已属耄耋之年，思想仍然十分活跃，令人钦佩。

二　严中平先生经常强调科研工作是一项“艰苦劳动”

由收集资料到酝酿论点，文章由初稿经过补充、推敲、修改到定稿，称得上是“呕心沥血”的过程。就说“力求创新”一事，可以看出，他的脑筋几十年如一日，不停地运转。就在他病逝前一年多身体已经出现问题时，我曾问他工作与生活情况，知他每天仍在伏案八小时，令人赞叹不止。劝他注意老年保健，他以“老年无事，最是无聊”对。他的这种勤奋治学的精神是周围同志所熟知的。

长期以来，他把相当多的精力和时间放在马列主义经典著作的学习上。在重视理论的同时，一直强调资料的重要性。在这里，他的“手勤”也堪称典范。他不仅用小本本摭拾、记录他认为有用的资料，我还看到过他曾系统地、按不同问题，以历史时间顺序，用稿纸排列资料，形状犹如“资料长编”。这显然是较高层次的资料加工，目的在于解决面对大量复杂的资料无从下手的困惑，因而我把它理解为科研过程的“过渡形态”、一般撰写论文的一个步骤。然而，严中平先生并不曾据此撰写论文，事实上，他也没有承担撰写论文的任务，而是作为熟悉、钻研、掌握问题以便领导工作的方法，足见他治学的认真态度。

“手勤”可以说是他在科研工作中的另一个特点，似乎这已成为他在工作中、在日常生活中的“常规”了。例如，几年以前由于自己的健康原因，他开始留意各种治病方剂的收集。从皮肤病到头痛脑热，从五脏器官到耳鼻喉，无所不包，都在他的视野之中。几年下来，从各种报纸杂志上收集的方剂不计其数。平时闲谈时提及某种疾病，他很快就能找到他的方剂记录。

严中平先生有很多值得我们学习的东西，现当他逝世一周年之际，忆起以上两例，以示纪念。

（原载《中国经济史研究》1992 年第 2 期）

鲜明的立场 严谨的学风

——在严中平、李文治先生百年诞辰纪念会上的发言

经君健

严中平先生和李文治先生两位都是我的老师，入行的引路人。我是1954年到经济研究所经济史研究组的，得到他们40多年的教诲和熏陶，受益之深，难以言述。今天能参加他们的百年诞辰纪念会，甚感荣幸。大会给我机会表达对他们两位的缅怀之情，谨此致谢。

我虽然受教于两位先生40余载，但至今并不具备全面评价他们的学术成就的能力，惭愧之至。下面仅重复严先生的某些观点，体现我对他的点滴认识。

严中平先生为经济史学奉献了一生，写出了传世的精品，更为学科发展做出了重要贡献。他从1950年回国以后，一直从事中国经济史学科的领导工作。在这个岗位上，竭尽全力。他领导的中国科学院经济研究所经济史研究组①成长为新中国的中国经济史学研究重镇，近半个世纪以来，一大批著名的中国经济史学专家在这里集中、成长，高水平的学术论著迭出。就学科而言，他领导制订的中国经济史学科的12年科学规划，对20世纪五六十年代的学科发展产生

① 经济研究所后随上级单位改变而隶属“学部”、中国社会科学院。经济史研究组以后改为中国经济史研究室，以及发展为中国近代经济史研究室、中国现代经济史研究室。

了重大影响。他牵头成立了“中国经济史学会”，搭建了全国的学术交流平台。20 余年来，这个平台一直正常地为广大经济史工作者服务。他主持创办的《中国经济史研究》杂志，为广大经济史工作者提供了发表高水平学术论文的园地，已成重要学术刊物之一。他撰写多篇文章，强调经济史学科的重要性，在各种会议上，为重视这个学科的发展而呼吁，使 20 世纪 50 年代不甚为史学界和经济学界重视的状态大有改观，博得更多史学家和经济学家对经济史的注意，吸引了更多学子投身于经济史学科。这些工作都起到了推动经济史学发展的良好作用，为这个学科达到今天的规模和水平做出了重要贡献。对于经济史学科而言，严中平先生居于重要的奠基人和带头人的地位，筚路蓝缕，其功至伟。

一 一位爱国主义的史学家

严中平先生是一位爱国主义者，他的论著充满爱国主义思想。他研究中国近代经济史时特别强调帝国主义侵华给中华民族经济带来的灾难。他认为，帝国主义侵华的根本目的是从经济上榨取中国人民的血汗，中国近代史就是一部帝国主义侵略中国的历史。这个基本观点在他第一本代表作《中国棉业之发展》中就已确立：“开关后的中国，先为列强商品的宣泄市场，后为列强资本的投放场所，故近百年中国经济史的演化，实为一部中国经济沉沦史。”[①] 以后，他写了多篇揭露和批判帝国主义的文章，例如，《论江宁条约与中外通商》《“浮动地狱”里的滔天罪行》《五口通商时代疯狂残害中国人民的英美“领事”和“商人”》《英国资产阶级纺织利益集团与两次鸦片战争的史料》《英国鸦片贩子策划鸦片战争的幕后活动》[②]，

① 商务印书馆（重庆）1943 年版，第一章导言，第 3 页。

② 均见《严中平文集》，中国社会科学出版社 1995 年版。

等等。他的反帝思想在后期更加突出。《帝国主义对华侵略的历史评价问题还需要讨论》① 是他的遗稿，仍是反帝问题，对“开关好事”论展开了论战。

严中平强调指出，半殖民地半封建社会的形成，单纯用经济规律解释经济现象不能得到充分说明，必须看到政治暴力的作用，政治暴力本身就是不可忽视的一种经济力量。他认为，帝国主义的侵略造成了中国近代史上两次政治大倒退。第一次是鸦片战争以后，帝国主义把一个独立的中国变为一个不完全独立的半殖民地的中国，对中国进行间接政治统治；第二次是辛亥革命以后，在帝国主义操纵下，把一个统一的国家变成为军阀割据的混乱国家。中国经济就是在这两次政治大倒退的形势之下发展变化着。根据这一总的线索，他把 1840—1894 年这段经济史，以 19 世纪 70 年代初叶为界，分为两个阶段。前一阶段的突出特点是，西方入侵者凭借条约权利、政治声势和炮舰威力对中国人民进行了赤裸裸的暴力掠夺。这种暴力掠夺具有为所欲为的随意性和伤天害理的残酷性。帝国主义对中国进行了一百多年的半殖民地性质的间接政治统治，其经济侵略具有暴力掠夺性。后一阶段帝国主义随着经济力量的增长，对中国的侵略更多地采取了经济手段。在 70—90 年代，帝国主义是通过掠夺中国进出口商品市场的领导地位进行的。它们把势力深入交通运输、保险、仓库、商品购销和金融周转等各个方面，培养了一个买办资产阶级，形成一套买办资本商业高利贷剥削网，形成一整套控制商品流通渠道的完整体系。条条渠道都汇集到通商口岸去由他们操纵领导。到了甲午战争以后，帝国主义对中国的经济侵略进入资本输出阶段，它们的势力在继续掌握中国进出口商品市场领导地位的同

① 参见《严中平文集》，第 319—330 页。

时，更深入到中国的生产和财政领域，全面地控制中国的经济命脉了。[①] 他主编的《中国近代经济史（1840—1894）》[②] 一书贯穿了两次大倒退的观点。

严先生从大量的历史事实中抽象出来的这些论点，使之逐步形成了强烈的爱国主义情结。他看到那些否认帝国主义侵华、美化殖民主义、否定民族英雄、颂扬民族败类的论调的时候，总是义愤填膺。在关于中国近代经济史研究的中心线索问题的讨论中，严先生放弃原来自己提出的中国资本主义发展和不发展的提法，而强调重视政治军事暴力对中国经济强大的甚至是决定性的反作用，其原因除去由于他对所掌握的资料有了新的看法而外，窃以为也是他的爱国主义情结强化的结果。

严先生不仅在研究侵华问题时站在中华民族的立场上，而且在研究工作中同情和支持所有受侵略、受压迫和受剥削国家和民族，对一切帝国主义的侵略行径均持批判态度。他研究西班牙美洲殖民帝国、菲律宾殖民帝国和葡萄牙东方殖民帝国的早期征服史时，对老殖民主义持全盘否定的态度，无情地揭露一切西方殖民主义海盗冒险家的侵略行径。他收集了大量无可辩驳的史料，写出了《老殖民主义史话选》一书，揭露老殖民主义在美、亚、非三洲令人发指地杀戮以数千万计的无辜土著居民的累累罪行，以深恶痛绝的态度，毫不留情地加以揭露，彻底批判。他坚决反对主张殖民主义给亚、非、拉人民带来资本主义新事物而应予以歌颂的观点，认为殖民主义行径的那种后果只能像马克思评价英国人在印度的作为那样，称为“历史的不自觉的工具”。[③]

严先生在学术研究中坚持爱国主义立场很值得我们敬重。学术

---

① 本节内容主要来自《中国近代经济史（1840—1894）》，人民出版社1989年版。

② 《中国近代经济史（1840—1894）》，人民出版社1989年版。

③ 本节内容主要来自《老殖民主义史话选》，北京出版社1984年版。

上的理性认识，直接指导了行动。严先生在英国进修时，正值全国解放，他欢欣鼓舞，毅然回归摆脱了半殖民地统治的新中国。并且在以后的研究工作中无情地批判一切对祖国不利的言行和任何人的媚外态度。严先生是一位大义凛然的、在殖民主义、帝国主义面前绝无软骨的马克思主义史学家。

二　一位坚持与中国历史实际相结合的马克思主义史学家

严先生进行学术研究是以马克思主义为指导思想的。20 世纪 50 年代初，他为了研究鸦片战争问题，将多篇关于中国问题的论著译为中文。《马克思恩格斯全集》和《列宁全集》的中译本每出一册，他都认真阅读，并将有关经济史的论述精粹摘抄、汇编，除了供自己索引、备忘，还提供给经济史研究组的同事参考。严先生如此认真地对待马克思主义著作，在坚持以马克思主义的立场、观点、方法去研究中国历史问题的同时，他又谆谆教导青年独立思考，切记“不唯书”。他认为，本本主义、教条主义会将科学研究逼上窒息之路。他曾对章有义先生和我谈及当时苏联某些学者流行的以斯大林语录堆砌起来的文章，说：“这也叫学术研究?!”他说，对历史研究来说，需要联系的实际就是确凿的史料。

严先生在研究了马克思、恩格斯多种著作的发展过程后指出，马克思和恩格斯一生在不断完善他们的学说。他把马克思、恩格斯自己补充和修改的内容归纳为五个方面：第一，补充和修改马克思主义形成时期的某些失误；第二，吸收他人新成果；第三，面对新情况、新问题，用客观实际去检验、补充和修改自己的论点；第四，对那些在理论原则的抽象意义上是完全正确的东西，由于客观形势的变化，在实践上已经无益，就公开宣布其为“已经过时了”；第五，对修辞、注释、完整性、通俗性等方面的进一步完善，以及征引文献校核后的更正。对此，严先生的结论是，中国的历史对于马克思主义来说，“存在许多新情况、新问题、新材料，是我们中国学人大显身手的领域。让我们坚持马克思主义历史观和经济观点的基本点，学习马克思和恩格斯的治学态度，把马克思主义发展到新的高峰吧”。①

严先生用确凿的史料论证了马克思关于中国问题的某些错误观点。他认为，马克思不懂中文，有关中国的知识，主要取自英国议会的辩论记录、蓝皮书和传教士、商人的著作以及当时欧洲报刊上的消息和评论。这些基本上都是站在殖民主义者立场上说话的。在这种情况下，马克思却能站在被侵略者的中国人的立场上，以极其愤慨的心情揭露西方殖民主义海盗冒险家对中国的侵略罪行。例如，在《中国革命和欧洲革命》② 一文中，马克思就把 17 世纪末叶以后清廷“排外政策”的“更主要的原因”归之于外国人的行径。严先生称赞说：“马克思从一片诬蔑中国声中，敏锐地观察到历史的部分实质，显示了这位大师具有高度洞察力的天才闪光。”③

但是，马克思关于中国问题的看法，也受到了这类资料的某些影响。就在同一篇文章中，马克思又说，“仇视外国人，把他们逐出国境，这在过去仅仅是出于中国地理上、人种上的原因”④，到清王朝才形成一种政治制度。也就是说，马克思认为，自古以来，中国就“仇视外国人，把他们逐出国境”，从而实行了“野蛮的”“与文明世界隔绝的”“闭关自守”政策。对此，严先生明确地表示，不能接受这个说法。他举出英国的官方调查资料、鸦片贩子叫嚣的资料以及大量历史事实，证明这种观点和历史实际完全不相符。

严生生认为，关于在中国贸易不自由的指责，完全是歪曲事实。

① 《科学研究方法十讲》，人民出版社 1986 年版，第 167—169 页。

② 《马克思恩格斯选集》第二卷，人民出版社 1972 年版，第 2—7 页。

③ 《科学研究方法十讲》，人民出版社 1986 年版，第 172 页。

④ 同上书，第 171 页。

鸦片战争前夕，英国向中国大量走私鸦片以抵补贸易逆差，所以，鸦片贩子与各类资本家群起鼓噪，一致叫喊中国仇外排外，贸易不自由。这种舆论的目的在于酝酿侵略战争。鸦片贩子叫嚣对中国人“用说理以外的辩论加以教训”①，1839 年林则徐采取严厉措施，绝对不给鸦片走私以“贸易自由”，于是英国外交大臣巴麦尊便按照鸦片贩子所建议的侵略战略发动了鸦片战争。

严先生指出，中国人酷爱和平，地理上的艰难险阻并未隔断中国的对外交往。“丝绸之路”自汉代以后绵延达千百年之久，对西南太平洋和印度洋沿岸各国的友好往来也历时千百年。中国自古就是一个以汉人为主的多民族国家，在漫长的历史时期，外国人来华流寓各地者众多，且都受到优待，其中在中国做高官者也颇不乏其人。外来的不同宗教的犹太人能够融入中国，就有力地说明中国没有仇视外人。所以，中国自古以来就由于“地理上、人种上的原因”而排外的论点是没有根据的。

中国王朝对外政策的变化，是从明朝初年开始的。外来海盗和海盗式商人的非法行动引起明清政府采取严格的对外监督和海防政策。洪武初年，因倭患严重而设市舶司制度，其目的在于杜绝海盗。洪武后期，朱元璋下令严禁私下通蕃。中外关系史上的这两次变化，都是为了防止外侵而采取的国防措施，其目的是保障人民生命财产的安全，并不是出于“仇视外国人”而实行“闭关自守”政策。

清王朝建立初期的确实行过严厉的迁海政策，但那是针对占据台湾进行反清斗争的郑成功的，与排外无关。康熙帝不仅容留外国教士在华居留，还重用他们。统一台湾以后的第二年，就开四口通商。可见，康熙帝不但没有仇视外国人，也没有“闭关自守”，倒是很重视海上贸易。

① 《广州纪事和行情报》，1831 年第 2 号。

乾隆帝限在广州一个口岸进行贸易。两广当局又多次订立规章，限制外商非法行动，防范越来越严。这就是当时英国舆论指责“中国仇视外国人，把他们逐出国境”的“闭关自守”政策的主要内容。其实，这只是限制外商的非法行径，是从巩固海防的角度出发的管理和防范措施，根本不是仇视外国人，或是闭关自守。外国人只要在中国法律规章允许的范围之内进行贸易，就受到保护和优待。世界上没有一个主权国家能够容忍外国船只随意闯入它的一切港口，或放任外国人在自己境内乱说乱动。

严先生得出了十分明确的结论：“我们不承认在历史上中国封建政府，曾经实行过什么‘闭关自守’政策，更不承认，中国曾经出于地理上、人种上的原因，对外实行过‘野蛮的’与文明世界隔绝的‘闭关自守’政策。马克思对这个问题的提法是一个失误。”①

所谓明清“闭关自守”作为一个学术问题，是可以有不同看法的，学术界也一直在讨论着。但是，把“闭关自守”归结为“地理上的”“人种上的”原因，肯定错了。因为这种认识的结果是把它看成中国人所固有的，从来就有的，不可改变的了。这显然没有根据，与事实不符。绝不能因为这话是马克思说的就肯定是对的。严先生指出马克思的这一失误，给我们提供了一个范例：对待马克思主义著作，既要承认其真理性，又要通过史实加以检验。

在研究工作中，坚持论从史出，要相信确凿史料得出的结论。对于社会科学、人文学科的研究工作者来说，既要坚持马克思主义的基本原理，又要与时俱进。在发现新史料的情况下，在产生新情况的条件下，必须做出新的判断与决策。马克思、恩格斯自己就是这么做的。应该确认，所谓“凡是”的提法对任何人都不适用，因为任何人都不是神。“句句是真理”的盲目崇拜也对任何人都不可

---

① 本节内容主要来自《科学研究方法十讲》。

用，因为一则人无完人，二则未来难测。

三　一位严格遵循科学规律的严谨的史学家

严中平先生治学作风十分严谨。他强调搞学术研究先要下硬功夫收集资料，继而客观地分析资料，绝对不可断章取义，夸大缩小，更不可篡改文献，颠倒黑白，弄虚作假。

他认为，把研究建立在大量坚实可靠的资料基础上，是谨严学风的最起码条件。主张充分占有扎实的材料，对中外历史的发展过程进行深刻的对比研究，以达到合乎历史实际的结论，反对捡拾零星材料去填充理论框架。他批评轻视资料的倾向，指出以为收集和整理资料是资料员所干的“下手活”的看法是错误的。他提倡在积累大量资料的基础上进行专题研究，在专题研究基础上进行综合研究的工作程序。这种研究程序，已成为他所领导的研究集体的共同财富和传统学风。针对20世纪50年代初期中国经济史研究和教学资料缺乏的状况，他组织经济研究所的同志先编了《中国近代经济史统计资料选辑》，接着编辑一套《中国近代经济史参考资料丛刊》，经过数年努力，先后出版了中国近代工业、农业、手工业、外贸、铁路、航运和外债等资料。尽管这套资料丛刊还称不上门类齐全，也还有其不足之处，但在当时它所起的作用是非常显著的：为教师编写教材提供了资料，为近代经济史研究提供了基本的素材和线索，为政府工作人员提供了基础国情资料。它为大家节省了很多宝贵时间，初步解决了近代经济史方面的“资料荒”问题，对教学与研究起了有力的推动作用，成为经济史学，乃至历史学、经济学研究与教学的案头必备。更重要的是，这套资料丛刊的出版也提倡了重视资料的踏实谨严的学风。直到现在，这套资料丛刊仍在发挥其应有的作用。因而它得到了国内外学术界的好评。为编辑这套丛刊，严先生付出了辛勤的劳动。1956年，他写了《编辑中国近代经济史参考资料工作的初步总结》[1] 一文，是这套资料全体编者的经验结晶，为后人编辑经济史资料提供了丰富的具体经验。

严先生于20世纪50年代末60年代初，两次组织经济史研究组多数成员较大规模地外出收集资料：一次是以上海徐家汇图书馆为中心，一次以第一历史档案馆为中心，均有重要收获。此外，他于60年代初向哲学社会科学学部姜君辰主任吁请重视整理编辑清代“巴县档案”，并派我去四川大学与徐中舒先生联系这项工作。他曾派章有义和许钧两位先生赴陕西三原县调研，建议整理长盛和商店账册资料。他还组织经济研究所入藏安徽屯溪资料。他督促和指导经济研究所图书馆妥善保存20世纪30年代入藏的清宫抄档资料以及其他珍贵资料，等等。总之，他对经济史资料收集、整理和编辑工作的推动与支持是不遗余力的。

年轻人到所后都想尽快出成果。严先生经常提醒年轻人打好基础，不要急于求成，不要急功近利。他一再强调，成果要经得住“摔打”，经得起时间考验，一大堆水稀稀的东西不如一篇“掉在地上当当响”的“干货”。为此，必须下苦功夫。我刚到经济史研究组时，严先生没有让我立刻投入研究工作，把我安排到图书馆。于是我在宗井滔馆长领导下，在汪熙曾等同志的指导下，穿梭于排排书架之间，从打扫卫生做起，做过了图书上架、整理、写标签、出纳、采购、手抄中文目录卡、打印外文目录卡，直到进行图书分类等馆员应该掌握的全套业务。开始接受这一分派时，我并不理解，认为这是浪费时间。干了8个月调回组内，感觉大不一样。正是通过这些“打杂”的工作，我浏览了大量图书杂志，使我获得了基本的目录学知识，熟悉了馆藏的全貌，对当时经济研究所的藏书了然于心。这对我以后的研究工作来说受益无穷。严先生对年轻人的治

[1] 《编辑中国近代经济史参考资料工作的初步总结》，《经济研究》1956年第4期。

学要求是严格的、有效的。

严先生对我说，不要把自己当作能倚马千言一挥而就的“才子”。常人之资也能写出好文章，那就是要下功夫，精雕细琢地“改”。好文章是“改”出来的。严先生自己的稿子总是一改再改。他不耻下问，写出文稿有时先给大家看，要求提意见，并多次修改。他批阅大家的稿件也十分认真，会提出从理论到修辞的各种问题、意见和修改建议，既有原则的指导，也有具体的帮助，十分认真、严格。经济史研究组许多同志的作品都渗透了严先生的心血。在他的带动下，当时经济史研究组有个好传统，个人写的文章在定稿前请一位乃至多位同志审阅。后学们在这个环境中受益良多。

严先生于1986年发表的《科学研究方法十讲》，系统地探讨了研究方法问题。这本书中的若干篇章本是60年代初应《红旗》杂志之约而写的，后来加以扩充，作为中国社会科学院研究生院经济系中国近代经济史专业硕士生上课的讲稿。该书讲述了中国近代经济史学研究的规范性程序和方法，告诉学生如何选择研究题目、如何分析研究，分别论述了核校前人论据、积累文献资料、理论联系实际、科学研究学风等问题。他强调，专业的科学研究工作者的主要任务是“提高”，不能“炒剩饭”。近代经济史的科研工作者想有所创新，就要破四“就”，立四“新”。所谓破四“就”，就是指必须对外国经济史有一定了解，不能就中国论中国；必须对古代史有一定了解，不能就近代论近代；必须对政治史有一定了解，不能就经济论经济；必须重视理论上的提高，不能就事论事。所谓立四“新”，就是指提出新的问题、新的观点、新的资料或者新的研究方法。所写文章至少要占其一，否则就称不上是有所提高。在这本书中，严先生举了很多例证，从具体操作方法直到如何以马克思主义为指导，逐一详解，并提高到认识论上来分析。这是他50年研究经验之谈，其中甚至包括经济史研究组这个研究集体的许多经验。这本书很少有抽象的理论，更多的是看得见、摸得着、可操作性极强的具体方法，它不仅能把科研新手领进门槛，更重要的是可以培养严谨的学风。其参考价值显然大大超出了中国近代经济史研究的范围。

学习前辈学者运用科学的研究方法，树立严谨的学风，对于清除弥漫于学术研究领域的浮躁之气是多么必要啊。

以上三点体会，借以缅怀严中平先生。

（原载《中国经济史研究》2009 年第 4 期）

李文治记忆

李文治传略

经君健

李文治，河北省容城县人，1909 年旧历 9 月 28 日生。中国社会科学院经济研究所研究员，中国社会科学院研究生院教授，博士生导师。

1937 年，李文治毕业于北平师范大学史学系。1940 年 7 月，到中央研究院社会科学研究所工作，新中国成立后，该所被先后改为中国科学院经济研究所、中国社会科学院经济研究所，李文治在该所从事研究工作，直至退休。

一　治史之道

在北平师范大学学习，对李文治以后的学术活动有重要影响。当时除听史学系陆懋德、王桐龄、邓之诚、齐恩和、张星烺诸教授所开中国史、外国史、中西交通史和史学史等课程外，并选修了陈垣教授评介《廿二史札记》和吴承仕教授自编的《三礼名物》课。陈垣分析极为深邃，论证严谨。吴承仕试用唯物主义考释三礼所载名物，更具创见。1935 年，杨秀峰教授讲述社会发展史，对李文治的学术方向起了更为重要的启迪作用。

李文治作为一位进步史学工作者，一贯坚持严谨学风，并且正视现实，从不掉在故纸堆里，埋头于烦琐考据。他通过长期的科学研究实践，形成了自己一套科学的史学方法论。

李文治数十年的学术业绩主要集中在如下两方面：一是土地问题和农民战争问题；二是关于中国经济史的中心线索问题。有关前一方面的研究是在他做学生时代开始的。1934—1936 年，他写了《南宋土地问题》《南宋平均地权的几种理论》《隋代大业民变的经济动力》《唐代黄巢暴动的社会背景》以及《北宋民变的经济动力》五篇文章。到中央研究院社会科学研究所以后，继续研究农民战争方面的课题。1940—1943 年写成《晚明民变》一书。这本书将明末农民战争的历程分为四个时期，即初起时期、极盛时期、渐衰时期及转向反清战争时期。作者把农民起义首先发生于陕西的直接原因归纳为饥荒、兵变、加派和裁驿，至于农民战争扩大的根源则是晚明政治腐败、官绅地主横暴、土地兼并集中、封建剥削苛重以及农民生活贫困等。书中关于农民战争的论述，对提出“均田”纲领口号的农民领袖李自成完全采取歌颂笔法。对晚明农民战争问题进行有系统的论述，据谢国桢新中国成立后所著《增订晚明史籍考》评介，谓在当时国内乃系“首创”。不过，谢老又说：“作者盖受郭沫若先生《甲申三百年祭》之影响”，此说实乃误会。《晚明民变》虽然出版于 1947 年，但在该书绪论中已说明乃定稿于 1944 年秋，盖与郭老大作皆成于甲申，是在同年。可见，书中观点都是作者的独立见解。

也在这一时期，李文治还写了几篇类似的论文，包括《水浒传与晚明社会》《论晚明官僚地主和捐派》《晚明土地分配问题》等，基调与《晚明民变》基本一致。如《晚明土地分配问题》一文，论述农民战争时期地权集中的情况。当时有的封建官僚从“弥乱源”出发，提出“均田”“限田”之类建议，李文治借用明末文人计六奇的议论，谓均田、限田之不行，“以利于贫贱不利于富贵耳”。作为地主阶级政治代表的封建国家机器是不可能接受“均田”“限田”建议的。总之，从 1934 年直到新中国成立前夕十多年间，他力图通过写作去揭露封建社会的黑暗面。

沿着这一思想脉络，李文治在新中国成立后，继续就中国封建社会的土地关系及阶级关系问题深入研究，写出了《晚明封建地主掠夺土地的几种方式》《晚明统治阶级投靠清室与起义农民的抗清斗争》《晚明官僚一笔贪污帐》《晚明农民领袖李自成》等文。1953年，李文治参加由严中平主编的《中国近代经济史统计资料选辑》一书的编写工作，承担其中地租部分。1954—1956年，李文治编辑了《中国近代农业史资料》（第一辑）。此后，他又发表了《太平天国革命对变革封建生产关系的作用》《关于研究中国封建土地所有制形式的方法论问题》《明清时代的封建土地所有制》及《论清代前期的土地占有关系》等论著。在这十多年间，李文治在写作方面一个主要特点是力图贯彻阶级分析法。

李文治在研究课题中所处理的问题，涉及一个重要的理论问题，即如何看阶级斗争的历史作用问题和一个重要的研究方法即如何进行阶级分析。关于这两个问题，70年代末以来，逐渐形成了自己的看法。关于阶级分析法，他采取肯定态度。而且认为，从事历史科研首先要掌握阶级分析法。因为社会发展的基本矛盾表现为阶级对抗和冲突，如封建社会时期表现为地主与农民两大阶级的对抗，整个封建国家机器都具有强烈的阶级属性，它只能是地主阶级利益的政治代表。所有重大历史事件，只有通过阶级分析，才能做出正确的科学论断。但是，进行阶级分析需要和当时社会物质生产状况联系起来进行考察。根据历史唯物主义基本原则，是社会存在决定社会意识，不是社会意识决定社会存在。如经典作家所指出的，人类社会物质生产是“一切历史的基本条件”；社会生产关系“是随着物质生产资料、生产力的变化和发展而变化和发展的”。和阶级斗争相比，生产斗争是更根本的条件。就中国地主经济封建社会时期而言，封建依附关系有一个发展、强化、削弱和松解的发展过程，阶级关系的这种发展变化，归根结底，乃是由于生产发展的结果。没有农业生产和商品经济的发展，农民和地主之间的相互关系的变化是不可能发生的。进行阶级分析，还要和当时历史条件联系起来考察，如评价历史人物和历史事件要放在当时社会条件下进行衡量，采取历史唯物主义态度。过去，在对历史人物评价中出现的贬低功绩、夸大过错的倾向，乃是由于没有掌握好历史唯物主义阶级分析法。当然，阶级分析法也有它的局限性。历史研究范围广泛，社会现象分歧复杂而丰富多彩，类似的历史过程在不同时期、不同地区有不同的具体内容，其形成和发展也各有其不同的具体情形，有时不能单靠阶级分析法就能解释一切事物的发展变化过程。

关于阶级斗争的历史作用问题，李文治认为是和阶级分析法紧密联系在一起的。他认为，阶级斗争对社会历史发展的促进作用应该肯定，但须和生产斗争联系起来考察。一定的阶级斗争是在物质生产一定程度发展的条件下出现的，是物质生产一定程度的发展促进社会生产关系的变化，而这种变化又反过来促进社会生产的发展。从人类社会历史实际考察，由一种生产方式向另一种生产方式过渡，虽然通常要经过阶级斗争，但最终根源是物质生产发展的结果。李文治又指出，对生产斗争和阶级斗争的相互关系要采取辩证观点。生产斗争、阶级斗争和封建社会相始终，何者起主导作用，因时期而不同。以中国地主经济社会而论，在每个封建王朝前期，农民小土地所有制广泛存在乃至占据统治地位，这时阶级矛盾缓和，而以生产斗争为主，物质生产发展比较迅速。每个封建王朝中期，地权逐渐集中，阶级斗争逐渐剧烈，出现阶级斗争与生产斗争两种矛盾并列的形式。封建社会后期，政治腐败，地权高度集中，物质生产的发展受到严重压抑，农民生活困难，相继爆发抗租、抗粮斗争乃至农民大起义，这时以阶级斗争为主。经过农民大起义，生产关系发生一定程度变化，为工农业生产进一步发展开辟了道路，只有这时才显示出阶级斗争的动力作用。任何一个封建王朝前期，都是物质生产的发展在推动社会历史向前发展，后期则是农民战争打破束缚生产发展的桎梏而为物质生产发展创造条件。

李文治回顾自己从事历史研究的历程，认为在20世纪五六十年代时曾力图贯彻阶级分析法，强调阶级斗争的历史作用，可当时由于主观上思想的片面性和客观上时代的局限性，对两方面的理解都不够全面。他认为，这种现象产生的根源，是没有学懂辩证唯物主义和历史唯物主义，同时也由于时代的局限，正是这个缘故，不仅他个人如此，上述倾向在当时史学界中是一个带普遍性的问题。

20世纪80年代以来，李文治发表了《明清时代中国农业资本主义萌芽》《论中国封建社会后期江浙皖三省原太平天国占领区土地关系的变化》《地主经济与中国封建社会长期延续问题论纲》《中国封建社会土地关系与宗法宗族制》《论清代后期各种类型农业经营的发展及其社会性质》《论清代后期强化封建土地关系的政策措施》《论李自成的均田纲领口号的时代意义》《论明清时代的地租》《论中国封建社会后期的划分标志》等文章，更多地注意了经济关系问题。

李文治认为，历史研究属于社会科学，它的终极任务是探索人类社会历史发展规律。它具有一定的社会功能，它的社会功能即社会价值，即历史科学如何为现实服务问题。他认为，对为现实服务不能作狭义理解，应该是多方面的。古代史和今天距离甚远，直接为现实服务的因素不多，时间越古越是如此：古代历史事件虽然有的可供借鉴，做到“古为今用”，但这只是古代史研究的一个方面，而且还不是主要的方面。历史科研为现实服务，更重要的应该是贯彻马克思主义哲学，通过历史研究宣传、丰富和发展马克思主义，同时批判形形色色的唯心主义，这应该是它的最主要的基本内容。这种要求无论是对近现代史或古代史研究都不例外。各朝历史尽管在时间上有古今的差别，和现实的联系情况或程度不完全相同，但可通过马克思主义哲学把它们和现实斗争紧密联系在一起。

李文治认为，历史科研要实现它的社会功能，它的论断必须建立在掌握丰富而可靠的资料基础之上，要对资料进行考订，去伪存真。从这方面来说，严谨学风需要继承和发扬。因此，要掌握历史文献，诸如目录学、版本学、校勘学、训诂学等；要掌握史学方法，诸如形式逻辑、数量统计、比较法等；还有其他与历史科研有关的诸问题。新时代赋予我们的使命是把掌握考订资料的严谨学风和科学理论相互结合起来，即用马克思主义哲学进行综合，把历史学发展为科学。

李文治指出，实现历史科研为现实服务还有一个有利条件，即中国古人给我们留下了丰富的文献记载和历史文物，这在世界其他各国是很少有的。这使建立马克思主义史学有着足够的资料依据。中国又是一个历史悠久而具有典型性的封建社会，这对建立具有中国特色的历史科学有着广阔的天地。关于这个问题，李文治的结论是：中国历史科学研究的任务，是通过马克思主义哲学，对中国历史发展过程进行全面分析，建立具有中国特色的中国史学，通过总结中国历史发展的特点和规律，宣传、丰富乃至发展马克思主义，批判形形色色的唯心主义，从这方面实现为现实服务的目的。

二　学术观点

20 世纪 50 年代末 60 年代初，国内学术界讨论了一系列有关中国的重要问题，其中不少涉及中国经济史，如中国资本主义萌芽问题、封建所有制形式问题、地主阶级的阶层划分问题、封建社会历史分期问题、封建社会长期延续问题等。李文治认为，这些问题之间在理论上是有其相通之处的，若对这些问题做出正确的论断，应该掌握一个基本标志，也就是说，要找出研究中国经济史的中心线索。这个中心线索就是中国地主经济体制。

李文治所说的“地主经济体制”是广义的，是指以封建地主所有制为主导，包括农民小土地所有制及官学田等各类国有制在内的整体。这个经济体制具有极大的坚韧性和适应性，能自动调节生产关系以适应生产力的发展，从而显示出其顽强的生命力。正是在这种基础上，中国人民创造出世界上罕见的光辉灿烂的封建文明。也正由于地主经济的适应性，反过来成为束缚社会经济进一步发展的桎梏，形成封建社会长期延续和资本主义关系萌芽发生发展缓慢。中国封建社会历史时期发生的某些重大问题都和地主经济有或多或少的联系，为它的发展变化所制约。

关于这个经济体制问题，他早在20世纪五六十年代就开始注意了，但认识还不甚明确，70年代末至80年代初，他把这个问题的研究深化了，进入90年代的今天，他运用上述观点已完成了一系列重要的专著和论文的写作。

为了论证李文治的学术观点，下面试就他所接触的几个问题做一简短概括。

（一）封建土地所有制基本特征

中国封建社会时期的土地所有制，有地主所有制、有农民所有制和各种类型的国有制。各类所有制的发展变化皆为地主所有制的发展变化所制约，是一个很值得探索的问题。

中国封建地主所有制应该分为既有联系而又互相独立的两个组成部分。一个是封建地权，经典作家一再指出过：地租的占有是土地所有权的实现形式，而封建地租是地主占有农民大部或全部剩余劳动。一是基于实现地租的需要而形成的封建依附关系，即人身依附及超经济强制。封建依附关系是为实现封建地租而产生的附属物。人身依附是指隶属制度，超经济强制是指地主实现地租的暴力手段。在有人身依附关系的条件下，超经济强制以人身依附为条件，但超经济强制和人身依附关系毕竟不是一回事，超经济强制的强弱与人身依附程度不一定保持一致。封建地租的实现，超经济强制作用尤为重要。对封建地主来说，地租剥削是目的，封建依附关系只是实现地租的手段，这个手段是可以改变的。在人身依附关系趋向松解的条件下，地租的实现更多地依靠国家政权的保证。相对私人地主的超经济强制而言，这是一种变相超经济强制。

中国地主经济制，遗产实行诸子均分制，土地可以买卖，以及实物地租制等，决定了在封建依附关系方面具有如下特点：一是封建依附关系不是封建地权的固有属性。中古时期的欧洲领主制，土地具有主人的地位，土地显得像它主人的非有机的身体，封建依附关系构成封建地权的固有属性。中国地主制，尊卑贵贱等级关系不是同封建所有制连生的，对封建地权来说，它是外加的，它可以脱离土地关系而独立存在。只有当地权、地主和生产劳动者农民三者相互结合之时才产生封建依附关系。二是封建依附关系松解。欧洲领主制是严格的等级所有制，等级和阶级是一致的，等级是阶级差别的一种形式，阶级差别是按人的等级划分而固定下来的，每个人的等级地位固定不变，阶级地位遂也固定不变。而劳役地租的统治形式又加剧了封建依附关系。领主庄园不只是一个经济实体，也是一个政治实体。中国地主制则不然。中国封建社会虽然具有封建等级关系，但没有形成严格等级所有制，贵族官僚占地多寡和他们的身份等级并不一致，甚至等级和阶级关系可以互相背离，而且还存在非身份性庶民地主。一个地主不管他占地多寡，他只是一个经济实体。加以地主阶级地位兴衰不定，官绅等级身份变动无常，以及实物地租的统治形式，等等，严格而残酷的封建依附关系不容易形成，即使在历史上一度出现也不能持续很久。李文治指出，根据经典作家关于中古欧洲领主经济封建依附关系的论断，分析中国地主经济的封建依附关系，是不完全符合中国历史实际的。

相对封建依附关系而言，体现封建地权的封建地租更能突出封建所有制的本质。在封建依附关系趋向松解乃至解冻的条件下，农民对地主只有单纯的交租义务关系，但只要地主仍继续占有农民全部或大部剩余劳动，则封建所有制仍在延续，而且这时更加赤裸地暴露出地租剥削的封建性。

因此，李文治认为，研究中国史，无论有关社会经济乃至政治变迁问题，都应和地主经济体制联系起来，把它作为中心线索进行探索，更有利于掌握中国封建社会的本质，突出中国封建社会的特点。

（二）经济关系是鉴别土地所有制形式的标志

在20世纪五六十年代，历史学界曾经围绕中国封建社会时期土地国有和私有问题展开讨论。李文治认为，关于这个问题的研究，要撇开法权观点和国家主权观点，而着重于经济关系的分析，才能做出正确的论断。所谓经济关系即生产关系，它具体反映了封建所有制的两个组成部分，即前面所说的封建地权和封建依附关系。通过土地关系，生产劳动者农民的剩余劳动归谁所有，他们对谁发生人身依附关系，受谁的直接的超经济强制，谁就是土地所有主。离开人的经济关系，就看不出谁是剩余劳动的主要占有者，看不出农民和地主的封建依附关系，无法区别国家主权和土地所有权这两个不同的概念，当然，也就无法区别土地的国有和私有。最后，也无助于揭示封建社会的阶级关系和封建剥削的性质。

按照李文治的论断：通过经济关系的分析，很容易划清田赋和地租的界限，划清土地所有权和国家主权的界限，突出阶级关系。至于法权关系，只能作为考察经济关系的辅助说明，而不要为其所困扰。

通过经济关系的分析，通过土地关系榨取农民全部或绝大部分剩余劳动，并和农民发生直接人身依附及超经济强制关系，如果是封建国家那就属于国有制，如国家屯田、地方学田就是这种情形；如果是私人地主，就属于地主私有制，如官绅地主、庶民地主的土地以及勋贵庄田等就是这种情形。勋贵庄田就法权关系而言是禁止买卖的，族田义庄有的也因得到国家法令保证而不准买卖，但这并不影响其私有性质。至于自耕农民所耕种的民田，农民所创造的剩余劳动，除其中一小部分以田赋的形式上缴国家之外，其余部分并不以地租的形式归国家或私人地主，而是归农民自己所有；因为农民自己占有该剩余劳动产品，当然，也就无须任何形式的封建依附关系及超经济强制。这种所有制只能是农民小土地所有制。据此分析，不只历代农民通过垦荒、购买，继承所获得的土地是农民私有地，即南北朝、隋朝、唐朝推行均田制时期由国家分配给农民的土地也属于农民私有制。

李文治指出：有的作者根据经典作家关于东方地权的论断，有的作者单纯从法权关系出发，还有的作者把国家主权和土地所有权混淆起来，论证中国封建土地所有制形式，都是欠妥当的。李文治认为，论证封建社会时期土地国有或私有问题，必须通过经济关系的分析，才能做出正确论断。

（三）封建土地关系的发展变化是划分历史时期的基本标志

中国封建社会经历了几千年。如何划分前期、中期和后期，划分历史时期的标志是什么，国内学者曾提出种种不同看法。李文治认为，能作为历史时期划分标志的，必须是既能反映当时社会性质，又能突出时代特征和社会经济发展趋势的事物或现象。因此，在封建社会时期，这个标志应从封建经济本身也即封建土地关系的发展变化中去寻找，其他一切问题只能作为划分时期的辅助说明。这是因为，只有从生产力出发说明经济基础，又从生产关系出发说明上层建筑，才能比较确切地揭示社会性质及社会历史发展进程，其中生产关系又是最主要的一环，而生产关系又为封建土地关系所制约。

中国地主经济时代虽有各种类型所有制，但起主导作用的是地主所有制，如前所述，地主所有制的两个主要组成部分：一个是封建地权，封建地租是封建地权的体现形式，地租占有农民或全部或大部剩余劳动，地主经济两千年基本不变；另一个是封建依附关系，即土地所有者地主和生产劳动者农民的相互关系，它有一个发展变化的过程，而这种发展变化最能突出封建时代特征和社会经济发展趋势，这就是李文治据以划分历史时期标志的理论依据。

李文治指出：中国封建地主所采取的剥削形式主要是土地出租，也有少数进行直接经营，因此，封建依附关系的变化又主要表现为租佃关系及雇佣关系的变化。就租佃关系变化而言，马克思曾对欧洲领主经济的封建依附关系做过如下概括：农民不自由的程度，“可以从实行徭役劳动的农奴制减轻到单纯的代役租”。一直过渡到资本主义社会，地权才摆脱了一切政治的和社会的“一切传统的附属物”，即彻底清除封建依附关系的残余。封建依附关系由发生、发展、松解到消亡是必然发展规律，它在封建生产关系不断再生产的历史长河中，随着社会经济的发展在不断发展变化，从而显示出封建社会历史发展的阶段性。

据此，李文治把由春秋战国时期至明清时期从以地主经济为主导的封建社会划分成为几个不同的历史时期，由春秋战国时期经嬴秦至西汉时期，地权长期分散，汉武帝后逐渐集中，封建依附关系也逐渐发展，是封建社会前期。由东汉至南北朝时期，地权高度集中，世族地主发展，农民社会地位下降，贵贱等级关系尖锐对立，封建依附关系强化，是封建社会中期第一阶段。由隋唐至宋元时期，伴随社会经济发展，封建依附关系削弱，但广大佃雇农尚未摆脱对地主的人身依附，是封建社会中期的第二阶段。朱明建国，一般租佃制，主佃双方在封建法权关系方面是平等的，即废除了佃农对地主的直接的人身依附关系。明中叶后，农业雇工的身份地位也开始发生变化；到清乾隆年间，在法权关系方面，绝大多数农业长工变成自由雇工。明清两代主佃、主雇间在实际生活及法权关系方面的变化是划时代的变化。这时，地主对佃、雇农虽仍具有不同程度的超经济强制权力，和宋元以前相比已大不相同。就在这时出现了资本主义萌芽。所以，明清两代进入了封建社会后期。

李文治关于封建社会历史时期的划分，着重经济关系，尤其是封建依附关系方面的变化，并不否认工农业生产及商品货币经济作用，但很难据以作为划分历史时期的标志。他也不否认上层建筑的作用，尤其是高度中央集权的封建国家机器，所实行的政策措施，对社会经济的发展变化经常起着决定性作用，但认为它毕竟为地主经济的发展变化所制约。最后，地主经济的发展变化又为工农业尤其是农业生产发展所制约。

（四）封建等级关系是地主阶级的阶层划分标志

近几年来，关于如何对地主阶级进行阶层划分问题展开了讨论。中国地主制和欧洲领主制不同，一开始就出现大、中、小地主的差别。农民阶级也可以划分为不同的阶层或等级。无论地主阶级或农民阶级成员，由于社会地位和经济地位的不同，政治态度和社会经济方面所起的作用也不同。李文治认为，进行历史研究，如果把阶级分析简单化，只停留于地主与农民两大阶级的对立，而忽略于两大阶级内部的阶层划分，显然不完全符合历史唯物主义的基本要求。

几十年来，人们习惯于用占地多寡把封建地主阶级划分为大、中、小地主，这种划分法虽然也有一定道理，但有不足之处。人类自从分化为阶级以来都是阶级社会，但每个历史时期又具有不同特点。李文治认为，封建社会是等级社会，用等级关系——贵族官僚等身份性地主和庶民身份地主对地主阶级进行阶层划分，更能突出时代特征。

地主阶级的等级差别，地主经济一开始就已出现，到魏晋南北朝时期更加突出，即使封建社会后期封建依附关系松解之后，等级差别仍在延续。李文治认为，庶地主和官地主虽同属地主阶级，却属于两个不同的等级，他们的社会地位有很大差别。当然，贵族官僚等级内部还可因等级高低不同而进行更为细致的划分，但不管其占地多寡或等级高低，总属于“贵”的等级。庶民地主也可因占地多寡区分为大、中、小地主，但毕竟是“庶民”等级。

李文治指出：庶民地主所占比重因时期而不同。特别值得注意的是封建社会后期，这时庶民地主的发展具有划时代的意义。一是庶民地主发展和自由租佃的相互联系。这种变化肇始于明初，到清代前期有了进一步发展。二是庶民地主发展与自由雇工的相互联系。庶民地主很多是从自耕农发展起来的，保持了直接经营的传统，明清时期的经营地主主要是庶民地主，庶民经营地主的发展促成了雇佣关系的变化。这种变化肇始于明代中期，到清代前期有进一步发展。乾隆年间所规定的与雇主共坐共食、平等相称的长工摆脱法律上的身份义务关系，这里雇主中的地主主要是庶民地主。三是与资本主义萌芽的联系。不只庶民地主的农业经营具有资本主义萌芽的性质，在广大农村发展起来的酿酒、榨油、制糖、造纸等家庭加工手工业，一开始就摆脱了城市行会的束缚，在工业方面，较早地出现资本主义萌芽。这类经营者主要是庶民地主。

由此可见，庶民地主的发展不只促成等级关系的变化，也促进阶级关系的变化。因此，李文治认为，对封建社会时期的地主阶级，用身份等级关系比用大、中、小进行阶层划分更能突出时代特征，更符合历史唯物主义。

（五）地主经济与封建社会缓慢发展和长期延续

关于中国封建社会长期延续问题，国内学者进行了长期讨论，提出了种种看法。诸如耕织结合、地理条件、超稳定论、生产力论、中央集权，等等。李文治提出了自己的看法，认为关键是地主经济体制的制约。李文治认为，对中国地主经济体制要进行辩证的考察。在封建社会中期，地主经济已变成为阻碍工农业生产发展的桎梏。但是，由于地主经济体制本身所固有的特点，它能伴随社会经济的发展进行自动调整以适应工农业生产的发展。因此，中国地主经济经历两千年，社会经济虽然有时出现停顿乃至倒退，但总的趋势是在不断向前发展，这是地主经济适应社会经济发展的具体反映。关于社会经济的发展，归根结底，是生产力和生产关系的发展，生产关系又为生产力的发展所制约。关于中国封建社会时期生产力之所以能长期发展，李文治着重指出：在农业方面，相对中古欧洲领主制而言，中国地主经济具有一定优越性。第一，由地主经济所形成的小农租佃制，一开始就实行远较领主劳役租为先进的实物租制；宋元以后又出现永佃制，明清时期又出现分成租向定额租制的过渡。这类租佃制，农民在生产方面有更多的独立性和自由。第二，地主经济能适应封建依附关系的变化，由以所形成的租佃雇佣关系都不例外。而这种发展变化乃是地主经济对农业生产力发展的要求具有适应性的具体反映。第三，也是更重要的，是地主经济制约下自耕农始终广泛存在，他们较之租佃农更富有生产积极性。又由于地主经济是非等级所有制，土地可以买卖，具有极大灵活性，它较能适应地权分配和地主身份地位的变化。所有这一切都有力地证明，中国地主经济在一定范围内能自动调节生产关系以适应生产力的发展。只看到地主经济对中国社会经济发展的桎梏作用而忽略它适应社会经济发展的一面，是不符合中国历史实际的。

李文治还指出，由于地主经济对中国社会经济发展的桎梏作用，中国地主经济制经历了一千多年漫长的岁月，一直到明代中叶，才出现资本主义萌芽。资本主义的萌芽发生以后，又经历了几百年还没有过渡到资本主义。发展如此缓慢，归根结底，仍由地主经济的制约。由于土地可以买卖，土地财产最为稳妥，地租收入最有保证，土地财产遂具有极大的吸引力，因此，所有社会财富都向土地聚集，而不转向生产，尤其是工业生产。在这种条件制约下，各类地权遂一再重建。如地主地权，在土地买卖过程中，有些地主没落了，有些地主不断地扩大他们的地产，还不断出现新地主。如农民地权，农民战争固然是农民小土地所有制增长的契机，在土地买卖过程中也不断地分化出新自耕农。以上各类地权的一再重建，体现为地主经济制的长期持续。

李文治指出，资本主义萌芽发展迟缓是中国封建社会长期延续的一个方面。生产力的发展及封建依附关系松解为资本主义萌芽的发生发展创造了条件，封建地权、地租剥削又延缓了资本主义萌芽的顺利发展。就农业部门而言，是高额地租阻碍了资本主义雇工经营，仍然是高额地租诱使具有资本主义性质的大经营朝着土地出租的方向倒退。就工业部门而言，地主掌握的财富固然很少向工业部门转移，商人所控制的货币也纷纷转向地产，只有很小部分投向工业生产。就是已出现的具有资本主义性质的工场手工业主，也会将部分产业利润购买土地。正是由于土地即地租的吸引力，工业才不能把流通领域的货币财富引向生产领域。当然，在繁重赋税和苛重地租剥削下的农民，购买力有限，而形成顽强的农副结合尤其是耕织结合，使工业产品缺乏足够的消费市场，对资本主义工业的发展也产生不利影响，但根源也在地主经济制。

据此，李文治做出如下论断：中国封建社会长期延续的两个主要内容——中国地主经济的长期延续及资本主义萌芽发生发展缓慢，皆源于地主经济的制约。又中国地主经济有适应社会经济发展的一面，最终又成为社会经济进一步发展的桎梏，这就是中国封建社会缓慢发展和长期延续的基本内容。

后来，他又写了《再论地主制经济与封建社会长期延续》一文，主要从两个方面进行论证，和西方领主制相比，一是能最大限度地适应土地关系的变化；二是能最大限度地适应商品经济的发展。

（六）自由劳动与资本主义萌芽

资本主义萌芽问题的研究是一个比较复杂的问题，李文治对这个问题进行了系统的研究。他认为，资本主义萌芽是社会历史发展的产物，首先要看当时社会生产和商品经济发展是否已具备萌芽的条件。在这些条件已经具备的情况下，要看是否在生产中已经出现自由雇工，是否突破封建行会的束缚。

李文治指出：明代中叶，在不少地区，工农业生产进一步发展，商品货币经济进一步增长，对资本主义萌芽来说，是具备了一定条件的。关键是自由雇工问题。在中国历史上，雇工和地主经济几乎是同时出现的，问题是它从什么时候开始和“资本”发生联系。货币转化为资本，最根本的条件是劳动力变成商品，即货币持有者在流通领域购买到自由劳动力，榨取他们的剩余劳动以实现价值的增值。所谓资本就是用于剥削雇工而带来剩余价值的价值，它体现着资本家和自由雇工之间的剥削和被剥削的生产关系。因此，自由雇工的出现是一个关键性问题。明代中叶，与工农业生产发展相适应，雇工经营有所发展，雇工队伍进一步扩大，就在这种条件下出现了封建雇佣向自由雇佣的过渡。清代前期，雇工律例一再修订，据乾隆五十一年（1786）制定的律例，长工基本解除了法律上的身份义务关系，变成自由雇工了。

此外，还有封建行会问题。按明清时代的行会主要通行于工商业，农业从不受行会的干扰。据此，李文治认为，资本主义萌芽很可能首先在农业生产部门发生。这时，雇工经营的，有富裕自耕农，有庶民经营地主，在地广人稀地租偏低的地区，以及经济作物区，还出现富佃经营。在这类地区，除去地租及经营开支之外，还能获取部分利润。应该承认，所有以上各种类型雇工经营，在使用货币购买劳动力榨取自由工人剩余劳动并扩大再生产的条件下，经营者投入的货币已经变成资本。

李文治还认为，工业资本主义萌芽有可能首先在地主和富裕农民兼营的农产加工手工业中发生。诸如酿酒、榨油、制糖之类。这类经营遍布广大农村，一开始就摆脱封建行会的束缚。而且这类工业发生较早，他们有就近收购原料的便利，在农村有广阔的销售市场。最后才是商人包买主和独立的工场手工业经营者。工场手工业主虽然和农业部门一样，已经和自由雇工发生联系，但摆脱封建行会束缚还需要一个历史过程。

李文治最后指出：中国资本主义萌芽发生以后，仍带有严重的封建残余，但事物的性质已经发生变化。资本主义萌芽尽管进展十分缓慢，乃至有的个体经营一再“夭折”，但就萌芽整体而言，总是日益增大，后来居上。既然是萌芽，雇工人数不是重要问题，关键问题要看货币是否转化为资本。

总之，李文治先生的研究很好地贯彻了实事求是、一切从实际出发的原则。他提出的中心线索问题，建立了一套关于中国封建社会研究的方法论。他比较彻底地运用马克思主义关于经济基础和上层建筑、生产力和生产关系的辩证关系的理论，从经济角度考察中国封建社会经济形态的基本内容，对中国封建社会土地所有制的基本特征、历史分期、长期延续及资本主义萌芽等重要课题提出一整套精辟的见解。概括地说，他的论著的特点是具有鲜明的立场，运用科学的方法和占有丰富的资料，其学术贡献是系统而卓越的。因此，他在中国史学和中国经济史学论坛上独树一帜，蜚声国内外。

李文治先生是一位忠厚的长者，为人正直，谦虚谨慎。在学术上无微不至关心后学，提携后学，是难得的良师楷模。我从李先生学习并共同工作达三十七年之久，日日领教，获益良多。

李文治先生年高耄耋，但仍用功极勤。每日伏案执笔，至夜不辍。

衷心祝愿李老健康长寿。我们渴望读到他更多的宏论。

（原载《晋阳学刊》1991 年第 6 期）

我的老师——李文治先生

江泰新

明年，中国社会科学院经济研究所迎来建所90周年之际，也迎来了我的老师李文治先生诞辰110周年纪念日。我怀着崇敬的心情，纪念李先生110诞辰，让先生为革命而奋斗的精神，以及崇高品德、卓越贡献永驻同志们心间。

一　革命的一生

李先生在保定师范读书期间，与地下党有密切联系，于1931年正式参加中国共产党。从此以后，他跟党走，就是失去与党联系情况下，依然为革命事业努力奋斗。至20世纪80年代，重新加入中国共产党，实现他终生跟党走的夙愿。

先生从保定师范毕业后，分配到容城县教育局负责“督学”工作。利用下乡经常与农民接触机会，宣传党的方针政策，并鼓励农民与国民党政府做斗争。1932年，河北各州县地方政府成立“官产局”，迫令过去租种“旗地”的农户补交地价。其实，清政府被推翻以后，这类土地已经民田化，实行按亩交税制度。国民党政府为搜刮民财，把这类土地称为“官田”，强令过去租种旗地的农户补交地价，官产局的官吏们，为了从中贪污，抬高地价，强迫农民交纳，广大农民为此愤愤不平。经过地下党宣传教育，一场由党领导的、李先生等直接发动的、至少有千人以上规模的、浩大的反官产运动，轰轰烈烈展开。经过这次农民运动，官产局撤销了，农民补交地价问题也随之停止，斗争取得胜利。斗争胜利更加鼓舞了李先生的斗志和革命精神。①

1933 年，李先生因领导反官产事发，被迫离开容城县，不久考入北平师范大学历史系。虽然环境变化了，但先生的战斗精神不变。进入北平师范大学以后，他以笔为武器，借研究农民战争问题，继续揭露封建社会黑暗，鼓励人民与国民党政府做斗争。同时，参与学校进步学生活动，而受学校当局的监视。

1937 年夏，先生从北平师范大学毕业，因当时发生日本侵华战争，放弃在石家庄教中学的机会，到武汉参加湖北抗日宣传队。宣传队被解散后，于 1938 年到广西省当中学教员，在学生当中宣传党的抗日主张，而受到校方警告。

1940 年到中央研究院社会科学研究所工作。这时，先生虽然与党组织失去了联系，但他还是尽力为党工作。他除继续从事晚明农民斗争史和清代漕运研究外，新中国成立前夕，国民党政府要把社会科学研究所搬迁到台湾去。在去留问题上，争论很激烈。李先生积极配合陶孟和先生和梁方仲先生工作，在下面与同事交谈，做了大量挽留工作，为反对搬迁做出了贡献。

新中国成立后，李先生更是不断学习，追求进步，紧跟时代步伐，始终与党的方针政策保持一致。“文化大革命”期间，他对所里“造反派”的行为深为不满，认为把所里十几位老学者打成反动学术权威不可思议。他说：严中平先生始终把帝国主义侵华，认为是造成中国近代社会经济落后的原因；而汪敬虞先生在新中国成立初就发表没有共产党就没有新中国的文章，像这些先生也是反动学术权

① 李根蟠：《从钟情农民运动到探研地主制经济》，《中国经济史研究》1995 年第 1 期。

威？另对“0 分状元”嗤之以鼻。他认为，如果孩子们不读书，青年人不以学习当回事，以零分为荣，中国不出 20 年就要成为文盲大国，将成为社会进步的沉重负担。他对邓小平同志拨乱反正方针十分赞许，认为在邓小平同志领导下，中国将走向新的辉煌。同时，努力争取重新回到共产党队伍。20 世纪 80 年代，他以古稀之龄，如愿以偿，重新加入中国共产党，永远保持革命青春。[①]

二　严于律己

李先生待人热情、真诚，乐于助人；为人谦虚、谨慎，不沽名钓誉，对自己要求很严格。

新中国成立后，“中央研究院”社会学研究所搬到北京，成为中国科学院下属的一个所。1953 年在社会学研究所基础上，成立经济研究所。此后先生一直在该所工作。50 年代初，国家开始给研究人员评定职称工作。那时评职称的做法是：以自评为主，组织审核批准为原则。当时李先生在历史学界已经很有名望。在北京师范大学学习和原中央研究院社会科学研究所工作期间，发表了十几篇论文和一部专著。尤其是《晚明民变》一书面世后，学界认为：这是研究明代农民战争最有成就之作，从而奠定了他在历史学界的崇高地位。与他同辈先生或已当研究员，或正在申报研究员，而先生却很谦让，自报为副研究员。李先生这一带头，当时从社会科学研究所转来的一大批同志，也纷纷报请助理研究员。以后，茶饭后趣谈时，一些老先生曾说：李先生太谦虚，结果压了我们一大批。李先生说，是他们很谦虚。但先生对当时的选择并不后悔。反映了先生是一位严于律己、把个人利益放在脑后、心胸开阔的长者。

李先生虽然是一位老革命，但从来没有以老革命自居。新中国

① 李文治：《自传》，未出版。

成立后，李先生对他在30年代初参加共产党、参加共产党领导下的反官产革命斗争的事迹并不张扬，直到80年代初，容城县政府写新中国成立前革命斗争史，派人来向李先生了解当时情况时，这事才传开。但先生非常低调，有人问及时，只说是，有这回事，是县委领导下的一次反官产运动。而对自己在运动中的作用，不愿意多谈。事后，我们从容城反官产运动资料中看到，当时，先生是上街游行的组织者和负责人。他戴着草帽，在游行队伍中带领大家呼喊口号。我曾问过先生，为什么由你出来领导呢？先生说：他们都有家室，同时还负责领导工作，而我当时只是一个小青年，不容易引人注目。同时，他始终认为，这场反官产运动是党领导下的农民反抗斗争，自己仅是其中的一分子，斗争的胜利应归功于党，不是某个人的功劳。在反官产运动问题上，不能突出个人的作用。多么朴素的语言啊！但却反映了先生不顾个人安危、勇于承担重任、爱护同志的高尚革命情操。同时反映先生不图名誉、不贪功的高风亮节。

1940年，李先生进入中央研究院社会科学研究所，陶孟和所长指令由梁方仲先生指导李文治先生的研究工作。从那时起，他们建立了亦师亦友的深厚感情。从年龄上讲，梁先生只比李先生年长一岁，应算是同龄人；从后来李先生在学术上的成就讲，也为学界所称颂。不管李先生后来成就有多大，但他不骄不躁，始终称梁先生为老师。他跟我们说的时候，只谈梁方仲先生在学术上的贡献，以及梁先生如何指导他工作，不谈自己的贡献。那种对老师的热爱、敬重之情，充满于言语间。可以说，先生是一个尊师的楷模。

蒋介石撤离大陆，搬迁到台湾之时，下令中央研究院各研究所搬迁到台湾，社会学研究所却决定留下来迎接新中国到来。这里除陶孟和先生、梁方仲先生坚持留在大陆外，还和李文治先生在下面做了许多动员鼓动工作有关。他在研究人员中做工作，把大家串联起来，抵制迁台。

三 卓越的园丁

李先生非常爱护后学。无论是本所研究人员，或是外地研究人员，只要有事或有问题求教于先生，先生都给予帮忙或指点。经君健先生说：李先生“总为他人着想”[①]，这是真实写照。对此，我们有深刻感受。

陈树平和我于1964年8月底，在厦门大学历史系毕业后，被分配到中国科学院经济研究所经济史研究组工作。此后就在李先生指导下从事研究工作。

我们从李先生手上接受的第一项工作就是编资料。事先，李先生已把手头上的资料分成两包：一包是有关明清时期的生产力方面的资料，另一包是明清土地问题资料。他把有关生产力方面的资料交给树平，并说，迄今为止，生产力的研究还被忽视，无人从事研究。然而，这是很重要的问题，对社会经济发展有很大的促进作用。你好好做，这将是一个突破。又对我说：土地问题从古至今，一直牵动着中国经济发展与变化，是一个十分重要的课题，需要深入研究。你们两个先从编资料入手，而后好好地梳理资料，从中去发现问题。而后在这基础上进行研究，这样做有利于把问题引向深入。当我们临走时，李公把手头上已有的资料分别给我们。

在编辑资料过程中，李先生一再告诫我们：收集资料过程，不要先入为主，要广泛收集。对一个问题，有不同记载的，要把不同的记载都收集起来，为研究者提供一个客观资料，也可做分析对比，对问题深入研究大有好处。以后，收集资料和编纂资料时，都按李先生的思路去做。资料编好后，李先生还花费许多时间进行审查、

① 经君健：《“地主制经济”是研究中国封建社会的“牛鼻子”（代序言）》，载《李文治集》，中国社会科学出版社2000年版。

调整。树平编纂的明清生产力方面的资料已经出版，这里包含着李公的无私奉献。

两部资料书编好后，讨论今后出版署名时，我们提出与李先生共同编纂主张，李先生一口回绝：他说，资料是你们花了大量时间和精力才编成的，我不过是提些意见而已，如果要提到我的话，就署顾问好了。

1979年下半年，当押租资料收集得差不多的时候，我便向李先生说：想写一篇有关清代押租发展与变化的文章，并把想法告诉他。他鼓励我说：这是一件好事，就按你的想法先写个初稿出来，给我看看。经过几个月努力，我把一篇两万多字的初稿交给了李先生。李先生那时很忙，《中国近代经济史（1840—1894）》第一卷正在恢复工作，他忙于纂写农业史部分，但他还是抽出时间，对我那篇文稿进行认真细致的修改。约我去取文稿时，他说：文章写得不错，不过，商品经济部分，已有人写过，只要在开头地方提一句就可以了，这部分可以删去，但要补充地租形式变化的内容。回去后，把《资本论》中有关部分好好读一读。另有些提法还得推敲。你把稿子拿回去好好看看。稿子拿回来后，我马上翻阅，只见李先生在文稿上用铅笔做了详细的批阅，有错字、别字的地方用铅笔圈起来，对提法不当之处，用括号圈起来，并在稿子空白地方写道：这种提法值得考虑。对拖沓文字进行删节。这篇文章我改了三次，李先生看了三遍，为这篇文章花了许多时间和精力。每次看完李先生改的稿子后，我都久久陷入沉思中：李先生在百忙中，为一个学生习作，为什么要花费这么多的时间？后来谈起对稿子修改时，他说：我们年纪都大了，希望你们能早日成长起来，花点时间是值得的。又说，我们是园丁，盼望你们茁壮成长啊！

李先生不单教我们做学问，还教导我们要怎么做人。1995年，我兼任中国社会科学院研究生院经济系主任。当时，为适应社会发展及对经济管理人才的需求，创办研究生班，所里要我负责这项工作。我把这情况对李先生说了，李先生对我说，在这问题上你要把好两道关：一是这些干部过去没有机会学习，现在专门抽出时间来学习，对他们来说机会难得，在派讲课老师时，一定要派去最好的老师，让他们学有所得，不要辜负了这些干部的期望。二是一定要管好钱。在钱的问题上要做到一清二白，中国知识分子是很重名节的，不要在钱的问题上摔跤。我牢记先生的话，在聘任任教老师时，我严格遵守好中求优原则，把最好的老师派去讲课。我到承办单位讲课并做检查工作时，承办单位和学员都表示满意。有许多学员反映：以前，我们也上过各类培训班，但都没有这次收获大。老师讲课认真，在传播知识的同时，还传递大量信息，我们不但获得知识，而且拓宽了眼界。认真负责完成所领导交办的任务，做好培训工作。尤其是钱的管理，经得起国家审计署派出的调查组的审查。负责审查经济研究所的审计组人员，结束检查工作时说，我们在某单位检查时，抓到大老虎。但在你们这里，辛辛苦苦工作几个月，结果一分钱都没查获。对此，我感到十分欣慰。我坚持原则，抵制诱惑，做一个清清白白的人。我对李先生的爱护和关怀，表示由衷的感谢和深深的敬意！

1994 年，在我担任所党委委员、中国经济史研究室主任、中国社会科学院研究生院经济系主任时，李先生经常询问我的工作情况，了解工作中有什么困难，有什想法。有一次，谈到经济系学生不学习《资本论》时，他说：这种现象不正常。西方经济理论要学习，《资本论》也不能偏废，只重视西方经济学学习，所得知识结构是不完整的，今后在研究工作中想取得很大进展就很困难，你应该告诫学生，要及时纠正这种偏向。在一次研究生班开学座谈会上，我讲了这意见。不久以后，马洪院长也谈了这一问题。李先生的这些经验之谈，使我在工作中获益匪浅。

四　著作等身

李先生从1935年发表第一篇学术文章算起，至2000年11月仙逝，其间从事研究工作长达65年。他将毕生精力致力于中国经济史研究，成果累累，深受学术界爱戴和敬重。独著和合著作有10部，如《晚明民变》《中国近代经济史统计资料》（合编）、《中国近代农业史资料》第一辑、《明清时代的农业资本主义萌芽问题》（合著）、《中国近代经济史（1840—1894）》（合著）、《明清时代封建土地关系的松解》、《清代漕运》（合著）、《中国宗法宗族制和族田义庄》（合著）、《中国地主制经济论》（合著）、《李文治集》① 等，有主要论文45篇，共计数百万字。②

李先生不但著作丰厚，而且成绩卓越，为世人所瞩目。他的个人独著或合著曾获得多项国家级奖、部级奖及多种专项奖。如《中国近代经济史（1840—1894）》（合著）曾获首届国家社会科学基金一等奖、中国社会科学院优秀著作奖、孙冶方经济科学奖；《明清时代的农业资本主义萌芽问题》（合著）获中国社会科学院优秀著作奖；《明清时代封建土地关系的松解》获中国社会科学院优秀著作奖；《清代漕运》（合著）获首届国家社会科学基金二等奖、孙冶方经济科学奖、吴玉章社会科学（历史学）一等奖、中国社会科学院优秀著作追加奖；《中国地主制经济论》（合著）获孙冶方经济科学优秀著作奖、郭沫若中国历史科学三等奖、第三届中国社会科学院离退休人员优秀科研成果一等奖。③ 先生对自己的学术道路总结为八个字：刻苦、好学、探索、求新。

---

① 未注明合著者，系个人独著。

② 《李文治集》，中国社会科学出版社2000年版，第421—424页。

③ 参见1999年9月23日《国家社会科学基金项目优秀成果获奖名册》，《光明日报》1997年6月25日、1997年10月21日，《中国社会科学院院报》2007年8月16日、2009年9月17日，《经济研究》1997年第6期和第8期等。

李先生从事学术研究是从1935年开始的。

1932年，河北省容城县暴发规模浩大的反官产运动，给李先生以后治学带来了巨大的影响。他进入北平师范大学历史系后，即关注历史上农民运动问题。李先生1934年开始写作，1935年发表《唐黄巢暴动的社会背景》一文，1936年发表了《隋大业民变的经济动力》和《北宋民变的经济动力》。这两篇文章载于《食货》半月刊。此后，还陆续发表这类文章，旨在揭露封建社会的黑暗面和农民反封建斗争的愤慨情绪。1940年到社会科学研究所工作，开始着手写有关明末农民起义一书，1944年秋完稿，定名为《晚明民变》，并送中华书局，1947年出版，奠定了李先生在中国历史学界的地位。史学名家谢国桢先生称，该书在当时国内乃系“首创”。[①] 1945年在梁方仲先生建议下，先生开始收集清代漕运资料，并经四年努力，完成了《清代漕运史》的初稿。1964年以后，江泰新参加初稿全面修订，至1995年以《清代漕运》为名出版。该书出版填补了清代无《漕运史》专著的空白。

1949年，新中国成立以后，先生原想专事封建土地关系问题研究。由于上级指示，从事集体写作。在严中平先生主持下，李先生先是参加《中国近代经济史统计资料选辑》的工作，接着从事《中国近代农业史资料（1840—1911）》的收集整理工作。最后集体写《中国近代经济史（1840—1894）》。以上集体工作一直延续到1987年。先生负责编辑的《中国近代农业史资料（1840—1911）》，约75万字，该书于60年代出版。此书出版后，成为以后研究中国近代农业经济史学者案头必备之书。

在收集资料过程中，先生特别注意有关土地问题的资料。撰写《中国近代经济史（1840—1894）》时，李先生同章有义先生承担近

① 谢国桢：《增订晚明史籍考》，上海中华书局1964年版。

代农业经济史写作，对土地问题十分重视。其间，先生还撰写了几篇关于土地制度的论文，诸如《关于研究封建土地所有制形式的方法论问题》《明清时代的封建土地所有制》《论清代前期的土地占有关系》等。此后所写其他问题，如《明清时代中国资本主义萌芽》《地主制经济与中国封建社会长期延续》《明清时代的宗法宗族制》《中国封建社会后期划分标志》，等等，都同中国封建土地关系的发展变化问题联系起来进行分析。先生的基本观点是：把地主制经济的发展变化，作为论证中国封建社会历史时期的一些重大问题，诸如商品经济比较发展的社会经济、高度中央集权的政治体制，以及以儒家思想为核心的精神文明发展变化的中心线索。1984 年先生写的《明清时代封建土地关系的松解》一书，于 1993 年在中国社会科学出版社出版。在该书中，先生对自己的观点做了进一步的阐述。

关于土地关系问题。在 1989 年以前，史学界在讨论中国近代社会经济发展变化的中心线索问题时，李先生提出了自己的看法，认为近代中国社会经济转向落后，主要由于受地主制经济的制约。章有义先生赞同李先生从中国封建经济内部发展变化找根源，称“内因论”是主要的。这种观点，获得当时学术界的极高赞誉。

在论述中国地主制经济制约作用时，李先生还研究了中国地主制经济与西欧领主制经济的重大区别。认为中国地主制经济较之同时期的西欧领主制经济，具有极大的灵活性、适应性。其间最突出的是土地可以买卖。在这种条件下，地主变动无常，小自耕农有的也可以发家致富成为地主，农民在生产和生活方面有较多的自由，农业生产有较大发展，与之相适应，商品经济也日益发展。同时，地主也可以经商，变成具有封建地主身份的富商；富商多从商业资本转向地产，变成商人地主。总之，土地和商业混在一起，无论是地主和商人总是将多余资产转向地产，很少或较少转向工业生产，从而使地主制经济具有顽强的生命力，长期持续不懈。由这种关系对生产技术的发展起到一定约束作用，一直到19世纪中期，和资本主义各国相比，社会经济大为落后。为进一步阐明自己的观点，1992年，他又写了《再论地主制经济与封建社会长期延续》一文。

进入20世纪80年代后，先生又进入一个创作的高峰期，1981—1994年，发表论文多达26篇，占其主要论著的54%。文章涉及范围广泛，内容十分丰富。如有论及资本主义萌芽问题、土地关系问题、封建社会延续问题、农业经营发展及其社会性质问题、明清时代的地租问题、地价的购买问题、宗族制与基础政权关系问题、漕运改制问题以及农民运动问题，等等。尽管这个时期发表的文章面很广，但都是围绕探讨地主制经济这一中心线索展开的。

经过长期探索，尤其是20世纪80年代的深入研究，先生对地主制经济已有更多认识和更深理解。为了论述中国地主制经济的制约作用，1995年，先生提出与人合作写一部完整的中国封建土地关系史，由西周封建领主制开始，经东周时期向地主制经济过渡，经过对秦汉至明清时期封建土地关系的发展变化，写一部完整的历史，书名暂定为《中国地主制经济论》。在长期探索中，先生深深体会到：中国封建社会由秦汉历经隋唐宋元明清两千多年间，一切政治经济的发展变化，乃至以儒家为主的意识形态的发展变化，地主制经济的发展变化起着极大的制约作用。先生的基本思想是：研究中国封建社会历史时期问题，要把中国地主制经济的发展变化作为中心线索进行考察，这样，可以做出符合历史实际的结论。该书于2001年付梓，2005年由中国社会科学出版社出版。可惜先生已与世长辞，未能看到该书面世，十分令人遗憾！1998年，先生为对新中国成立50周年做出贡献，在视力稍有好转的情况下，又先后完成两篇大作：一篇是《论东周时期封建领主制向地主制经济的过渡》，另一篇是《论中国封建社会地主制经济的灵活适应性及制约功能》。1998年《李文治集》开始编纂，1999年3月付梓，2000年由中国社会科学出版社出版。该文集出版后，极受社会欢迎，时隔一年，又进行再版。

李先生文章之所以扎实，与他养成的严谨学风有关。当问题确定后，他就进行广泛的资料收集工作，正反两方面的资料都收集，而后编成长编，在比较中确定取舍。在写作过程中，又把资料按章节子目排列，而后再写作。文章写好后，不是马上送给杂志社，而是先在手头上压上两三年，看看自己的想法是否经得起时间考验，觉得观点能站住脚后，才送杂志社。随着研究深入，两三年以后，发生文章不完善之处，即加以补充，发现观点不妥时，即按新的思路进行修订。他常对我们说，作为一个研究人员，发表的文章应对社会负责，为推动学科发展做贡献，不要滥竽充数，浪费人家时间，浪费国家纸张钱财。这种严谨、负责学风，是一笔宝贵的精神财富，应在学术界发扬光大。

五　杰出贡献

李先生在长达65年的学术研究中，为中国经济史的发展做出了杰出的贡献。主要是：

（一）创立中国地主制经济论，为有中国特色的封建经济学作理论奠基

王亚南先生在1946年1月出版的《中国经济原论》一书中提出："封建诸侯从屏藩王室"的西周，为中国封建制的起点，以致历经春秋战国时期的大动乱过程而转化为由秦汉开始的租佃制，结果，领主封建制就转变为佃田纳税的地主封建制。[①] 新中国成立后，又对此问题做了更明确的解释。认为中国封建制从西周算起，经历了3000

① 王亚南：《王亚南文集》第三卷，福建教育出版社1988年版，第29—30页。

多年，和其他国家一样，我国的封建制也经历了几个不同的发展阶段：最显著的是领主经济阶段、地主经济阶段。但和其他国家也有颇不一样的地方，就是其他国家的封建制留在领主经济阶段的时间比较长，而我国的封建制则留在地主经济阶段的时间特别长。这里只需要指明一点，就是："与其说，西欧各国社会的封建制是以领主经济为它的特点，则中国的封建制是以地主经济为它的特点。"[①] 但王先生提出的地主经济论，并没有被当时学术界所认可，所以，建立以地主制经济论为中国特色封建经济学这个课题，成为李先生毕生奋斗的目标。

新中国成立以后，李先生除参加集体写作外，还随时随地关注地主经济问题。在参加《中国近代经济史统计资料》（合编）、《中国近代农业史资料》编著的同时，特别关注土地所有制与人身依附关系问题。认为中国封建经济体制有两个组成部分：一是地权形式，即各类所有制；二是人身依附关系。从而封建依附关系变化，体现为地主制经济变化，其他社会经济乃至政治体制的变化，也随之亦步亦趋。[②] 在此基础上，还专门研究了地租形态变化、地租剥削、租佃契约制发展、赋税制度改革、地主阶级内部的阶层划分、地主制经济必然与市场经济联系在一起、商品经济发展变化与市场繁荣衰落关系、资本主义萌芽发展与变化等。另外，还注重对中国宗法宗族制历史，考察血缘、宗法伦理思想松解与封建土地关系松解的关系，又从历代农民起义的要求、所提口号和农民反对目标的变迁加以分析。李先生认为，由秦汉到明清的两千多年间，农民运动的反封建的目标逐渐发生变化，由反贵贱等级关系到主张平均地权，是什么因素导致这种变化的产生？我曾经一再思考，最后归结为土地

---

① 王亚南：《王亚南文集》第四卷，福建教育出版社 1988 年版，第 68 页。

② 《论中国封建社会历史时期地主制经济的灵活适应性及制约功能》，载《李文治集》，中国社会科学出版社 2000 年版。

关系即封建地主制经济的变化。[1] 从多个方面、多层次反复阐明中国传统社会经济运行方式，与西欧封建经济运行形式不同，打上了明显的中国烙印。指出中国传统社会与西欧传统社会经济体制运行形式不同，这是中国社会自身特点所决定的，所以它是有中国特色的经济。但这种与西欧完全不同的经济运行模式，是不是封建经济呢？换句话说，地主制经济体制也属封建经济范畴吗？在纷繁复杂的研究过程中，先生指出：任何时候都不能忘记对事物本质的把握。他从马克思主义原理出发，拨开层层云雾，旗帜鲜明地宣称：研究中国传统经济的时候，任何时候都不要忘记一点，即封建社会的实质是地主对农民的剥削。还特别强调：中国地主制经济体制结构与欧洲领主制经济体制结构，无论有多大差别，但地主剥削农民这个最本质的内核是相同的。因此，中国地主制经济体制本质仍然是封建经济制。把不同与相同完整地结合起来，这就系统地、全面地解读了有中国特色的封建经济学说。

在对地主制经济研究过程中，先后出现了几种提法：最先是地主经济，这是沿袭王亚南先生之说；较后修订为地主经济制，突破地主经济单一所有制的局限性，开始进入从制度这一高度来把握；最后定为地主制经济体制。为什么会有这样的变化呢？我们认为，任何一种社会经济形态，都是由多种经济成分构成的。所以，认识一个社会，从单一的经济成分去认识，是不能把握整个社会经济状况的。应该把存在于当时社会中的各种经济成分加以总体考察，才能加深对社会经济发展与变化的认识。封建经济除地主经济外，还有自耕农经济、佃农经济、国有经济、手工业者经济、商人经济等，地主经济并不能代表整个封建经济。这是对封建经济认识不断深化的结果。也就是说，超越地主土地所有制这一局限，从多种经济成分

① 李根蟠：《从钟情农民运动到探研地主制经济》，《中国经济史研究》1999 年第 1 期。

这一整体来考察，尽量贴近当时社会经济实际，把视野放宽，从整体上来把握问题。这一轨迹的变化，说明研究工作在不断地深入，以及思想认识的不断深化。

李先生在研究封建社会经济制度时，总是从经济体制这个总体上去把握。他认为，地主制经济是指整个地主制经济体制，包括各类所有制，而以地主所有制为主。以后又更明确指出：地主制经济，是指以地主所有制为主导，包括农民所有制、各类公田在内，所形成的各类生产关系的总和，以及由此构成的整个经济体制（包括个体手工业、商业）。[①] 因此，在他的研究中，非封建所有制的农民所有制在其视野中，就是手工业、商品经济发展都在他的“中国地主制经济”的视野之内。[②]《中国地主制经济论》一书出版，标志中国地主制经济体制创立，为建设有中国特色的封建经济理论奠定了坚实基础。

在这40多年间，就是在“文化大革命”期间，李先生也从未停止过对地主制经济体制这一问题的思考，以及对资料的梳理。所以，“文化大革命”一结束，李先生有关地主制经济论的文章，就一篇接着一篇问世。以广博的学识、严谨的学风，把地主制经济论推向学术界，并赢得学术界大多数同人认可，为地主制经济论创立做出了重大贡献，获得了学术界的广泛赞誉。吴承明先生在庆祝李先生90华诞的文章中指出：“李文治先生致力于中国地主制经济的研究近40年，造诣之深，在老一辈和迄今的经济史学家中，无出其右者。”[③] 经君健先生认为，李先生在中国封建经济史研究中是抓住“牛鼻子”的人。他说，赶牛而行，既不可拽牛角，也不能扯牛蹄，

① 李文治：《论中国封建社会历史时期地主制经济的灵活适应性及其制约功能》，载《李文治集》，中国社会科学出版社2000年版。

② 吴承明：《李文治先生论中国地主制经济的启示》，《中国经济史研究》1999年增刊。

③ 同上。

最有效的办法是加环于鼻，一牵就走。对赶牛来说，最重要的莫过于找到鼻子；研究中国封建社会，同样也要找到“牛鼻子”，即抓住问题的关键。当然，封建社会的“鼻子”远不像牯牛的鼻子那么容易找到。可是，“李先生找到了，那就是地主制经济。他用地主制经济令人信服地解释了中国封建社会几乎所有重要的问题”。[①] 经先生还进一步说：“他抓住地主制经济这个核心，对中国封建社会的土地占有关系、地主类型、人身依附关系、宗法宗族制度、赋役制度以及意识形态等多方面进行研究，从而对学术界长期争论的历史分期、中国封建社会长期延续、资本主义萌芽等重大问题提出了令人信服的见解。”[②]

（二）提出把经济关系即生产关系作为论断土地私有或国有的标志

这一观点在国内是首创。20 世纪五六十年代，中国史学界曾围绕封建时期土地所有制问题展开热烈讨论：有主张封建社会时期土地国有者，也有主张土地私有者，讨论虽热闹，但问题并没有得到解决，症结在于对问题实质没有掌握好。李先生指出，把国家对土地财产支配控制权作为论证土地所有制的依据，或单纯从上层建筑角度出发而离开经济关系的分析，或虽注意到经济关系问题而混淆了田赋和地租的界限，都没法把封建土地所有权问题说清楚。先生认为，所有制形式决定社会的性质，生产关系是所有制的内核，剥削关系又是生产关系的内核，它最后又体现为产品分配关系和社会集团关系，因此，论证某种土地属国有制还是私有制，首先应着重于生产关系的分析。他说，马克思在论证封建所有制时就是从分配

① 经君健：《“地主制经济”是研究中国封建社会的“牛鼻子”》，载《李文治集》，中国社会科学出版社 2000 年版。

② 经君健：《郭沫若中国历史学奖中报表推荐书》2006 年 10 月 10 日。

关系和集团关系着手的，先分析分配关系，从这方面论证封建所有制具备的特征，即封建主占有生产劳动者全部剩余劳动产品。从剩余劳动归谁所有论证国有制或私有制问题。在封建土地私有制的场合下，全部剩余劳动归地主私人所占有；在土地国有制场合下，全部剩余劳动归国家所占有。他在概述马克思对这个问题的看法后，提出："论述封建社会时期土地国有或私有问题，首先应从产品分配问题着手，它最反映问题的实质。"①

李先生以产品分配及封建依附关系为法则，对不同形式所有制进行具体分析，揭示出问题本质。以自耕农为例，他指出：作为自耕农既有同地主不同的一面，作为一个阶级来说，地主是统治阶级，农民是被统治阶级，但这一点自耕农和佃农相同；自耕农又有与地主相同的一面，即自耕农与地主一样占有土地，并向国家纳完田赋。但与佃农不同，佃农要将产量一半作为地租交给地主，而自耕农向国家完纳的田赋一般只占产量的10%，大部分产品归农民自己所有。既然农民占有自己的剩余劳动产品，当然，也就无须任何形式的经济外强制。自耕农占有的土地，是以个体劳动者为基础的小土地私有制。并进一步指出：把农民向国家纳完田赋和对国家承担徭役论证为实物地租和劳役地租，从而把这类土地引申为国有制说法是误解。

先生还认为，庄田是属贵族私有制。庄田由勋戚贵族自行管业，实际所收租额远比规定的租额高。皇庄归皇帝私室占有，专供皇室开支；各级勋贵庄田租归各级贵族所占有，专供他们家族挥霍。这类佃户，永世不得改变户籍，庄田主人对佃户人身占有合法化。这是一种具有官田形式的贵族私有制。

至于屯田，先生认为，它与庄田有着本质不同。在屯田上进行

① 李文治：《论明代封建土地关系》，《明史研究》1991年第1辑。

生产的卫军，他的全部剩余产品归国家所占有，从而地租的实现不再通过封建地主个人的暴力强制，而是靠国家对生产劳动者——屯军的直接强制。因而，屯田这类土地是国有土地。

以上观点，对当时学界的争论，产生了很好的社会影响。

（三）关于地主阶级的阶层划分问题

在这个问题上，先生认为，用“大、中、小”这个概念划分地主阶层，虽然有道理，但很难划分。首先要确定划分大、中、小地主的标志是什么。如果以地产数量做划分标准的话，第二步就得制定划分标准。占有多少土地算大地主，占有多少土地算小地主？大家意见分歧很大，一时难以统一。更重要的一点是，按地产多少划分地主，不能反映阶层或等级差别，会模糊等级关系的界限。李先生认为，封建社会是等级社会，用等级关系来划分的话，如用庶民和贵族对地主阶级进行阶层划分的话，就可以突出封建社会的特点。地主阶级的等级差别，即使在封建社会后期，等级差别仍在延续。贵族官僚地主不管占地多少或等级高低，总属于贵族等级。一个庶民地主也可因占地多寡区分为大、中、小地主，但毕竟属于庶民等级。另外，对两种类型地主的差别，也比较容易把握。贵族（缙绅）地主与封建政权本身有千丝万缕的联系，是一个特权阶层，他们与佃农之间所形成的人身依附关系更强烈，佃农人身自由受到更多限制；庶民地主也是剥削阶级，但在等级划分上属于平民阶层，与农民同属一个等级，他们享受不到封建特权，从而与佃农之间所形成的关系比较平等，封建等级关系得到削弱，人身依附关系得到松解。深入研究缙绅地主与庶民地主的兴衰强弱变化，对加深封建社会后期新生产关系在母体萌生的认识，具有十分重要的意义。同时，先生用身份等级关系来划分地主的办法，比用占有土地多寡划分地主的办法，更能突出时代特征，也更符合历史唯物主义精神。先生这一提法面世后，便很快为历史学界、经济史学界所接受，提升了整个学界对封建经济的理解，从而产生良好的社会效用。

（四）关于中国封建社会长期延续问题

先生强调地主制经济体制有很强的适应性。表现在：一是能适应地权分散。在每一个封建王朝前期，尤其是在大规模农民战争之后，封建地主土地所有制遭受冲击，农民小土地所有制常占很大比重，乃至占统治地位。但这种变化并不影响地主制经济的持续。二是地主所有制可一再重建。中国与西欧不同，西欧在领主制下，土地基本上不能买卖，而中国则不同，土地缺乏等级制，土地可以买卖，地权分配状况变动无常。在一个历史时期，有些地主没落了。由于土地可以买卖，此后不久，又有一批新的地主出现，并不断购置土地扩大地产。三是能适应封建依附关系的削弱和松解。由于土地产权经常在变动，尊卑贵贱等级关系不是同土地产权连生的，租佃农虽然由于佃种土地对地主发生人身依附关系，但对封建地权来说，它是外加的，土地主权可脱离人身依附关系而独立存在，也就是说，人身依附关系不是地权的固有属性。正是由于这种关系，人身依附关系的强弱可以因地主权势的大小和有无而不同。如地主具有官僚身份，封建依附关系可以强化；如果是一般庶民地主，封建依附关系可以相对削弱。尤其值得注意的是，人身依附关系的强弱可以因历史时期而不同，在地主权势嚣张的时代，封建依附关系可以强化；在地主制经济正常运转时期则又是一种情况，如在某些历史时期，社会上一度出现过严格等级关系，但这种严格等级制难以长期持续，在整个地主制经济时代不占主导地位，经过一个时期的持续，最终又退出历史舞台，进入正常运转轨道。总的发展趋势是在整个封建时期，人身依附关系总是由强化到削弱，最后趋向松解，这时租佃农对地主只有单纯的纳租义务关系。但人身依附关系无论发生怎样的变化，地主占有租佃农大部分剩余劳动并没有改变。所以，封建社会性质也不会改变。四是地主制经济能较大程度地适应商品经济的发展。在地主制经济体制下，无论是地主，还是农民，所生产的产品主要是粮食，除粮食以外，其他必需品无不需要通过购买，所以，在这种经济体制下，要进行简单再生产，就得与市场发生密切联系，否则社会就无法运行。商品经济是地主制经济的一个不可分割的构成部分。先生在看到地主制经济对中国封建社会时期的社会经济发展产生过积极作用的同时，又指出它对社会经济发展的阻碍作用。先生认为：所谓中国封建社会长期延续问题，其核心在于两个方面：一是中国地主制经济的长期延续，二是资本主义萌芽发生发展缓慢。但其缘由皆出于受地主制经济体制的制约。用地主制经济论来阐述从秦汉以来中国封建经济发展变化，对中国经济史研究是巨大的贡献。

（五）农民生产积极性是社会历史发展的动力问题

经过相当长的时期，关于农业生产发展动力问题有种种不同看法，如阶级斗争说。先生认为，农民阶级反抗斗争所起的巨大作用，如对地主土地产权的冲击、对封建权势的打击。在这种条件下，地权趋向分散，农民小土地所有制有所发展，农民社会地位得到上升，这种发展变化无疑对农业生产的发展是有利的。还有先生着重于国家政策的论述，如维护农民土地产权、实行轻徭薄赋等。在这种条件下，无疑也有利于农业生产的发展。但直接促进社会历史发展的，不是农民阶级斗争和国家政策措施本身，它只起了辅助作用。在封建社会时期，农业生产的发展，主要靠广大农民较能充分发挥其生产积极性；先有农业生产的发展，然后才有工商业的发展。因此，在整个地主经济时期，在地权相对分散、农民小土地所有制广泛存在的条件下，在地主阶级封建权势相对削弱的条件下，这时农民在生产和生活方面有较多的自由，农民能充分发挥生产积极性，社会经济趋向繁荣。在封建社会时期，社会经济的繁荣，决定于农业生产的发展，农业能否发展又决定于农民生产积极性。农民能否充分发挥其生产积极性以及生产积极性发挥到什么程度，又为当时地主制经济发展状况所制约。这种制约表现在：在地主制经济正常发展条件下，有利于农民发挥生产积极性；在地主制经济呈现畸形状态时，农民生活和生产方面丧失了较多的自由，生产积极性就会受到挫折。并进一步指出，在高科技出现之前，农民生产积极性很重要，就是高科技出现之后，机器仍然要由人去操作。所以，农民生产积极性问题至关重要，它是推动社会历史发展的主要动力。他这一提法，对重新认识中国封建经济发展与变化具有重要的指导意义。

（六）关于农民运动口号发展与变化问题

先生认为，封建所有制主要包括两个组成部分：一个是土地产权，另一个是封建依附关系。秦末农民运动以反暴政为主。西汉中叶以后，地权相当集中，至两晋时期达到顶峰，出现士庶之别，形成“上品无寒门，下品无士族”之类的习俗。这时农民运动吸收了佛教“众生平等”的思想，提出反贵贱等级关系。隋唐时期，尤其是武则天当政以后，对贵族特权曾进行抑制。在这种情况下，农民运动的目标也发生了某种变化，提出“等贵贱，均贫富”之类的口号。所谓“均贫富”，显然是指地权问题。明清时期发生了更大变化，明末农民领袖李自成先提“均田免赋”，后提“贵贱均田”，把解决地权问题作为斗争的主题；这与贵贱等级关系的弱化和土地问题的进一步突出有关。此后，清朝太平天国领导的农民运动更明确提出“天朝田亩制度”的土地纲领。指出：农民运动所反对的，有时以封建依附关系为主，有时以地主的土地产权为主，有时两者并提。这种差别的产生，决定于当时封建土地关系的状况。当地权趋向集中时，土地问题变成社会主要矛盾，农民运动把反对地主土地产权作为斗争的主要对象；当人身压迫强化时，封建等级关系变成当时社会主要矛盾，这时农民运动把争取人身自由作为主要斗争目标。

李先生还指出，关于土地产权，集中或分散，因历史时期而不同。一般情况是，在每一个封建王朝前期，经过前朝农民战争的冲击，或由于长期战乱，地主阶级遭到打击，地权趋向分散；经过一个时期稳定，官僚及富商进行兼并，地权又趋向集中，这时地权问题即阶级关系变成主要社会矛盾，农民运动把反对地主土地产权作为斗争的主要对象。关于封建依附关系决定于封建等级关系，具体体现为地主对农民阶级的人身压迫。这种人身压迫有时削弱，有时强化，因时期不同。当人身压迫强化时，封建等级关系变成为当时社会的主要矛盾，这时农民运动把争取人身自由作为主要斗争目标。但在整个封建社会历史时期，封建依附关系问题和封建地权问题，两者的消长有所区别。地权分配问题，有时集中，有时分散。封建依附关系问题，发展总趋势是先有一个由形成、发展到强化的过程，然后再由削弱趋向松解。其间有时由削弱趋向强化，但这种逆转趋势非地主经济发展的正常现象，乃是一种畸形状态。

从地主制经济角度去考察农民运动的反封建性质，是李先生对中国社会经济史的又一大贡献。为人们解开了认识中国农民运动之所以呈现出阶段性提供了一把钥匙。

（七）关于中国农业资本主义萌芽问题

这个问题，学术界讨论十分热烈，20 世纪五六十年代、80 年代、90 年代，一直到 21 世纪初，人们都在议论这个问题。从 20 世纪 50 年代起至 80 年代止，出版的讨论文集就有好几部，但众说纷纭，莫衷一是。李先生认为，之所以出现这种局面，除对某些问题的看法和对某些文献记载理解不同外，对资本认识是一个问题。商品经济发展是资本主义经济发生发展的必要条件，但商品流通必须从属于生产，商业资本必须从属于产业资本。这里有一个关键问题，即对资本主义经济关系中的“资本”这一概念如何理解。李先生认为，货币转化为资本，最根本的条件是劳动力变成商品。所谓资本就是用于剥削自由雇工而带来剩余价值的价值，它体现着资本家与自由雇工之间的剥削和被剥削的生产关系。因此，李先生把自由雇工的出现作为论证资本主义萌芽产生的一个关键性问题。明朝中叶，同工农业生产发展相适应，农业雇工经营有所发展，雇工队伍进一步扩大，就在这时出现了封建雇佣向自由雇佣的过渡。明朝万历十六年（1588）雇工律例的修订，具有“立有文卷，议有年限”两个条件才能构成身份性“雇工人”，其未“立有文卷”的长工有的也可以摆脱“雇工人”的身份地位，即可以按自由雇工判处。遵循历史唯物主义基本原则，先有实际生活的变化，然后才有法权关系的变革。法权关系的变革乃是对当时既成事实的追认。据此，部分长工身份义务的解放应在明朝万历十六年以前，即在明朝中叶就已经开始了。在明朝中叶，可以找到大量雇工经营的事例。此后到乾隆年间，“立有文卷”的长工也逐渐解除了法律上的身份义务关系。由明朝中叶至清代鸦片战争前出现的农业大经营，在使用货币购买劳动力榨取自由工人剩余劳动并进行扩大再生产的条件下，实现剩余价值的增值，经营者投入的货币已变为资本，这时已经具有资本主义萌芽的特质。同时，李先生并不否认，这时农业资本主义萌芽，仍带有严重封建性。但这时事物性质已发生根本的变化。封建性乃是它的残余形态。他还指出：农业资本主义萌芽的进展不仅十分缓慢，在地主制经济制约下甚至经常夭折，但就萌芽整体而言，总在日益增长，后来居上，清朝前期超过明朝中叶，清朝后期又超过清朝前期。他还认为，既然是萌芽，就不能要求雇工人数及雇工是否完全丧失土地“自由到一无所有”，关键问题要看货币是否变成资本。先生所提出把自由劳动作为资本主义萌芽标志，这一观点已得到中国经济史学界的广泛注意，并为一些学者所接受。

此外，李先生对封建社会历史分期问题、各个历史时期宗法宗族制发展变化问题、商品经济与地主制经济的密切联系问题等，都有独到见解。

国内还有学者称他为“泰斗”，而国外学者称他为“大师”。这些赞誉对李文治先生来说，都是当之无愧的。

最后，愿李先生的卓越学术成就和伟大的人格，永远在学术界中传扬，并发扬光大。

（曾以《纪念李文治先生百岁诞辰——高尚情操　卓越成就》为题载《中国经济史研究》2009 年第 4 期，修订于 2018 年 8 月 30 日）

朱绍文记忆

学人生命的价值与使命

——朱绍文先生的治学与育人

杨春学

一 研读经典原著，是在“与伟人对话”

所谓“经典”，虽为某一时期的某一学者所著，但之所以能成为经典，是因为它体现着那个特定时代的群体智慧的结晶。以古人的经典语言来说，那必定是“继往开来”之作。所以，研究经典著作，是社会科学，特别是经济思想史专业的必修课。但是，把研读经典原著，视为是在“与伟人对话”、与伟大的“思想家对话”，却是朱绍文先生对经典的最独特的精辟理解。

这是朱先生治学经历的结晶之言。他的这种体悟源于留学日本的经历。他在考入东京帝国大学之前，就读于东京第一高等学校（以下简称一高）。当时的一高是以一种非常之心态对待世界经典——“世界主义”的，不分“东学”或“西学”。一高文科的各门课程几乎都是以经典原著为核心来组织教学的。例如，文学必定从莎士比亚、席勒、歌德的原著开始，哲学以黑格尔、康德等的原著为核心。日文，作为“国语”，读的是《源氏物语》等古典文学。授课教师随时会让某一位学生站起来，解说原著中的某一段话。

这样的教学内容与训练，自然使学生不敢偷懒，只得拼命读原著。对此情此景，先生曾回忆说：“日本一高生说，这是愉快的三年。而对我来说，苦死了。三年间，几乎天天晚上查字典，星期天也不出去玩，顶多星期六下午去看电影。我学的哲学、伦理学，是属于西方体系，同我的观念没有一点抵触。我在上海读中学时一点也没有学过，只学过似是而非的三民主义。日本人是从学问上学，并不是灌输人生观。”

重视经典原著的教学方式，不仅限于一高。东京帝国大学更是如此。除斯密的《国富论》等英国古典经济学著作外，主要是德国经济学的原著。正是这一经历，奠定了先生的治学之道。

对于日本学界的“广求知识于世界”的态度，先生把它注解为“世界主义”，解析说：“他们历来不把斯密、黑格尔等的社会科学经典作为与东方不同的‘西方的’东西来研究，而是把它们都作为整个人类社会的宝贵精神财富来学习和吸取的，是抱着要吸收所有人类知识成就的态度来学习的。从来就没有中国那种‘中学为体，西学为用’的想法。你不把黑格尔的学问当作自己的学问怎么行？日本人就是想要把人类的精华完全变成自己的东西，并不认为是外人的。所以，学起来，就快得多，而且也很地道。”

国人对社会科学经典原著的“中学为体，西学为用”的态度，虽然表面上承认“西学”可共“采补”，但其骨子里的精神却是“中学包罗西学，不可让西学凌驾于中学之上”。“中学”承载着高级的“道”，“西学”至多有“器”的价值。持这类观点的人派生出来的理由五花八门，最时髦的理由，在 20 世纪 80 年代是西学的“资产阶级性质”，现在是中国特殊的“国情”，抬出以“批判的态度”来做取舍的标准。

这种学法听起来实在诱人！可惜，它对文化移植的本质缺乏真正的理解，总想任意剪裁，择肥而食，实际上是想投机取巧。结果，我们只学到一些似是而非的皮毛。我们从来没有学到西学的“精神文明”，诸如科学精神、理性、自由、民主、人权，等等，根本就不知道真的西学是什么！风流所及，真正的西学还没有“进口”，就被我们“止”住了。

作为朱先生的学生，我们深受他对待经典原著的“世界主义”思维的影响，深受他对“中学为体，西学为用”的态度的批判的影响。也许，学习西学的结果，会带来不可避免的一些“流弊”，可是，我们要认清我们的“大目标”，那就是建设现代化的强国。在这个大目标下，我们应该有“衣沾不足惜，但使愿无违”的决绝和胸襟，向日本和土耳其学习。日本从明治维新时期就提出“脱亚入欧”的口号，土耳其凯末尔政府之后也提出类似的口号，并努力实践之。他们不会耍“日学为体”“土学为体”的花枪来自我陶醉，没有工夫去挑西方列强身上的弊端，只是专心致志地行走自己的现代化之路。

这些国家“脱亚入欧”的学习结果如何呢？且不说日本，土耳其都已经成为穆斯林世界中现代化国家的典型。但它们的文化传统中有生命力的东西并没有因此消失。对此，先生评论说：“日本的东方知识没有放弃，史实摆在那里。它的儒家研究比中国还深，它的资料保存比你还好，它的生活方式保存很多中国唐代的东西，而我们早就没有了，连埋在地下的也破坏不少。”

朱先生是以学习、吸取人类宝贵的精神财富、促使民族奋进的态度来对待经典的，也以这样的精神和方式来培养学生。对此，在2008年庆祝中国社会科学院研究生院建院三十周年晚会所安排的“老师与学生的对话”谈访节目中，樊纲教授的回忆做了精彩的注解：“朱先生对我们，在一定意义上不太管。什么意义上呢，那就是让我们自由思考，他不给我们规定什么事情，他只管一点，就是让我们读书，而且要读原著，英文的原著。我跟朱先生学了六年，硕士三年，博士三年。有一次，当时社会上很热闹，改革开放嘛，我们几个同学参加了一些研讨会，回来告诉朱先生，以为朱先生会表扬我们。但他把我们批了一通，说你们现在好不容易有这么宝贵的时间，现在读原著，是在和伟人，是在和思想家们在对话。你们要抓住这些宝贵的时间去和伟人对话，你们为什么到外面去和俗人对话？他还说，你们将来到外面做事情的时间还有的是，而你们再系统地读原著的时间就这么几年啦，所以一定要打好这个基础，将来你们才能走得更远。"

经济学家必须是理性和真理的守护神。只要谈及研读经典的求精之精神，先生几乎都会提及日本学者研究《资本论》手稿之事。早在20世纪80年代，日本少数年轻的大学副教授和教授（大多是先生的同窗或同门好友的学生），就开始奋发"破读"马克思《资本论》第二、第三卷手稿，他们怀疑恩格斯版的这两卷著作有错和遗漏的地方。结果，他们的解读得到德国有关专家的高度评价，被邀请参与重新编写这两卷著作。

二 "关注穷人，是经济学的良心问题"

先生强调，学习经典原著的最终目的，不应是"为学术而学术"。对这些原著的解读，既要注意它们产生的时代背景，更要立足于我们时代的主题，结合现实所要解决的核心问题。只有这样，才可能做到"入宝山而不空手归"。"学"无国分，"术"有国情。求知（"学"），要坚持"世界主义"的视野，而为国献策（"术"）却必须是"国民经济主义"，运用从世界主义中获得的知识，求解祖国特定时期的课题的答案。这是先生治学的核心思想。

国人对经济学的最终目标就是"经世济民"。对经济学的"济民"的具体含义，朱先生的理解直截了当，那就是"中下层人民的富裕"。他不厌其烦地强调，"关注穷人，是经济学的良心问题"。任何一个时代，上层社会的生活都是优裕的，受苦受难的都是中下层平民。

每次聆听先生的这种教诲时，我都会想起经济思想史上一大批杰出的大师的身世。马克思出身于一个高贵的家庭，恩格斯出身于一个富有的实业家，但他们都把毕生精力贡献给解放劳苦大众的事业。对于马克思的这种行为，其父亲，一位典型的资产阶级文化的捍卫者，曾抱怨说："神啊，帮帮我们吧！这种无法无天，麻木地不负责任地玩弄所有科学，在灰暗的油灯底下麻木地郁闷地冥想，套着学者的长袍、顶着乱七八糟的头发的野蛮人。"但是，正是这样一位在父亲眼中的不务正业者，与他的亲爱战友恩格斯一起，影响了之后的整个世界的思想。

即使是像马歇尔这样的新古典经济学大师，也是如此。他父亲让他进剑桥学习，原本是想让他为将来当牧师或从政做准备。但是，他没有听从上帝的召唤，去讲经布道，而是听到了穷人催促他去研究经济学的呼唤："我在假期参观了几个城市中最贫困的住处，并通过走街串巷，看到了一张张最贫穷人的脸。接下来，我决心要尽自己所能，透彻地研究政治经济学。"像斯密一样，马歇尔非常关注的，不是富人，而是整个人类的进步。为了激励自己，他在 19 世纪 70 年代就花了几个先令，买了一幅小油画"一个工人的肖像"，并把它挂在学校的宿舍里。这幅画中，是一位有着满脸憔悴而又充满渴望的表情的工人。

先生最初之所以选择经济学的研究，也是基于同样的原因，但更为具体。与那个时代的中国有为青年学子一样，他所看到的，是祖国的衰弱和广大民众的贫困。内部混乱不止，且累受外国的凌辱。

先生是一位充满爱国主义情怀的学者。他本人的所有研究都是紧紧围绕着祖国的"国强民富"的时代主题（现代化）展开的。现代化不仅仅表现为物质形态，更重要的是人的现代化：理性与自由。

因此，基于这一主题，他在经济思想史领域中的经典著作研究主要集中在三个系列，包括德国历史学派的李斯特系列、以英国古典经济学为主的斯密系列和以《资本论》为核心的马克思系列。他在其著作《经典经济学与现代经济学》的序言中写道：“一个国家在走向‘近现代化’道路上，在经济学的基本理论方面，作为人类智慧结晶的亚当·斯密的《国富论》、弗·李斯特的《政治经济学的国民体系》和马克思的《资本论》的三大经典，可以说是天赐的理论法宝。因为这三大经典都是不同历史社会发展阶段的理论结晶，而且经历了人类历史的检验。”

“斯密系列”的经典著作之精神在于“富民”。斯密及其追随者力图寻求一种能使社会中下层的平民受惠的“普遍富裕”之路。这条道路必须以新的意识形态取代中世纪的宗教狂热、迷信和贵族特权势力。那就是启蒙运动体现的精神：对科学、理性、个人自由和经济个人主义的无限信任。“李斯特系列”的经典著作之精神在于“强国”。李斯特用敏锐的眼光关注着各种国民经济发展的历史和特定时代的特征。他及后来的德国历史学派，都在寻求使本国的经济发展从英国对世界生产和贸易的统治中解放出来的思想武器。“马克思系列”的经典著作所寻求的，不仅仅是“普遍富裕”，而是人从所有的特惠和特权制度压抑中解放出来，实现个人的自由而全面发展。

进入20世纪90年代之后，随着中国确立建设社会主义市场经济体制的改革目标，先生把主要精力用于如何借鉴日本的经验和教训方面的工作：创办“日本市场经济研究中心”，出版《日本市场经济》季刊；以中心为平台开展中日学术交流活动；组织翻译一大批日本经济学家的著作。

三 师生关系：情同父子

先生在培养研究生时满怀爱心，不仅敦促研读经济学经典文献，更注重社会责任感和学术人格的教育。先生常常教导我们，立志于治学者，必须有“天下兴亡，匹夫有责”的大丈夫的理想和抱负。只有心怀这种理想和抱负，面对时代和环境极为恶劣的处境之时，你才会有保存自己的生命意志，而面对繁荣盛世之时，也才会拥有抵抗现实世界的各种诱惑的强大精神武器。不然，很容易把做学问这一崇高的职业降格为一种谋求个人私利的“敲门砖”。

抱有这种理想的知识分子，不能以唱赞歌为研究的主要旋律，应当像凯恩斯所言，充当社会的“大夫”，致力于改革社会的缺陷。他在给《经济学茶座》所写的一篇杂文中，具体地提到凯恩斯的这一比喻。

在前面提及的那场“老师与学生的对话”谈访节目中，主持人朱军问先生：

> “朱老师是樊纲的先生，樊纲不用说，就是学生了。我想问您一个简单的问题，在您的心里，他（指樊纲）是一个什么样的学生？”
>
> 朱先生回答说：“我们社会科学院的师生跟父子关系一样，这一辈子，他心里有我，我心里有他，他老挂着我，我也老关心他。我们都是在改革开放以后成长起来的人，我虽然是老了，我94岁，我们是两代人，但是，我们是一代人，什么叫作一代人呢？就是为了中华民族复兴大业，这样一个伟大的时代，是共同的，一起奋斗的。”

我没能亲历现场，但通过电视节目，看到这一对话时，忍不住泪流满面。即使是在写下这段话的此时，也是如此。因为，那种师生的亲情，也是我本人经常切身体验到的，并立刻在脑海中浮现出其1994年春节前夕的一个场景。研究生院放寒假，我准备回家过年。行前，到老师家道别。老师给我600元钱，我坚持不要。老师说了这样一句话："你现在是穷学生，但回家总得给妻儿带点东西。你能用你父母的钱，为什么就不能用老师的钱呢?"听毕，我含泪收下。

也许，以"天下为己任"的抱负，也必须以某种方式来表征。对此，朱先生回忆一高读书的情形时描述道："生活中，日本学生都有一种青云之志，都以破衣破帽为荣，光头，穿制服，不穿袜子，穿木屐。谁也不以为耻。这是一种活的传统文化，有一种力量，中国古代名士自身才有的那种品德。"

他也是以这样的精神来教育学生的。我跟他读博士学位之初，有一次，他通过电话说道："来这里读博士，你就把它当作是入深山老林，当三年和尚修行，要甘于清贫和孤独。"

在朱先生看来，学生时代自然可以不以破衣烂裳为耻，以此示志，但工作之后，却必须注意衣冠的整洁。他认为，言谈举止、穿戴仪表，显示出的是一个人教养的高低、生活的品位和文化的层次，不可小视之。

我读博士学位之前，虽然是大学教师，却一直属于不修边幅之类。是先生的言传身教改变了我的这一习惯。记得，博士学位论文答辩前夕，先生一再吩咐我，必须穿上西装，打上领带。之前，我不曾穿过西装，临时买了一套。是时，先生自然也是西装革履，到答辩会场的。此后，我也就不再敢不修边幅了。

先生的"身教"，最为重要的是他那"学无止境"的追求精神。他于1957年被打为"右派"，下放到农村"劳动改造"，直到1979年才得以平反，与学界隔绝22年。即使是在那个岁月，他也没有放弃学习，偷偷写下两万多字的长文《日本帝国主义九一八之后对我国东北的经济掠夺（1931—1945）》、翻译德国罗雪尔的名著《历史方法的国民经济学大纲》和日本学者林直道的《日本的国际通货危机》。这些著译改革开放之后，始得以出版。

到1979年平反之时，先生已是64岁之人。但他又重新集中精神，努力追赶国际上经济学发展的最新知识。对此，钟少华先生于1995年对他的谈访中，朱先生做了最好的诠释："我在一高学习时养成的习惯，就是不满足于自己的学习。到现在我岁数这么大了，别人在著书立说，我还在学习，天天寻求知识，向人类学习，向现代学习，向世界学习。人生应该这样。中国本来就有这样的古训，学无止境嘛。"

把学习视为人生的本身，以知识和信念作为生命之源，这就是先生的精神，也是我们的榜样。

（曾以"走向"文明富强"须重视经典——追忆朱绍文的学术思想"为题，在《中国社会科学报》2011年12月22日删节后发表）

吴承明记忆

开拓创新　永葆青春

——庆贺吴、汪二老90华诞，兼谈经济研究所经济史学科的学术传统

李根蟠

刚才各位先生做了很好的发言，我深有同感。现在，我换一个角度，从经济研究所经济史学科的学术传统切入，谈谈我的感受。

经济研究所是中国现代意义的经济史学科的源头和重镇之一。经济研究所的前身"中央研究院"社会学研究所和社会调查所是中国最早组织经济史研究的单位，1932年，社会调查所创办了中国第一个以"经济史"命名的学术刊物——《中国近代经济史研究集刊》。新中国成立以后，一批风华正茂的经济学者在严中平先生领导下成立了经济研究所经济史研究组（经济史研究室的前身），1958年以后，又有吴承明先生领导的中国资本主义发展史组加盟，经济研究所的经济史学科获得蓬勃发展，延续至改革开放以后，在国内外产生重大的影响。我是在20世纪80年代初到经济研究所的。由于参加《中国经济史研究》的编辑，与各地的学者有所接触。不少人对经济研究所老一辈学者的卓越成绩和严谨学风赞赏有加，认为经济研究所的老先生了不起。我作为一位后来人也受到尊敬，感到光荣。有人说，在史学界的老一辈学者中，经济研究所的队伍最为整齐，总体水平最高。我作为经济研究所的一员还不敢这样自许。不过，经济研究所的经济史学科在其发展中，的确不是涌现一两个，

而是涌现了一批有造诣、有成就的大家，如梁方仲、汤象龙、严中平、彭泽益、李文治、章有义、张国辉等；吴承明和汪敬虞先生就是其中仍然健在的杰出代表。现在我们庆贺二老的九十华诞，最重要的是继承和发扬他们的优良传统，包括他们开创的道路、铸造的学风以及留给我们的精神财富。

我常常思考，经济研究所老一辈学者的传统是什么？

研究中国史学史的同志提出，中国20世纪史学先后出现两大主流学派：新历史考证学和马克思主义史学。前者长于资料的收集和考证，后者长于贯通研究，也重视基础的资料工作。两者不是对立的，而是互补的，应该把两者结合起来。我认为，经济研究所老一辈经济史研究者在这两者的结合上是做得比较好的。他们既继承了梁方仲、汤象龙重视资料工作的实证主义传统，又接受马克思主义的指导，坚持了正确的学术方向。他们的研究从全面系统地收集整理材料开始，然后进入专题研究，最后写出专著。把微观的个案考察和宏观的总体把握结合起来，把实证研究和理论探讨结合起来。实践证明，这是一条科学的成功的治学道路。这种治学特点在二老身上表现得相当突出。

汪敬虞先生到社会科学研究所工作起，就在巫宝三先生领导"中国国民所得"的课题中负责收集有关工业方面的资料。新中国成立后，他汇编了《中国近代经济史资料》（第二辑）。包括这本书在内的经济研究所编辑的近代经济史系列资料汇编，使中外几代学者受惠至今。汪敬虞先生学风的严谨是有口皆碑的。在重视实证研究的同时，汪敬虞先生也十分重视宏观把握和理论探讨，他发起的关于近代经济史基本线索的讨论就是显例。正是因为有这样扎实的资料基础和深入的理论思考，所以，汪敬虞先生写出的学术著作总是"掷地有声"的。汪敬虞先生始终保持着正确的方向。早在1949年年初发表的一篇文章中，他就通过自己对中国经济的研究，得出

“中国需要社会主义”的结论，这种观点在今天仍然是有意义的。新中国成立后，他更自觉地用马克思主义指导自己的研究，但这种马克思主义并不是教条式的，而是从实际出发的，融入自己的研究中，与自己的研究血肉相连的。因此，他的研究成果不但有很高的学术价值，而且有现实的借鉴意义。

吴承明先生的资本主义发展史研究，也是从收集整理工商业史资料开始的。加之视野开阔，取精用宏，在博采众长的基础上创新，他主持编写的《中国资本主义发展史》也就成为里程碑式的著作。

吴、汪二老都是学贯中西、兼通古今的大家。在改革开放的氛围下，他们的这种特长得到了发挥，能把本土的学术传统和外来的新理论新方法很好地结合起来，从而大大拓宽其视野。例如，吴老对经济史理论方法的研究，中国从孔夫子、太史公到明清启蒙学者，外国从新经济史到后现代主义，把林林总总的学说和学派熔于一炉，又强调马克思主义唯物辩证法作为方法论的基础地位。他的这一研究所达到的水平，在国内经济史界应该说“无出其右”，在近期内恐怕也难以有超越者。

二老尤其值得我们学习的是他们开拓创新、永葆青春的精神。“文化大革命”结束以后，二老已经步入老年，但在相对宽松的学术环境中焕发了学术青春，一篇篇论文、一部部著作不断呈现在人们面前，令后辈羡慕，也令我们汗颜。20 世纪 70 年代末 80 年代初，吴老在继续完成《中国资本主义发展史》写作的同时，以其特有的敏锐首先开始了市场史的系统研究，从市场史的理论到明清以来各时期的市场实况，从量化分析到宏观考察，蹚出了一条路子。人们指出，他不但开创了一个新的研究领域，而且树立了一种新的研究范式。对经济史理论方法的探索，也是吴老开创性研究的一例。吴老在改革开放以后中国经济史学科发展中的作用，可以用“开创风气、引领潮流”八个字来概括。

改革开放以后，也是汪老创新和丰收的时期，他为主编《中国近代经济史》第二卷费尽心力，是人所共知的，这本书当之无愧地获得郭沫若史学一等奖。这一时期，汪老又出版了多部自己的专著和文集，同样为近代经济史树立了样板和标杆。

二老虽然年届九秩，但身体尚好，生理年龄比自然年龄年轻，而心理年龄比生理年龄更为年轻，他们保持着对新鲜事物的敏感和创新的思想活力，从这个意义上说，他们是永葆青春的。

吴老写过《论创新》，文章很精悍，而他自己的实践赋予它更为生动而丰富的内涵。我在20世纪90年代以后搞“中国经济史论坛”过程中和吴老接触较多。“中国经济史论坛”之所以受到学术界的欢迎，被公认为学术含量较高的研讨活动，重要原因之一是吴老的积极倡导和参与。吴老差不多每会必到，而且每次都发言。他的发言不但条理清晰，而且总有新的东西，总有令人深受启发的原创思想，这些思想出自一位八九十岁的老人，不能不令人惊叹。吴老在中国经济史论坛，是一块具有强大吸引力的磁铁。我接触到不少学术界的同人，他们之所以积极参加论坛的讨论，很大程度上是冲吴老来的，是想听吴老的发言。

吴、汪二老之所以能够永葆学术青春，除有广博的学识和深厚的积累以外，还与他们对学术的执着分不开。二老在个人生活上并非一帆风顺，有过不少曲折和坎坷，但他们都能用豁达的态度对待，无论怎样的困难，都不放弃学术研究和对新知的追求。举一个例子。吴老在其《自述》中曾经写道：“我进入七十岁以后，因老伴瘫痪，卧床不起，需要照料，我们暂住女儿家。斗室间写作困难，病榻旁尚可读书，我便读了不少当代经济学和史学理论的书，大开眼界。觉得过去所学，太狭隘了。活到老，学到老。每种学问都是日新月异的。最怕一叶障目，要博而后专，专后还要博。”无独有偶，前些年，汪老的老伴也多年昏迷卧床不起，汪老的一些文章和著作就是在这样困难的条件下写出来的。这是多么令人感动的精神啊！在前年出版的一本书的前言中汪老写道："一息尚存，此志不懈；生命不止，战斗不息。"汪老不但这样说，也确实是这样做的。人们说，学术是学者的第二生命。这样说，恐怕还不够。对吴、汪二老来说，研究、求知已经是他们的生存方式，是他们生命的主要内容。

作为经济所老一辈学者优良学术传统的杰出代表，吴、汪二老的学术成就和业绩，已经铭刻在中国经济史学的发展史的史册中，而他们留下的宝贵精神财富将永远激励和指引着后继者探索前进。

古语有云：福如东海，寿比南山！就让我用这句话向二老表达由衷的祝福吧！

（原载《中国经济史研究》2007 年第 2 期）

良师难遇

——回忆吴承明先生

李伯重

从某种意义上说，人与人之间确实存在一种缘分。荀子说："人虽有性质美而心辨知，必将求贤师而事之。"一个人能够遇到好老师，是他一辈子的福气。然而，这种福气是可遇而不可求的，正如佛家所云：世间万物皆因缘而生，因缘聚则物在，因缘散则物灭。我本人在读书和工作时，有幸得到多位良师的指导，因此，我是非常有福之人。在这些老师中，吴承明先生是给我指导最多、帮助最大者之一，他和我的师生情谊已有30余年之久。

我很早就对经济史感兴趣。1978年考入厦门大学，就是专门投韩国磐先生门下攻读隋唐五代经济史的。在此之前，我已在家父李埏先生指导下读了一些经济史方面的著作。在1980年以前的中国，基本上没有西方经济史理论和经济史研究著作可读，因此，我在"文化大革命"中开始学习经济史时，能够读到的只是20世纪50年代翻译出版一些苏联学者写的经济史学理论著作，如梅伊曼和斯卡兹金的《封建主义生产方式的运动》、波尔什涅夫的《封建主义政治经济学》等。读这些书时，我写了不少札记和读书心得。到了厦门大学后，正值经济改革开始之时，经济学界对我国的个体经济问题展开了热烈的讨论。许涤新先生是我国最早关注这个问题的学者之一。改革开放开始后，他首先提出对于个体经济，不要再像过去那样要进行社会主义改造。对农民，要既肯定了他们是公社的社员，即集体经济中的成员，又恢复并适当扩大自留地，鼓励多种经营，发展家庭副业，承认他们是具有个体经济性质的经营者。许先生的观点引起我强烈的兴趣。“初生牛犊不怕虎”，我于是把原来的札记和读书心得整理成《封建社会中的个体经济与共同体经济》一文，寄给许先生，请他赐教。[①] 1979 年，厦门大学经济系举办了一个关于中国经济的会议。我忽然接到经济系一位老师转来的口信，说参加会议的吴承明先生要见我。我从未见过吴先生，感到非常意外和兴奋[②]，于是匆匆到会场去拜谒。到了那里，在会议间隙时间，见到了吴先生。因为时间紧，他只是很简要地说：“你寄给许先生的文章，许先生读了，感到很高兴，并转给了中国社会科学院经济研究所经济思想史研究室主任朱家桢先生。朱先生读后觉得有价值，因此，请我就开会之便，在厦门大学见见你，并转达朱先生希望你毕业后去该研究室工作之意。”我听后感到非常振奋，感谢了许、朱先生的盛意，随后向吴先生做了自我介绍，请吴先生予以指导。但因吴先生这次来开会时间很紧，无法多谈，因此，他叫我以后有机会来北京再详谈。这次见面，就是我初识吴先生。我当时的第一感觉是：这样一位大学者，待人却如此谦和，对后辈完全没有架子，因此，决心一定要找机会到北京去求教吴先生。

---

① 此文后来以“论封建社会中的个体经济”为题，刊于《漳州师范学院学报》1987 年第 1 期。

② 吴先生与家父在抗战时期都在西南联大历史系读书，曾有两年的同学之谊。毕业后，吴先生去了美国，遂断了联系。到了新中国成立后，吴先生被安排到中央外资企业局、工商行政管理局等单位，主要从事资本主义经济改造研究工作，与家父在研究方面的联系不多，加之他们各自在北京、昆明，相距遥远，因此，竟然是数十年未能相见。到了“文化大革命”之后，吴先生关于经济史的文章不断刊出，引起学界的高度关注。家父在昆明也读到了一些，深为赞佩，告诉我要特别注意学习。因此，虽然一直没有机会拜识吴先生，但我对吴先生的学问早已“心向往之”了。

1979年暑假，我和师兄杨际平到北京去看书，为硕士论文收集资料。到北京后不久，我即去东大桥路吴先生寓所拜见他。到了吴府，只见房间狭窄，光线晦暗，家具简陋。由于空间太小，家中有一张书桌，堆满书刊和文稿。吴先生的许多著作，就是在这张书桌上，在昏暗的光线下写成的。那时吴师母已中风多时，生活不能自理，虽然请了保姆，但是，吴师母的生活起居，都是吴先生亲手料理，不要他人插手。尽管工作、生活条件如此恶劣，却不见吴先生有何不悦之色，谈起学问，依然侃侃而言，丝毫没有怨言。我心里不禁深深感叹：像吴先生这样的国际著名学者，真是像孔子赞颜回所说的那样："一箪食，一瓢饮，在陋巷，人不堪其忧，回也不改其乐。"我感觉，刘禹锡《陋室铭》中的"斯是陋室，惟吾德馨"之语，其吴先生之谓欤？

在这间陋室中，吴先生和我谈起如何做经济史。他说："做经济史，必须要对经济学有较好的理解。真正意义上的经济史研究，在方法上要进行数量分析，在研究对象上则要研究GDP等问题。政治经济学只是经济学中的一种，要研究经济史，特别是明清以来的经济史，只学有政治经济学的知识是远不够的，还必须学习西方经济学。"他还说："由于多年的封闭，在经济史研究方面，国内的做法和国外的做法有很大不同。你应当多读些国外学者做的经济史研究著作，特别是读原文。"这些话，对我震动很大。我请他推荐几本国外的书，他当即推荐了柏金斯（Dwight Perkins）的《中国农业的发展（1368—1968）》（*Agricultural Development in China*，1368—1968）和伊懋可（Mark Elvin）的《中国过去的模式》（*The Pattern of the Chinese Past—A Social and Economic Interpretation*）。他说：前一本书是经济学家写的中国经济史，而后一本书则是历史学家写的中国经济史，两者各有千秋，都应当认真阅读，从而了解西方的中国经济史研究中有代表性的研究方法。听了吴先生的话，我即去北京图书馆（现国家图书馆）查阅，找到了后一书。由于当时没有复印机，更没有数码相机，因此我只得一边阅读，一边随手译为中文。[①] 由于时间有限，我仅将该书第三编做完。当时这两部书在中国绝大多数大学中无法找到。我后来对家父谈起此书，他即记在心里。1980 年，美国弗吉尼亚大学教授易社强（John Israel）来昆明，为他的西南联大研究收集资料。他采访了家父。交谈中，家父谈到了此二书。易氏回到美国后，对柏金斯教授说起此事，柏氏即将其书寄了一本给家父。易氏又到书店购买了一本伊懋可的书寄给家父。家父将二书都寄给我，我才得从容读完全书。这两本书是我第一次接触的西方学术著作，也是我读得最认真的西方经济史著作，对我后来的研究影响极大。

1981 年冬，我通过硕士论文答辩后，转到傅衣凌先生门下，攻读明清经济史博士学位。就是从这个时期开始，吴先生的著作不断刊出，在经济史学界引起一阵又一阵的震动。我迫不及待地收集他的文章，力求先睹为快。在学习这些文章的过程中，我更加深刻地体会到他一年前对我的教诲的深意。于是我遵照他的指教，开始比较系统地学习西方经济学。学得越深入，对吴先生研究的特色感受越深刻。不仅如此，吴先生精深的史学功底和优美的文风，也成为我学习的样板。因此，我一直私淑他，他也时常给我具体的指导。1985 年，我的博士学位论文完成，傅衣凌师邀请吴先生来主持我的论文答辩。自此，我也得忝入吴先生之门墙。

我博士毕业后，到浙江省社会科学院工作。1986 年秋，美国学术团体协会（American Council of Learning Society）决定举行一个中国经济史会议，旨在促进经济学家和历史学家之间的对话。这个会

① 这些译文，后来经整理，与王湘云博士翻译的上、中两编，成为一个全译本。后来一直等伊懋可先生校阅，但他因为事冗，至今尚未完成校阅。

议包括两次会议：第一次会议于1987年年初在夏威夷大学东西方中心（East－West Center）举行，主要是经济学家对历史学家讲可以用于研究经济史的方法；第二次会议则是1988年在图桑（Tusan，Arizona）举行，由历史学家向经济学家讲可以用于经济史研究的方法。会议筹备者罗斯基（Thomas Rawski）教授请吴先生推荐一位中国学者，吴先生即推荐了我。1987年1月2日，我到了夏威夷，这是我第一次出国（也是第一次乘坐飞机）。在这两次会议上，虽然我由于英文听力不佳，大部分发言未听懂，但是，把会议上的文章带回来阅读，收获还是很大，开启了我国际求知的过程。参加这两次会议的历史学家主要是研究中国经济史的中青年学者，除我之外，还有李中清（James Lee）、王国斌（R. Bin Wong）、濮德培（Peter Perdue）、彭慕兰（Kenneth Pomeranz）等几位。这些学者都与吴先生有学术联系，后来都成为"加州学派"（California School）的中坚。

1988年，多蒙黄宗智教授盛意，邀请我到加州大学洛杉矶分校（UCLA）讲学半年。当时我在杭州因为家累重，身体又很不好，加上经济窘困，因此感到犹豫。与吴先生商量，吴先生大力鼓励我去，并且主动提出借给我三五百美元，以帮助我解决经济困难。在当时，三五百美元是一笔巨款。虽然我谢绝了他借钱给我的好意，但是，我依然非常感谢他的厚爱。在他的鼓励下，我下决心去。这也开了为我日后往来太平洋教书的先河。

我后来在美国工作，1993年决定回国，但是，希望到中国社会科学院经济研究所，在吴先生和方行先生等前辈的指导下工作。吴、方先生为此积极努力，克服了各种困难，使我终于如愿来到经济研究所。在经济研究所工作的几年中，有机会更多地拜见吴先生。

在经济研究所工作的5年间，有幸和吴先生更多见面，更深入地讨论经济史的理论问题。吴先生虽然是一代宗师，但是，在学术问题的探讨上却完全采取平等的态度。因此，我们后辈在吴府上与吴先生可以天南海北，无所不谈，即使是与他观点相悖的看法，也可以直言不讳，提出讨论。

1995 年，在上海举行了一次中国经济史会议。会上我提交了一篇题为《现代中国史学中的“资本主义萌芽情结”》的论文，对我国的资本主义萌芽研究提出质疑，认为这是西方中心论的产物。这篇文章后改名为《资本主义萌芽情结》，刊出于《读书》1996 年第 8 期。文章发表后，引起国内外读者的热烈回应，《读书》随后发表了数篇看法各异的读者（包括黄仁宇先生）的来信，成为一时讨论的热点。

众所周知，吴先生在中国资本主义萌芽研究方面具有至高无上的地位。其研究代表了此项研究的最高水平。他读了我的文章后，和我进行了讨论，明确表示以往讨论的资本主义萌芽问题，事实上许多是市场问题，因此，以后应当强调的是市场经济研究，而非资本主义萌芽研究。他后来在学术会议上也提出了这个看法，说自己将不再使用资本主义萌芽这样的词汇。他的这种做法，不仅表现了他晚年思想活跃不减往昔，而且更表现了他以学术为天下公器的大智大勇，如果自己“觉今是而昨非”，那么就不惜公开改变旧的观点。这是何等令人崇敬的学者本色啊！

我后来从中国社会科学院到了清华大学，仍然继续得到他的指教和关爱。每逢节日或者出国回来，都去吴府拜见吴先生，他也经常留我便饭，借以畅谈。每到那里，总见他在阅读新出的西方学术著作，手不释卷，兴趣盎然；或者是在奋力笔耕，孜孜不倦，新见迭出。他到了 80 多岁高龄还学习使用电脑，不久即能上网查阅资料，并和后辈通电邮。这使我非常吃惊，也非常高兴，因为这表现了他依然生气勃勃，心理上仍然年轻，充满活力。

今年 6 月，我从香港回北京。听说吴先生身体欠佳，于是立即去探望。彼时他已十分衰弱，但是，见到我非常高兴，交谈达半个小时之久。他还想多谈，但是我怕他过劳，遂告辞而去。不意这竟是与他的最后一面。两周之后，我在上海得到噩耗，吴先生已驾鹤西去，留给我无尽的哀伤和思念。

1997 年吴先生八秩大寿时，我写了一篇《吴承明先生学术小传》，向大众介绍这位学界的传奇人物。文章中说：吴先生“本是性情中人，无论投身何种事业，都充满为追求真理而献身的热情。也正因如此，他才能在治学中达到‘不以物喜，不以己悲’的境界。……尽管年事已高，又经历了悼亡、丧子等人生不幸，但吴先生在精神上依然年轻，不减当年”。这就是我心中的吴先生的完整形象：他不仅是一个杰出的学者，而且也是一个真正的人。我有幸遇到这位名师，是我一生的福气。他给了我宝贵的教诲和深切的关爱，是我在学问与人生道路上的引导与动力。对他的恩德，我是永远感激不尽的。20 世纪 90 年代初，中国台湾联经出版社准备出版我的博士学位论文《发展与制约：明清江南生产力研究》①；1998 年我的英文专著 *Agricultural Development in the Yangzi Delta*，1620—1850 完成。② 吴先生为此二书写了序言，对我多所勉励。这些序言，今天也成为他和我之间 30 余年的师生之谊的永久纪念。

（原载《中国经济史研究》2012 年第 2 期）

① 该书经刘翠溶教授审阅通过，并提出详细意见。但是，后来拖到 2002 年方刊出。

② 该书由英国麦克米兰出版公司（The Macmillan Press Ltd.，Houndmills，England）与美国圣马丁出版公司（St. Martin’s Press，Inc.，New York，USA）于 1998 年刊出。

一锄明月满园花

——《吴承明全集》序言

叶　坦

2017 年是吴承明先生的百年华诞，恰值先生全集出版。先生后人邀我将拙文作为全集的序言，深感荣幸。“一锄明月种梅花”是 1946 年 3 月吴先生与洪达琳女士结婚时，其父赠牙章一枚之镌文。1973 年离开“五七”干校后，他检抄旧稿，以此名篇，为《一锄集》。我们知道，梅花具有独特的神韵与风姿，冰清玉洁疏影横斜。植梅，有陶情励志或归隐避俗等寓意，苏州怡园的“锄月轩”，即是取自宋人刘翰“自锄明月种梅花”诗意，元明亦有这样的诗句，而“一锄”或许更加强调专心致志、一心耕耘。光阴荏苒岁月如梭，先生当年在学术园地辛勤锄种的颗颗花粒，如今已是繁花满园，硕果累累。

在中国经济史学近半个多世纪的发展史中，吴先生是享誉海内外的一颗睿智的思想明珠。他的一生曲折坎坷而光耀璀璨，他的学术博大精深，引航导向，他的理论方法、治史观念及其科研成就，不仅凝聚成为高山仰止的巍峨丰碑，而且广为后学所接受、汲取和传播。从繁花硕果追溯耕耘艰辛，沿着他学问人生的跋涉行迹，能够引导我们透视中国经济史学世纪发展的一个缩影。

一

吴承明先生（1917 年 1 月 3 日—2011 年 7 月 8 日），祖籍河北滦县，考其曾祖一辈自幼“好学不倦，十三岁应童子试，即以第一名冠军”。曾任清廷内阁侍读，“博洽能文，熟于掌故”，曾纪泽出使欧洲奏调其为使馆参赞，为之婉谢；而益发“研讨经世之学”，并与同文馆西学教习有交往。“知铁路为强国之具”，遂联名奏请修建芦汉铁路，得李鸿章力赞却始终未果。后外放浙江任多处地方官，“敦风化、创学校，以开民智”，其为官刚正清廉，政绩卓著，“处脂膏而不以自润”，反贪腐“守正不阿”，后人写入《清官集》。辛亥革命中，曾敦促浙军起义，后北归隐居，“然忧国之心，老而弥笃”；用“思寡过”名书斋，“以清白遗子孙”，米寿而终。先生的祖父吴鸿逵（字用宜）曾在杭州为书吏，1920 年后定居北京。

先生之父吴大业（字扶青），1911 年毕业于北洋大学堂法科（该校 1895 年创建，系天津大学前身。其法科 1917 年并入北京大学，而北京大学的工科移到北洋大学），历宣统皇帝殿试，赐“同进士”出身。其主业法律事务，曾协助外交部长王正廷督办“鲁案”（欧战后从战败国德国收回青岛相关主权和胶济铁路的权益）善后事宜，后为专业民法律师。两度出任北平律师公会会长，任北平国货陈列馆馆长、财政部北平印刷局局长等职。先生之母李翔青女士，毕业于我国最早的女子师范学校之一，也是女界名流的摇篮——北洋女子师范学堂，一生贤妻良母，高寿九十有四。

先生为家中长男，秉承勤学济世之家风。1923—1940 年，读小学、私塾、北平市立三中、四中，入北洋工学院、清华大学、北京大学、西南联大四校，历工、理、经、史四科。那时的中国正处在社会大变革时期，先生立志“工业救国”，1932 年考入北洋工学院预科。两年所学均为实用课程，他感到当以“科学救国”，于是 1934 年再度考入清华大学理学院学习化学。进而，他认识到“经济救国”更现实，习学经济最能振国济世，便转入经济系。时任系主任的陈岱孙教授亲授基础课，西方经济学说史特别是古典经济学予其直接影响；而萧蘧的货币银行学和余肇池的会计学均属必修，这对他日后的留洋学习非常有利。他还选读了杨树达、雷海宗等名师的文史课程，并参加世界语和新文字运动，1935 年（其 18 岁时）就在进步刊物《东方既白》创刊号上发表论中国土地问题的文章。

进而，日军侵华凶焰日炽，东北沦陷、平津危机，先生满怀报国热情，加入中华民族武装自卫会等组织，积极投身抗日救亡。一二九运动爆发，他成为北平爱国学生运动领袖之一，也是清华救国会和大游行的领导人之一。1936 年中华民族解放先锋队成立，他被选为大队长，这年夏天被迫离开清华大学到北京大学史学系继续学习。他选修了孟森、郑天挺、钱穆等史学大家的课，也继续着“经济救国”的理想，到经济系听课并自修马克思主义经济学。七七事变后，先生参加平津流亡同学会和战地服务团，这年冬天他在试马时写下“策马登峰极，边城看雪消；含悲辞燕阕，饮恨建康桥”的诗句[①]，记述那段艰苦岁月和抗战决心。1938 年冬，他到昆明西南联大复学。这里名师荟萃，先生得以面聆陈寅恪（隋唐史）、姚从吾（史学方法）、刘文典（古典文学）、赵乃抟（经济思想史）等名家教诲；还加入西南联大话剧团，参演闻一多为舞美、曹禺任导演的剧目，并到工厂农村演出宣传抗战。西南联大奠定了他深厚的文史功底，继而写出毕业论文《古代云南与中土关系之研究》。他感慨后来专门研究经济史，却从未念过一门经济史的课。1940 年夏毕业，他供职于重庆中央银行经济研究处，兼任《新蜀报》主笔、《银行界》主编等职，还发表过一些研究战时生产政策和金融方面的文章，产生了一定的影响。[②]

---

① 诗句出自《春望》，载先生惠赐之《濯足偶谈》1992 年第 1 版。“偶谈”已印 3 版，先生临终前还在补订，准备出第 4 版，却成永憾！

② 先生当时较有影响的文章主要有：《论当前生产政策》《论大小生产——再论当前生产政策》，载《时事新报》1942 年 4 月 12 日、6 月 8 日；《产业资金问题之检讨》《理想利率》，载《金融知识》1942 年第 2 卷第 5 期、1944 年第 3 卷第 2 期。

1943年冬，先生历尽艰辛船行43天越洋赴美，入哥伦比亚大学继续深造，怀抱“实业救国”理想进商学院研究生部学习，主修货币与金融学兼修工业管理。时在战中，美国正值罗斯福总统任内，经济学界凯恩斯主义兴盛，哥伦比亚大学则还保留着克拉克（J. B. Clark）之遗风，其子小克拉克（J. M. Clark）主持哥伦比亚大学讲坛。先生选修其经济学课外，还选了查普曼（T. Chapman）的银行学、多德（D. L. Dodd）的金融市场等课程；管理学方面选有工业管理、营销学等。1945年，他的《认股权、股票股利及股票分裂与扩充公司之投资理论》颇受好评，修改后通过，被授予贝塔—西格玛—伽玛（Β Σ Γ）荣誉学会的“金钥匙奖”，此奖要求获奖人课业优秀，必须五门成绩全部是“A”。先生的导师贝克哈特（B. H. Beckhart）不仅是一名学者，也是大通银行首席经济学家，他明确反对凯恩斯主义。不同学派并存的环境，成就了先生海纳百川的学术胸襟，他还注意观察各学派演变发展轨迹，蕴积成开放宽容的学术风格和思维逻辑直至终生。其硕士学位论文《美国战时公债与金融政策》顺利通过，1946年获得硕士学位（当时无MBA，称MS）。[①]

同年3月9日，先生与留学朱丽叶音乐学院的钢琴家洪达琳女士结为伉俪。婚后，他打消继续攻读博士学位或留在美国就业的念头，选择归国报效祖国。此时国内的抗战已经胜利，百废待兴，国民政府资源委员会“驻美技术团”1946年3月改组为“驻美代表办事处”，资源委员会经济研究室主任孙拯领命聘请被称为“GNP之父”（后改用GDP）的著名经济学家西蒙·库兹涅茨（S. S. Kuznets，1971年诺贝尔经济学奖得主）担任资源委员会顾问，聘吴承明、张培刚、丁忱作专门委员为库氏当助手，于6月陪同库氏来到南京的资

① 先生的获奖论文和学位论文在其回国后的1947年译刊中文概要——《认股权、股票股利及股票分裂与扩充公司之投资理论》，载《证券市场》1947年第14号；《美国战时公债与金融政策评述》，载《财政评论》1947年第16卷第1、2期。

源委员会。

二

先生一生读万卷书，行万里路，孜孜以求，报效祖国，追求科学，追求真理。他的确称得上学贯中西、古今融通而且史论互证、著述甚丰，受到海内外同行的敬重。这与他深厚的文史功底和西方名校的系统教育分不开，也是他博学勤思、严谨治学所致，更是他主张各家并存、取法务上、求实创新学术精神的体现，而“史实”是他自始至终坚持的治学根基。

归国之后，先生在资源委员会辅助库兹涅茨工作。他曾对我谈起，资源委员会聘请库氏主要是“请他设计一套资源和工矿产业的调查统计制度，而不是研究中国的 GNP”，但库氏对中国 GNP 有兴趣，要助手也为他提供相关资料，主要就是我导师巫宝三先生主持的《中国国民所得（一九三三）》，并附有 1931—1936 年 GNP 的推论数据。此研究 1945 年完成，后于 1947 年由中华书局正式出版，至今仍有学术影响。我记得巫老说过出书之名只标 1933 年，是因为详细的估计以 1933 年为限，其余年份材料不足，无法用同样的方法准确估计，只能当作一种趋势看待。吴先生当时所见的还是用复写纸手抄的四大册原稿，摘译成英文供库氏参用。库氏对此项研究饶有兴致并写了评论“*Comments on Mr. Ou's Study of the National Income of China*”，由吴先生送给当时在中央研究院工作的巫先生，巫后来写了《答库兹涅茨博士的评论》（*Reply to Dr. Kuznets' Comments on Mr. Ou's study of the National Income of China.*）。在探讨相关概念和方法方面，巫先生还在美国的《经济学季刊》1946 年 2 月号上发表《国民所得中的国际支付》（*International Payments in National Income*）。吴先生到中央研究院拜访巫先生，巫与之谈了自己与库氏之间对国民所得的概念和计算方法见解之不同，并赠其《经济学季刊》之文。

不久，吴先生经过研究写出长达 19 页的《我国资本构成之初步估计》，1946 年 11 月（此时他尚不到而立之年）发表在《中央银行月报》新 1 卷第 11 期，根据库氏的方法进行 1931—1936 年中国的资本形成（capital formation）估计，发表后产生反响，还被译成英文刊于香港。此后巫先生 1947 年 12 月发表《〈中国国民所得（一九三三）〉修正》，谈到参考库氏及其三位助手包括吴先生的意见。[①] 吴先生接下来继续完成《中国工业资本的估计》，主要时段是 1936—1946 年，与前人不同的是，他将“资本”定义为“生产剩余价值的价值”，此文也被几种刊物转载。这些工作无疑都是以“史实”为基础的实证研究，正式开启了吴先生的第一个经济史研究专项。[②] 巫、吴两位先生尽管研究方法不尽相同，却开始了此后半个多世纪的学术情谊，并成为中国社会科学院经济研究所 30 多年的同事，且都尽享天年九十有四而终，他们是我人生和学术上影响最大、最久的恩师！

其实，当时库氏来华两个来月即回国了，吴先生也在 1947 年年初辞去南京的工作来到上海，任中央信托局信托处襄理。同时兼任上海交通大学、东吴大学等校教授，主要讲授货币银行、国际汇兑、工业管理和财务报告分析等课，这些多是国内新开的课程，还发表了一些相关论文。新中国成立后的 1949 年冬，他的清华大学和哥伦比亚大学老学长冀朝鼎出任中央财经委员会委员兼中央外资企业局局长邀其到北京工作，是年 11 月 14 日，先生回到了阔别多年的京

① 相关文献参见 P. S. Ou（巫宝三）International Payments in National Income, *Quarterly Journal of Economics*, Feb. 1946；《修正》一文发表在《社会科学》杂志 1947 年第 9 卷第 2 期。此两文均收入巫宝三《经济问题与经济思想史论文集》，山西经济出版社 1995 年版。

② 参见吴承明《我国资本构成之初步估计》，载《中央银行月报》新 1 卷第 11 期，1946 年 11 月；《中国工业资本的估计》，载《中国工业》新 1 卷第 5、6 期，1949 年 9、10 月，后得汪敬虞先生函件及资料而进行了部分修正。两文在收入其文集时标题均添加了年份，参见《吴承明集》，中国社会科学出版社 2002 年版。

城。从此直至辞世，先生在京生活了 60 多年，一个甲子有余的沧桑巨变！

1950—1957 年，他在中央外资企业局、私营企业局和工商行政管理局工作，并开始研究外国在华投资问题，1951 年以笔名魏子初（“外资处”谐音）发表了一些成果，其中，三联书店出版的《帝国主义在华投资》虽是小册子却很受重视，先后再版并被译成俄文版。在此基础上，先生继续拓展资料收集并辅之以个案调查，将外国直接投资的考察从前人一般止于 1936 年延伸至 1948 年，研究证实外国在华投资中资本输出很少，主要来自外资在华的积累——结论源自人民出版社 1955 年出版的《帝国主义在旧中国的投资》，此书是研究相关问题的必读书。外国在华投资成为先生第二个经济史研究专项，第三个专项则是时代印记鲜明的中国资本主义改造问题。

工商行政管理局的主要任务就是对民族资本主义工商业进行社会主义改造，局长是许涤新（1906—1988）。吴先生 1958 年任该局调研处处长，又调来方行、汪士信等同做研究。经许涤新与当时中国科学院经济研究所孙冶方所长商议，合设“资本主义经济改造研究室”，吴先生任主任，主要工作是编《中国资本主义工商业史料丛刊》，写《中国资本主义工商业的社会主义改造》（人民出版社 1962 年版、1978 年修订本），这是“资改”的重要作品，得到广泛引用。需要说明的是，先生对“资改”有自己的认识，认为《公私合营工业企业暂行条例》在执行中走了样，改造不仅强制而且扩大化，他建议《中国资本主义发展史》写到解放为止，不再继续写第四卷“资改”。到“文化大革命”，“资改室”解散，成员也下放到“干校”。先生生性达观，种稻种菜、战天斗地的干校生活，反倒使已患多年的十二指肠溃疡痊愈，能饮酒聊天，濯足论诗，并把其中有价值的记下来——这就是其《濯足偶谈》的来源。1974 年年初，许涤新联系人民出版社“借调”先生等编写《旧中国的资本主义生产关系》（1977 年版），次年调到商业部，开始酝酿写《中国资本主义发展史》。1977 年，许涤新古稀之年出任中国社会科学院副院长兼经济研究所所长，翌年吴先生等也转到经济研究所并扎下根来。在前述三个专项研究之后，30 多年来，先生在经济研究所的学术贡献彪炳史册，尤其在探索经济史学的方法论和历史观方面更是无可替代！

先生专任经济研究所研究员之后，先后担任所学术委员会委员、博士生导师，兼任南开大学博士生导师。1980 年任日本东京大学客员研究员，1986 年任美国加州理工学院客座教授。学术兼职主要有：中国经济史学会会长、中国国史学会理事、中华全国工商联特约顾问等。1991 年获国务院颁发的社会科学突出贡献专家特殊津贴，2006 年被授予中国社会科学院首批“荣誉学部委员”，2008 年当选“中国社会科学院健康老人”——他一再说这是自己最后的也是最珍重的一项荣誉。

毋庸讳言，以“史实”为治史根基离不开枯燥烦琐的资料工作。回溯先生从 20 世纪 50 年代起就参加千家驹先生倡导的“中国近代经济史资料丛刊编辑委员会”，首先问世的是他 1954 年的《帝国主义与开滦煤矿》，署名“魏子初”；次年出版千家驹的《旧中国公债史资料（1894—1949）》。编委会还与海关总署合作，利用其存档编出“帝国主义与中国海关”丛刊，如《中国海关与庚子赔款》《中国海关与邮政》等，史料价值颇高。前述“资改室”的《中国资本主义工商业史料丛刊》也是先生负责的，“中资史”的基础就是大量发掘和调查的史料。

先生倾注了最多心血和精力的就是《中国资本主义发展史》。20 世纪 60 年代初，周恩来总理提出为实现“马克思主义政治经济学的中国化”，应编写一部“中资史”，任务交给许涤新，由“资改室”承担，但因“文化大革命”而中断，1978 年先生等到经济研究所后正式启动。许涤新和先生任主编，全书分三卷：第一卷“中国资本主义的萌芽”，为1522—1840年中国资本主义的产生；第二卷“旧民主主义革命时期的中国资本主义”，为1840—1920年中国资本主义的发展；第三卷“新民主主义革命时期的中国资本主义”，为1921—1949年的情况。这是一部逾200万字的巨著，20多位学者历十几个春秋才完成，全书配制487张统计图表，人民出版社1985—1993年出齐。许涤新撰著全书“总序”，先生统稿，许涤新审订。然而，从撰著体例和主要内容的构架，到执笔“导论”等重要部分的写作，再到统稿删改以至于重写的巨量工作，处处凝聚着先生的呕心沥血！此外，他自认研究贡献主要有三：近代中国资本集成的估计、近代中国工农业和交通运输业总产值的估计以及近代中国国内市场商品量的估计。这些研究均为海内外学者所重视、评介和引用，而先生却对其中一些数据不断修正，如前两项估计的修正直到21世纪收入《吴承明集》。可以看到，这部大作汇聚了先生前几个专项研究的精髓，而且在史实辩证、研究方法、论点新见等方面展现出其不懈的理论追求。

先生倾注最大精力锄种的学术之花结出了丰硕成果，此书面世后，中外学界好评不断。特别是第一卷，1987年台北谷风出版社就出了繁体字版；1989年7月20日，李约瑟（Joseph Needham）致信先生征求对“近代科学为什么在西欧而不是中国产生”（“李约瑟之谜”）的意见，先生复信讲到中国16—17世纪的启蒙思潮缺乏欧几里得式的逻辑思维，但主要原因还在于明清中国是以小农生产（包括手工业）为基础的社会，经济上较少竞争且人力充裕，缺乏迫切利用新科技的需求等。剑桥大学的诺兰（Peter Nolan）与先生商议英译此书，由伦敦大学柯文南（C. A. Curwen）译编英文本，2000年麦克米伦出版社（The MacMillan Press Ltd.）出版。客观地说，尽管此书难免时代痕迹，但的确是中国经济史学的一座里程碑，被认为是“填补空白”之作和“国内外引用率最高的中国经济史著作之一”。先后获得“中国社会科学院优秀学术成果奖”“孙冶方经济科学奖”“郭沫若中国历史学奖”等，并多次再版。通过先生的治学轨迹，可见以“史实”为基础、扎根于实证研究的经济史学，才具有强劲的生命力，基于此的方法论探索才颇具学术价值！

三

在谈吴先生的方法论之前，需要说明“史法”大概初始于《春秋》之“书法”“义例”，在中国史学中大抵指著史或治史的原则、方法，这里重在其方法论意义，主要指先生治经济史学的方法和方法论。

一般来说，方法论的探索离不开研究对象本身。值得重视的是，20 世纪 80 年代初，学者多数还是重生产、轻流通时，先生已开始研究市场问题了。他首先估算市场商品量即市场大小的演变，整理出 1840—1869 年、1894—1908 年、1920—1936 年五个时段的国内市场商品量估计，据此可见 19 世纪下半叶市场发展很慢，其扩大是在 20 世纪以后，抗日战争后剧减，此即多次修改后最终载入《吴承明集》的《近代中国国内市场商品量的估计》。为了从更长时段研究市场，自 1983 年起，他陆续发表论明代、清代、近代市场的系列论文①，从人口和耕地、田价和物价、货币和白银流通、财政和商税等方面，深入研究明清和近代市场长周期性的兴衰演变，在国内外产生了很大影响。1984 年，美国名家费维凯（Albert Feuerwerker）看了他的清代市场论文后邀其到意大利参加中国经济史研讨会；1986 年法国著名汉学家贾永吉（Michel Cartier）将上述三篇市场论文摘要写成《吴承明的国内统一市场形成观》，发表于著名的《年鉴：经济·社

① 他连续发表了《明代国内市场和商人资本》，《中国社会科学院经济研究所集刊》1983 年第 5 辑；《论清代前期我国国内市场》，《历史研究》1983 年第 1 期；《我国半殖民地半封建国内市场》，《历史研究》1984 年第 2 期。

会·文明》（*Annales, économies Sociétés Civilisations*）1986 年 11—12 月号；先生论中国近代市场的论文，则有日本的中国现代史研究会会长池田诚监译的日译本（载《立命馆法学》1984 年第 5—6 号）。

不满足经济史实的考证复原而深入透析现象进行理论阐释，这是先生治学的鲜明特点，也是其方法论探索的重要途径，即从“史实”出发探究“史法”。他在市场理论方面下了很大功夫，其《市场理论和市场史》分析马克思的分工产生市场的理论，赞赏恩格斯《反杜林论》中的主张“生产和交换是两种不同的职能”，提出历史上各种市场的出现多与分工无关。《试论交换经济史》则建构交换与经济发展关系的模式，提出“交换先于生产”，在理论上做出新尝试。先生研究市场，从商路、商镇、商品运销转向人口、价格、货币量、商品量等变化，分析市场的周期性演变，并讨论其对社会结构、阶级分化的影响，其市场研究是以中国现代化（近代化）的宏大背景为基点的。他认为，市场资料较多，数据有连续性，用市场和价格的演变来考察经济的兴衰与中国的现代化过程，均有很大的优越性。这与“斯密动力”相仿，即市场促进分工、分工和专业化促进生产，经济增长与市场的深化扩展分不开。仅从生产视角不足以认识经济发展和中国现代化，从而应注重流通，于是他努力进行两方面的工作：一方面，对 16 世纪与 17 世纪、18 世纪与 19 世纪上半叶的中国市场进行系统考察，这可以说是“史法”之“实证研究”；另一方面，在经济学理论与经济史研究的方法论以及现代化理论等方面进行创新探索，希图在理论上找出一条适应中国经济史学和现代化研究之路，这可视为“规范研究”。这些研究体现于《16 与 17 世纪的中国市场》《18 与 19 世纪上叶的中国市场》等系列成果①，

① 分别载中国商业史学会编《货殖：商业与市场研究》第 1 辑和第 3 辑，中国财政经济出版社 1995 年版和 1999 年版。

得出中国现代化肇端于16世纪的明代“嘉（靖）万（历）说”。客观地说，此论非其最先提出，如傅衣凌先生就有过类似论点，但吴先生将此说立论，并以坚实的实证考察和规范研究展现于世人。他的《传统经济·市场经济·现代化》一文论述从传统经济到市场经济的转变过程，同时指出，市场机制也有一个转变过程，也就是经济的现代化过程，这样，其市场研究便同现代化研究有机地结合起来了。体现于其系列市场研究的集中成果——1985年出版的《中国资本主义与国内市场》，是他1949—1983年相关论文的集萃；1996年刊出的《市场·近代化·经济史论》，则是他1985—1995年重要贡献的汇聚。

研究可知，探讨近代经济问题绕不开现代化。先生1987年就在此下功夫并提出新见，在《早期中国近代化过程中的内部和外部因素》中，他针对“冲击—反应”范式和“传统—现代”对立模式，提出中国“内部能动因素”论，并予实证考察。传统经济中的能动因素主要是农业和手工业，他认为，传统农业可承担现代化任务，但不否认其落后面在一定程度上制约工业化发展。更重要的是，他以科学的精神和谦逊的态度在再版时指出，对于近代人口与耕地数据“我的估算已落后了”而应“改用时贤新论”。在《近代中国工业化的道路》中，他分析利用手工业的功效及工业与小农经济的结合，或许本有一条立足本土、工农结合、土洋结合进而现代化的道路，但终败于以洋行、租界为背景的大口岸经济之路。正是由于传统经济有其内部的积极能动因素，“中国的工业化应当走与传统产业协调发展的道路，不能一举而代之”。继而，他写了《论二元经济》，从理论方法上探讨不发达经济走向现代化的道路，认为将传统农业的作用局限于为现代化产业提供廉价劳力不准确，关键是低估了传统农业的剩余。二元经济现象长期延续，小农经济是多元的，有自行调节资源配置的功能。他构建出一个小农经济生产模型，但说明无法计量。

研究现代化最为关键的是现代化的标志问题。20 世纪 90 年代，国家正式提出建立社会主义市场经济体制，先生采用希克斯（J. R. Hicks）《经济史理论》的观点，把实现市场经济作为经济现代化的标志。他论证从马克思到诺斯（D. C. North）都将工业化归之于“专业商人”的兴起和市场的扩大，引发生产方式的变革，商业革命导致工业革命。具体到中国，他把明代嘉万时期的徽商、晋商等大商帮的兴起和工场手工业、散工制的发展，财政、货币的白银化，租佃、雇工制度的变革以及社会结构的变迁与 17 世纪的启蒙思潮等综合考察，视为明清之际的现代化因素。在 1997 年《传统经济 · 市场经济 · 现代化》之后，1998 年又有《现代化与中国 16、17 世纪的现代化因素》、1999 年的《中国的现代化：市场与社会》等系列成果问世①，他在探索中国现代化研究的方法论上做出了不懈的努力。

就“史法”而言，先生的治学方法在经济史学界独树一帜，公认其方法论独到，且历史观新颖，理论追求伴随始终。回眸 20 世纪 80 年代初他发表的《关于研究中国近代经济史的意见》，主要讲两个问题：如何看待帝国主义入侵的后果和如何评价封建主义的作用。对于前者，后继有《中国近代经济史若干问题的思考》；对于后者，则有《谈封建主义二题》深入讨论。“二题”是指古代封建主义和近代封建主义，他论证中国古代封建制度有别于西方的若干特点，分析中国步入近代社会的不同道路；“近代封建主义”是新概念，意指 1840 年以后封建主义经济发展到一个新阶段，即地主制经济发生质变，吸收较发达的商品经济来自我调节，成为能够与资本主义共存的近代封建主义，确属新论。同时，先生予古代封建主义新的研

① 前两文修改稿收入先生的论文集《中国的现代化：市场与社会》，生活 · 读书 · 新知三联书店 2001 年版；第三文即此论文集之“代序”。

究价值，这与其《广义政治经济学》理论探究相关，尽管他自认为这方面“没做出什么成绩”，其实不然。他提出，以“马克思主义中国化”为目标的王亚南、许涤新等的努力是可取的，但重点应放在前资本主义特别是封建主义政治经济学上，因为社会主义经济在中国尚不成熟，半殖民地半封建经济已有定论，而封建经济在中国产生最早历史最长，颇具政治经济学研究的典型意义，这恰恰是研究前资本主义时代的学者共同的理论困惑。在《论广义政治经济学》和《中国封建经济史和广义政治经济学》等文中，他阐述其论点并提倡研究“中国封建主义政治经济学”，为我国经济史学的理论与方法创新引航导向。

总的来看，20 世纪末 20 余年中吴先生在商业资本、市场和交换理论、中国现代化理论以及广义政治经济学、中国经济史学方法论等方面着力甚多，也逐步形成颇有见地且自成体系的历史观，即基于“史法”形成“史观”。他非常关注西方学术特别是经济学的发展与动态，并运用其中适应中国经济史学研究的方法，成为经济学理论与经济史研究结合的典范。他的结合与运用绝非“照搬”，而是能动而理性的，突出有选择与做修正。例如，先生有“计量经济学”的深厚功力，认为研究中国经济史学离不开计量方法，能够计量的应当计量，但明中叶以前不太适用，此后可以用，但数据必须核实可靠。再如，改革开放后，以诺斯为代表的新制度学派影响中国，先生认为，其产权理论、交易成本、制度变迁等概念可用于研究中国，但应注意具体的研究对象与实际数据，这些都是治经济史学重要的方法论见解，也是酿就其最终的巅峰之作的必由过程。

四

“史观”也可以表述为“历史观”，不仅与方法论紧密相联，而且一般讲史观问题当以较长时段的“通史”为基础，即所谓“通古今之变”。先生的研究重心在近代，但他做到了“史通古今”并涵融中外，而且是在专精基础之上的贯通。他治史之“今”不仅仅在于关注当今世界学术理论思潮及其发展，更具体落实到当代经济史研究之中。1996年国家社会科学基金“九五”重点课题“中华人民共和国经济史（1949—1952）”立项，请先生做学术带头人，由他和董志凯任主编。该书独具一手档案资料优势，研究从人与自然的关系延伸到人与人的社会关系，并加强新中国成立初期社会经济状况的评估和新民主主义经济体制的理论分析，有关恢复国民经济的措施和成就也是以专题研究为基础的，突出反映了新民主主义经济在中国全面建立、实施和运行的历程与成就。该书2001年出版，并获奖和再版。先生自称对此“并无实际贡献”，其实他参与拟订大纲、研究撰写，还承担第二章“旧中国经济遗产”的部分写作。历次书稿讨论会也都参加，还审阅全部成稿，此书中亦可见他的思想轨迹。同年，先生还应邀主编《中国企业史》（近代卷），他请江泰新共同主编，此书2004年出版。这些都证明先生对经济研究所经济史学研究发展具有独特贡献。

下探当代体现了先生的博学深进，但非其治学主攻方向。他的研究重在近代到明清并上溯宋代，内容从生产到流通再到市场；进而超越传统的“经济”概念，对社会结构、制度变迁、思想文化进行系统考察，最终凝聚而为“经济史：历史观与方法论”的深层探究。步入21世纪之后，他着重研究的就是此课题，还几度给博士生开课讲授，2001年年末，中国社会科学院老年研究基金正式立项，这时他已近85岁且罹眼疾“飞盲症”。就在这种情况下，此后整整四年多时间，他每天勤奋耕耘，废寝忘食，趴在书桌上动辄数小时。此书承载着他近几十年来孜孜以求的研究志趣，更是其科研特色与学理思辨的高度凝练与升华，他投入全部精力和心血的研究炉火纯青已臻化境——最终呈现出其巅峰之作《经济史：历史观与方法论》。此书是“十一五”国家重点图书，2006年年底由上海财经大学出版社出版，几天之后即是先生的九十寿辰。他几次说过对此书比较满意，但这是自己的最后一部研究著作。在他身后，此书经过我们反复论证，收入商务印书馆享誉中外的“中华现代学术名著丛书”，于2014年出版。我应邀为此书撰写《史实·史法·史观》的导读文章，即是此序言的基础。

先生此著重点阐释经济史是研究历史上各时期的经济是怎样运行的及其运行的机制和绩效，从而研究不能仅限于经济本身。他强调经济史首先是“史”，这是毕生治经济史学大家在此书“结束语”中的首要提示。治史，离不开“历史观”，故而“史观”是首位的，《经济史：历史观与方法论》将“历史观”作为全书的“上篇”，分为四章予以阐释——引子：经济史学小史、古代中国与西方的历史观、理性化时期的中西历史观、理性主义的反思和西方历史观的转变，基本上都是基于中西比较展开考察分析的。他主要从三个方面考察阐释历史观，即如何认识人与自然界的关系即天人关系、如何认识人与人的关系即社会关系、如何认识思维与存在关系即认识论。他赞赏司马迁“究天人之际，通古今之变”的历史观，认为其天人相通、社会和谐、古今通变是高明的，而宋以后的启蒙思潮虽然促进思想的理性化却不能导致社会的现代化，这也是中西思想文化差异对经济发展和社会转型的不同影响。我们能够在先生学贯中西、古今游刃有余的畅论中，领略到的不仅是博大的知识体系的碰撞，而且可能体悟其精湛宏论的深邃寓意，进而思考：为何要从历史观层面谈经济史学？中西方的历史观主要异同何在？西方的历史观缘何而转变？

“方法论”是全书的下篇，分章深入阐述方法论和历史实证主义、经济学理论与经济史研究、社会学理论与经济史研究、计量分析与经济史研究以及区域研究与比较研究等，最后是点睛之笔第十章“结束语”。先生着重评介诺斯的新制度学派、法国年鉴学派和经济计量学派的方法，并特别强调实证主义是“不可须臾或离”的治史方法，而中国史学一直是实证主义的，这也就是以“史实”为根基。他具体考证中国史学诸家以及西方从狄尔泰（Wilhelm Dilthey）、克罗齐（Benedetto Croce）直到海德格尔（Martin Heidegger）等，尽管各家的学说主张各异，但无疑更充实了实证主义方法。他着重指出，历史研究是研究我们还不认识或认识不清楚的事物，任何时候都有待认识的东西；随着知识的增长，特别是时代思潮的演进，原来已知的需要再认识，研究就是不断地再认识，因此，研究方法应开放即“史无定法”。最后，先生概括他研究中国经济史学的思维理路：“历史—经济—制度—社会—文化思想”，语重心长地阐发“百家争鸣，学术才有进步”！

离开书本再回到先生治学的轨迹。历史观和方法论都是他数十年来研究经济史学的探索和积累并不断完善的结晶。其“史观”的特色就是凸显创新的“发展论”，并且深入落实，一以贯之。早在他为《中国大百科全书》（经济学卷）撰写万余字的“中国经济史”长词条中，就对中国几千年的经济发展史进行系统总结——历史包括经济史的发展可能曲折，也会有回潮，但总趋势是进步的，不存在从唐宋“顶峰”走向明清“衰落”的阶段。直至近年国家级大型项目多卷本《中国经济通史》请他撰写“总序”，其依然重申发展的观点。从发展的眼光看问题，他以古人的“苟日新，日日新，又日新”为志，学术追求突出一个“新”字！如果没有新东西，他不写文章、不开会发言；做研究要求有新材料、新观点或新理论，包括对以往的研究成果进行不断修正。他认为，科研不可能一蹴而就，随着时代的发展、材料的新发现和研究手段的提升以及认识的深化，以前的成果也需要不断地修正才能与时俱进。发展必然要创新，他视“创新”为学术研究的生命力——这与先师巫宝三先生十分相似，他们绝不故步自封而力主创新，而创新要建立在充分的实证研究基础之上，系统研究要先作专题，专著要以论文为基础，“由小而精到大而博”。他们都十分注重中国史学传统“究天人之际，通古今之变”，巫先生据此从经济思想史上研究司马迁的“法自然”思想颇多新意，而吴先生则从历史观与方法论视阈阐释其历史哲学，通过实证提出西方征服自然的斗争哲学终将回归太史公的主张！

再插一句，这两位治经济史学的先生对《中国经济史研究》杂志都寄予厚望，对经济研究所这点“史学家业”十分上心，但凡有好文章首先想着在此发表；每一期杂志刊出，他们都会立即放下手中工作，认真阅读，都非常关心杂志的发展和学界的评价，拳拳之心感人至深！

五

不难看到，历史观与方法论密不可分，而且史实—史法—史观也相互融通。有必要对吴先生经济史学研究中最具代表性的“两论”集中阐述。众所周知，在方法论上，吴先生力倡“史无定法”影响很大，他的许多论著中都有相关论述，这的确是不可或缺的研究方法，更深具方法论内涵和意义。诚然，我国早有“史无定法”之说，我记得清人章学诚曾就“史家之绝唱”的司马迁《史记》，提出“迁《史》不可为定法”之论。[①] 今人谈陈寅恪之学有“诗无定式，史无定法”之说；余英时在其流传甚广的《怎样读中国书》中，说他以前提出过“史无定法”的观念，现在也可以扩大为“读书无定法”。至于到底什么是“史无定法”，说法就更多了，如“运用一切可能的方式”或者“历史可以有不同的表述方式和解读方式”“历史是需要不断解读的”，等等；还有学者专就经济史学解读吴先生所

① 《文史通义》卷一《内篇一·书教下》。

论“史无定法”，都是很有启发意义的。的确，先生赋予此论以治经济史学的具体而可行的实际内容。

20多年来，我有幸时常得到先生的教诲（他称为“切磋”），深感“史无定法”在其方法论中重要而深邃，并且他是在“经济史：历史观与方法论”这一宏大架构中概述和不断完善此论的。回溯先生阐发此论的轨迹，或许会有更多启迪。早在20世纪80年代初，他出访东京大学时就注重各种研究方法问题，特别是西方研究经济史学的动向，当时国际学界的顶级学者在方法论方面都显现出极高的热情。1984年在意大利米兰召开“International Conference on Spacial and Temporal Trends and Cycles in Chinese Economic History, 980—1980”，主持人是费维凯（Albert Feuerwerker）和郝若贝（Robert M. Hartwell），出席的有诺斯（Douglass C. North）、施坚雅（G. William Skinner）、马若孟（Ramon Myers）、罗斯基（Thomas Rawski）、白吉尔（Marie-Clair Bergere）、贾永吉（Michel Cartier）、魏丕信（Pierre-Etienne Will）、斯波义信及王业健、李中清、王国斌、刘翠溶等名家。吴先生应邀与会并发言，提出“史无定法”，即“就方法论而言，有新老、学派之分，但无高下、优劣之别”，“新方法有新的功能，以至开辟新的研究领域，但我不认为有什么方法是太老了，必须放弃。”会后，他在中国社会科学院和上海社会科学院都讲授国外的观点和方法，听众大开眼界。接下来，1986年美国加州理工学院聘他为客座教授，因而得与海外学者深入交流，其深感收获甚丰。同年底，先生在中国经济史学会成立大会上发表《中国经济史研究方法杂谈》引起轰动，三种刊物登转。到1992年，他发表长文《中国经济史研究的方法论问题》，阐述其系统性方法论研究，重申“治史可因对象、条件不同，采用不同方法”，可谓“大道至简”的点睛之论。

概括地说，其方法包括：①文献学和考据学方法；②历史唯物主义方法；③计量学方法；④发展经济学方法；⑤区域论和周期论；⑥社会学方法；⑦系统论方法；⑧“史无定法”。先生将方法分为三个层次：①世界观、历史观思维方法；②归纳、演绎等求证方法（后来概括为“认识论意义的方法”）；③经济学、社会学等专业和技术研究方法。在“史无定法”原则下，直接适用于中国经济史研究的主要方法有：①经济计量学方法（明中叶以前不适用，因古代文献不准确、记载不连续等）；②发展经济学方法（研究欠发达国家，特别是考察长期趋势可借鉴，注意比较研究，二元经济论等均可用）；③区域经济史方法（区域内与区域间两者应同时进行，中心地理论提出经济发展由核心地区向边缘地区扩散，可考察移民、贸易、交通等及核心与边缘地区的关系和城市与市镇研究，有利于展现经济发展的不平衡性）；④社会学方法（源于社会学的结构理论、行为和功能学说及人口、心态等成为经济学的内容。可借鉴社会学的整体思考、比较研究、社会底层研究与社会调查方法等）。他为使国内学者拓展眼界，对西方经济史的年鉴学派、经济计量学派、新制度学派等重点阐述，肯定布罗代尔（Fernand Braudel）长、中、短时段的历史研究体系，但因其分量大应分工进行。总之，可以根据研究的对象和条件采用不同方法，重要的是该方法本身的实用性及其对所研究的问题和现有资料的适用性。他指出，选用理论主要是启发性的而不是实证性的；一种方法不可能万能，所以，要集众家之长，也可以多种方法并用。先生的方法论随着研究的深入不断发展完善，经过更为深入的理论研究，他发表了名篇《经济学理论与经济史研究》[①]，提出“在经济史研究中，一切经济学理论都应视为方法论”，此文获得“孙冶方经济科学论文奖”，并成为学术经典流

① 《中国经济史研究的方法论问题》，《中国经济史研究》1992 年第 1 期；《经济学理论与经济史研究》，《经济研究》1995 年第 4 期。两文收入吴先生论文集《市场·近代化·经济史论》，云南大学出版社 1996 年版，后者还收入《吴承明集》。

传至广，先生本人即是学界公认的应用经济学理论研究经济史学的成功典例。

我经过多年的学习和理解，尤其是先生言传身教之耳濡目染，认识到其“史无定法”论精深而博大，不仅根植于中国传统学术深基之中，更是其注重国际学界新动向、在与海外顶尖学者的交流中不断完善的。故此，他总能站在学术之巅，为中国经济史学执旗导航！没有学贯中西的扎实功底，没有长年潜沉的积淀和升华，没有超常的智慧与敏锐，就不可能在学术发展日新月异中不断执旗导向！先生攀登的是学术高峰，创造出的也是生命奇迹——其巅峰之作是在85—90岁完成的。

至于何为“史无定法”，我的理解是：既然“无定法”，也就不求诠释一致。关键是，应根据研究对象和具体问题以及可用资料来选择适用的方法，注重其特有的适用性和局限性并加以修正、调整或再加用另外的方法。我认为，“史无定法”本身就是一种“法”，或可概述为“非一”之法——核心就是“不绝对”。这不仅包括“条条道路通罗马”，而且“罗马”也不是只有一个或一成不变。这里既有一般理解的方法多样性，也蕴含着不断的发展与创新。不难想见，先生的“求新”和“不绝对”在他那个时代是相当难的。大家在不知不觉中习惯了太多的“一”（一个思想、唯一真理、甲是则乙非等），真能“非一”谈何容易！不过，先生不同，其具备“家渊”“学脉”和“思源”三方面的基础，这从上述其学问人生的演进历程中可以看到。他倡导的“史无定法”，不仅为学人治学提供了方法启迪，更引导大家从思维逻辑上改变长期形成的习惯“定式”，并力倡中国学者要具有世界眼光，成为追求科学与真理的正确方向和良好风尚。

在“史无定法”之外，先生再一个很有影响的论点是“源流之说”，最经典的表述也是在《经济学理论与经济史研究》中提出的——“经济史应当成为经济学的源，而不是它的流”。他引述熊彼特（J. A. Schumpeter）语“经济学的内容，实质上是历史长河中一个独特的过程”，指出：“经济学是一门历史科学，即使是最一般的经济规律，如价值规律，也不能无条件地适用于任何时代或地区。”他强调应当历史地看待经济学的发展，任何经济学理论都有其特定的历史背景。任何伟大的经济学说，在历史的长河中都会变成经济分析的一种方法，也是研究经济史的方法，而不是推导历史的模式。直到2010年11月11日《中国社会科学报》刊登记者对他的长篇专访《经济史应当成为经济学之源——访中国经济史学专家吴承明》，年近94岁高龄的先生进一步深入诠释自己的学术主张。他认为，不能把全部经济史建立在某种单一的经济学理论上，经济史之所以是经济学的“源”而不是“流”，是因为经济史为经济学提供材料，拓宽视野。作为习史之人，我时常思索：世间万事万物均不过时空坐标中之一点，都会随着时间的变迁而步入“史”的行列；经济学也一样，在时光演进过程中，同样也会成为“史”的一部分。以提出“现代创新理论”著称的熊彼特，在其巨著《经济分析史》“导论”开篇，不厌其烦地强调经济学之史的重要，不仅将经济学的内容视为历史长河中的一个独特的过程，而且指出：“如果一个人不掌握历史事实，不具备适当的历史感或所谓历史经验，他就不可能指望理解任何时代（包括当前）的经济现象。”熊彼特还有一段话，或许是我们今天理解“源流之说”最好的注脚：“经济史——是它造成了当前的事实，它也包括当前的事实。”[①] 可以认为，一个经济学家若患有“贫史症”，不仅很难做好研究，而且研究成果的生命力也会很有限。

先生提出，研究历史上的经济问题主要是看实践，经济史研究

① ［美］熊彼特：《经济分析史》第1卷，朱泱等译，商务印书馆1991年版，第29页。

一般可以一定的自然条件下的生产力的增长、一定的社会制度下经济运行的效果作为考察的主线。一部新的经济史，不是已有文献和著述的选择与综合，而应该在总体上和部分上，在数据、方法、观点上均属新构，代表一个时代的学术水平。他反复重申经济史研究不是只讲“纯经济的”现象，经济史学家应具备历史学修养。他赞成“社会经济史”的提法，认为经济史历来是社会经济史，主张从自然条件、政治制度、社会结构、思想文化诸方面研究经济发展与演进。他总结经济学各学派总的方法不外乎“模式法”和“因素分析法”，经济史研究则不宜用模式法，历史上各时代的经济发展总会形成某种模式，但它是研究的结果而不是出发点。经济学日益模型化和数学化，以至于出现用公式“伪装精确的知识”［哈耶克（F. A. Hayek）］、“用时间变量来代替思考”［索洛（R. M. Solow）］。经济史研究应以实证分析为主，应具体不宜抽象，不宜先立范畴，更不能用范畴“填充”历史。历史研究提出问题非常重要，而一般不宜假设。他还有许多精辟而精湛的论断，常常给人的习惯性思维逻辑以冲击震撼，比如，“合乎历史发展规律的未必就是好的”，举出奴隶制的出现就是如此；再如，“萌芽不一定非成大树”，像资本主义萌芽就可能只是“萌芽”，等等，振聋发聩，启人深思。

六

吴先生晚年越发重视思想文化对经济的作用与影响，认为“经济发展—制度改革—社会变迁”中最高层次上都要受思想文化的制衡，这其中有两重意思：一是不合民族文化传统的制度变革是行不通的；二是文化思想又常是社会制度变革的先导即启蒙。他对宋儒之学尤其是宋明心学倾注心力，认为自宋以后，儒学理性化，到王阳明将“知”和“理”一元论，有利于思想解放；那时的反传统思潮和经世致用主张以及实学思想都具有启蒙意义。可惜中国思想的理性化只有道德理性，缺乏工具理性，加之清统治者的思想禁锢，启蒙思潮被扼杀，直到西学传入，现代化启蒙才真正来临。

思想文化与经济发展是近十余年来先生和我谈论较多的论题，他相当博学却十分谦逊。或许出于我的专业偏好，我向先生不断请教经济思想史方面的问题，包括对这门学科本身的看法。我知道，他对经济思想史颇为注重，自学生时代起就修习西方经济学说史，认为研究中国经济史更不能忽视中国经济思想。在他的经典论作《经济学理论与经济史研究》篇首就列举："富国、富民思想，田制、赋税思想，义利论、本末论、奢俭论等思想，在研究中国经济史中无疑是很重要的。"晚近他对经济思想史愈加注重，认为研究经济思想史尤其是中国古代经济思想需要较为广博的知识结构和理论素养，而研究经济史不深入思想史层面可能深度不够，研究思想史离开经济史则可能成"无源之水"。先生认为，中国经济思想史有三大问题：义利—价值论、本末—生产论、轻重—流通论。他指出，西方经济学有局限，要总结中国经济学，研究中国经济思想史十分重要。在中国经济思想史中，古代经济思想是源头，这偏重文化范畴，与中国哲学史关系较紧密，要懂经济史和文化史才能深入研究。他的许多论点都是高屋建瓴之见，发中国经济思想史专业学者所未发，对中外经济思想史研究都具有指导和启迪意义。

先生的研究多居国内外领先地位，他的论著大多是掷地有声的传世之作，也是留给我们的宝贵精神财富。他被评为"影响新中国经济建设的百位经济学家"，成果选入"中国百名经济学家理论贡献精要"。[①] 先生不仅在他的著述中阐发和重申其论点，而且作为教师，他一直到年届九旬依然坚守在讲台上，将其研究心得传之于后学。

① 参见吴太昌、张卓元等主编《影响新中国60年经济建设的100位经济学家》(6)，广东经济出版社2009年版；张卓元、周叔莲等主编《中国百名经济学家理论贡献精要》第1卷，中国时代经济出版社2010年版。

20 世纪末，我和李根蟠先生都开始招收博士生，商议集中授课，在研究生院开设了“经济史学的理论与前沿”系列讲座，邀请不同专攻的专家开讲古今中外经济史学。讲座从 20 世纪末直到 21 世纪，吴先生一直是领衔的“头牌”！他的讲座，座无虚席，有个学生写了篇《听大师讲课》的文章，生动地讲述这位年近九旬的老师神采奕奕、博大精深的实况——“不间断地讲了两个半小时，台下是经久不息的掌声，是发自每个听课者心底深处对大师的敬重和仰慕。”可先生不认为自己是“大师”“泰斗”“权威”“国宝”，等等，他发自内心地称自己是“小人物”，做的是“小事情”——这是他留给自己后人的心里话，也让我明白了什么是真正的“大”和“小”！身为教师，先生谦虚谨慎，为人师表，德泽桃李同仁——他循循善诱，语重心长；答疑解惑，孜孜不倦；教书育人，桃李芬芳。培养出多名经济史学的博士、硕士；他指导、扶掖和帮助过的学者数不胜数，勉励后学如沐春风，他是中国乃至世界经济史学界当之无愧的导师！半个多世纪以来，他的精心锄种不仅幽雅香妍，更是春色满园……

直到 2011 年春，先生已度过了他 94 岁的生日，还发表了两篇文章：一篇是《经济研究》2011 年第 2 期刊登的吴承明、叶坦《一部承前启后的中国经济史杰作——〈中国近代经济史（1927—1937）〉评介》，虽然先生未执笔，但内容和观点都反复征询其意见，定稿全部经他审订，只有一项没有听他的，那就是在署名问题上他要求不署名或署在我后面。另一篇是《全要素分析方法与中国经济史研究》，刊登于《永久的思念——李埏教授逝世周年纪念文集》，云南大学出版社 2011 年 5 月出版。前述《中国社会科学报》记者采访曾问他“有哪些新的关注点”时，他谈的就是此问题，并说明“全要素分析就是分析要素与整个经济增长的关系及其变迁。……在全要素分析中，那些用丹尼森（E. D. Denison）模型计量的部分，仍然要辅之于逻辑分析，才比较完善。”他在自己的微博（是的，94 岁的先生开有微博）上说：“我准备写一篇关于全要素分析方法的文章。”病重之时，与我断断续续谈得最多的也是这一研究，并遗憾地说：“这是我一生最后的文章了。”按照他的心愿还将继续深入下去，而不能继续进行科研的日子，在他看来是没有意义的——这，就是一个真正的学者的人生！①

先生学术上的“发展论”也贯穿于其整个人生且身体力行，他主张“今胜昔”、更希望“人胜己”，多次与我谈及“长江后浪推前浪”，对后学充满期待和肯定。他以后学之能为喜、以后学之得正己，在《16 与 17 世纪的中国市场》文中，他痛责自己曾回避 17 世纪的“低谷”是“逃避”、是“可耻的”②，律己之严，令人衷心感佩！他非常注意新的研究动向和成果，哪怕是“小人物”的研究，也以之修正自己的观点，表现出公开自我批评的大智大勇，我们有幸仰慕先生风范，实为终身楷模。在严于律己的同时，他待人却十分诚恳宽厚，其看人主要看优点，看别人的研究也重在长处。对同事、朋友、学生，他都诲人不倦，无微不至；无论升职、评奖、出国、答辩、出书，先生能帮忙的都会鼎力推荐；他的科学精神、博大襟怀与谦逊态度，令与之有交往的人无不肃然起敬。在他逝世后，

---

① 有关先生的学问人生，我先后应邀撰写过多篇文章，其中最重要的就是应商务印书馆之邀，为入选该馆“中华现代学术名著丛书”的吴承明《经济史：历史观与方法论》所写导读论文《史实·史法·史观——吴承明先生的生平与学术》，即本序言的基础，此书 2014 年出版。此外，正式发表的拙文主要有《吴承明教授的经济史研究》，中研院近代史研究所《近代中国史研究通讯》1998 年第 26 期；《经济学不老人》，《经济学家茶座》2002 年第 7 辑；先生辞世之初所撰长文《学贯中西古今　德泽桃李同仁——吴承明先生的生平与学术》，《经济学动态》2011 年第 9 期；《吴承明传》，《中国历史学年鉴》2012 年收入；《史无定法　识人唯长——吴承明先生的治学与为人》，《中国经济史研究》2012 年第 2 期；《抗战时期的中国经济学家——吴承明　为“经济救国”理想而奋斗》，《人民日报》（学术版）2015 年 7 月 27 日等。

② 我曾建议先生对这些话稍作修改，但未被采纳，直到《吴承明集》中还继续保留，见该书第 142 页。

为之撰写的生平中，我意用了“识人唯长”四个字来概述他的仁厚品格与大家风范。

“识人唯长”实际上也是很不容易的。学者的职业从某种意义上讲恰恰相反，使人看到的往往是他人之不足——做研究就是做他人未做或做错，或不足的，从而很容易孤芳自赏，甚至否定他人，即便是大家也难免如此，即使是谦和的人也很难多看他人的长处。在职业习惯之外，长期形成的“真理唯一”思维逻辑也限制了博采众长，阻碍着学术的健康发展。先生却不然，他看人只看长处，并强调“肯定自己但不要否定别人”。他对不同学术流派乃至不同思想观点等同视之，认为考察学术不应当以观点为据；主张不同论点可以各讲各的，不必非让别人接受自己，更不要以己非人。这并不是说他不讲原则，他的原则就是要“持之有故”，包括学生写博士学位论文，只要“言之成理”不求观点一致。还要特别指出，先生对培养研究生相当重视，认为年轻人思想活跃，可以“教学相长”，促进自己更新。我一直请他担纲我培养博士生的导师组，直至九秩有余，还坚持为我招生阅卷。他很注意学生的长处，每每指出其中稍有见识之处，很令我感动。他提出：“学术研究不是任何人的专利，各有其特点，才能互相补充、互相切磋。”反复重申百花齐放，史坛才能一片繁荣！

我自 1985 年衔巫老之命开始上吴先生的课，到 1988 年博士学位论文答辩，再到 1992 年破格晋升研究员，吴先生都亲自参加，真是师恩如山！从多少次开会听他发言讲话，到数不清的把盏问学，促膝长谈……特别是 1993 年以来，我与先生同住一栋楼，时时面聆学术教诲，经常得到生活关照，处处都留下先生辛勤的心血！其治学与为人的点点滴滴，都深深地铭刻在我心中，永难忘怀！特别是先生为我作序的书还在修改，未能在他生前问世，永成遗憾……古语言“智者寿，仁者寿”，既智且仁的先生身体一直很好必然高寿。

他乐观洞达，与世无争，他好酒，自称“酒家”；喜美食，且中西南北菜系不拘，每谈笑：“我吃菜和做学问都主张兼容并蓄。”我总结他的“养生之道”是“抽烟、喝酒、不锻炼”，据说流传甚广，还被纽约一家报纸所引用。其实，后来，先生已经注意锻炼身体，还自编“诗操”（依唐诗配动作），经常散步观花，北京电视台2009年采访他92岁的“长寿之道”。然而，2011年7月8日15时45分，先生最终走完了他坎坷而光辉的一生，驾鹤西归，享年94岁。他的离去是中外学界无法估量的损失，也是我永远的痛！

时光飞逝，又是一年花开花落，海棠花溪如今已从繁花似锦到落英缤纷再现初实满枝①，我坐在与先生一道看花坐过的长椅上，凝眸仰望随风摇曳的枝叶，相信先生还能闻到这阵阵淡香……更相信他辛勤锄种的学术之花，汇聚于这部全集之中的篇篇精品，将长存传世千古流芳！

是为序。

（2017年7月于北京安贞桥）

---

① “海棠花溪”在北京的元大都遗址公园中，每年春天海棠花盛开，成为京城一景。这里离先生和我的居处不远，以往大家常到公园散步观花。

汪敬虞记忆

汪敬虞先生对中国近代经济史“中心线索”的特殊贡献

刘克祥

经济史学大师汪敬虞先生离开我们整整一年了。汪公在中国经济史研究领域辛勤耕耘了60余载，废寝忘食，奋力开拓，教书育人，著述丰硕，桃李成林，无论学术研究还是道德文章，都是我们学习的典范。汪公艰辛探索、确立中国近代经济史“中心线索”的曲折历程和特殊贡献，更是值得大书一笔。

“中国资本主义的发展和不发展”的“中心线索”命题，最先是严中平先生提出来的。20世纪60年代初，严老主持《中国近代经济史》的集体编写时，在编写组内提出，“资本主义的发展和不发展”是中国近代经济史的“核心问题”，应该作为贯穿于《中国近代经济史》的一条“红线”，并在组内外进行了长时间的讨论。当时因编写工作尚未真正开始，讨论比较空泛，未能取得一致意见，后因政治运动而中止。“文化大革命”结束后，项目再次上马，但由原来30万字的高校经济系本科教材，改为多卷本专著，并决定先写《中国近代经济史（1840—1894)》第一卷（以下简称“第一卷”)。由于项目定位、写书计划改变，“红线”的重要性相应降低。在课题组或研究组会议上，虽曾谈及“红线”问题，并以糖葫芦串和马铃薯做比喻，形容有无“红线”的区别。但没有进一步展开讨论，亦未提及“资本主义的发展和不发展”的命题，大家似乎已将其淡忘。

和别人不同，汪公对中心线索的探索却始终没有中断，他说，“自己在这个问题面前并没有停下来，30 年间，有过反反复复的思考”。[①] 20 世纪 80 年代后期，《中国近代经济史（1895—1927）》第二卷（以下简称“第二卷”）上马，汪公担任主编，又参加了学术界关于中国近代史中心线索问题的讨论，因而加大了探索的力度和深度，并通过《中国经济史研究》杂志笔谈，听取意见，对这一问题的看法日臻成熟、深化。进入 20 世纪 90 年代，“资本主义的发展和不发展”作为中国近代经济史的中心线索，得到学界广泛认同，成为主流观点。

这里要提到的是，汪公对中心线索的探索，是在严老已经舍弃原创命题的情况下进行的。这更加凸显汪公探求学术真理的那种执着。

20 世纪七八十年代之交，随着《中国近代经济史》定位和编写计划的改变，严老对“中心红线”问题开始淡化。1984 年，他给研究生授课时，曾谈到该书的编纂，说：“合作写书，并不一定要写成体系那么完整，组织那么严密的书，也可成为高水平的专门著作。这种著作，每本处理一个时代或一个主题范围的重大问题，各由专家执笔，各抒己见，不必要求各家的观点具有严格的逻辑一致性，也不必处理过细的问题。这种办法，在外国很流行。对于我们新兴学科，基础薄弱，队伍还不很成熟的情况而言，更加合适。”中心线索问题似乎已不在考虑之列。同时，严老关于中国近代经济史核心问题的思路也在改变。他在研究组会议上或给研究生授课时，曾多次谈到中国近代经济的本质特征和研究中应注意的问题，认为帝国

① 汪敬虞：《中国近代经济史中心线索问题的再思考》，《中国经济史研究》1990 年第 2 期。

主义和中华民族的矛盾是“最主要矛盾”，中国近代史、近代经济史就是帝国主义侵略和暴力掠夺史；帝国主义完全“主宰中国政治、经济形势的主要动向和主要进程”，使近代中国的发展状况极不平衡、极为复杂，直到新中国成立前夕，“人们可以看到处在不同发展阶段的原始公社制、奴隶制、领主封建制、地主封建制和资本主义制同时并存”，地区间的差异远大于历史时代，并以苏北、中原地区的“初夜权”为例，说明近代中国发展的极端不平衡性和落后程度，强调必须从政治和经济两方面揭露帝国主义的侵略，不能单纯用经济规律去分析近代中国的经济问题，否则容易忽视帝国主义对中国侵略的“暴力掠夺性”。[①] 可以看出，严老已将“帝国主义侵略”取代“资本主义的发展和不发展”，作为中国近代经济史的核心问题。他为“第一卷”撰写的“前言”，主要内容也是“帝国主义侵略”。[②] 不过，在文字表述上，严老尚未明确将“帝国主义侵略”作为全书的“中心红线”。而且“前言”篇幅较小，与正文不太相称，严老形容其为彪形大汉头上戴顶小瓜皮帽，不太满意。

严老晚年健康状况欠佳，但仍然十分关注学术界关于中心线索的讨论。当他发现汪公所坚持的“中心红线”，是自己已经摒弃的命题，感觉不妥。1990 年 6 月 7 日，严老大病初愈，立即给汪公写信，提出不同意见，说自己 20 世纪 60 年代提出“资本主义的发展和不发展”的命题时，对“中心红线”的性质、作用等问题，“并未深究，只不过人云亦云，鹦鹉学舌而已”；就是后来编写“第一卷”，“也未曾自觉地贯彻什么中心红线，只不过从实际出发，根据材料所体现的问题，叙述历史的具体发展过程而已”。认为探索“中心红线”，还须借助毛泽东的矛盾理论。“中心红线”应该具有“主要矛

---

① 参见严中平《科学研究方法十讲》，人民出版社 1986 年版。

② “前言”分两节即“海盗掳掠和所谓‘闭关自守’”和“所谓贸易自由和两次鸦片战争”。

盾”的性质，“它起着领导和决定其他矛盾的存在和发展的作用”。而帝国主义和中华民族的矛盾是各种矛盾中“最主要的矛盾”，帝国主义侵略“是中国近代史的中心红线”。“捉住”这个最主要红线，“一切问题就迎刃而解了”。至于民族资本主义，它虽有某些发展，但没有成为中国社会经济的主要形式，“不能对其他矛盾发挥领导的、决定的作用，不能成为中国近代史的中心红线”。明确指出，“撇开半殖民地半封建这两个主要矛盾，另立中国资本主义的发展和不发展作为近百年历史的中心红线，把视线引向纯经济现象上去，忽视政治军事暴力的强制作用，就经济论经济”，这种做法“不足取”。①

严老是学科带头人、经济史学泰斗，是汪公崇敬的兄长，两人情谊深厚，汪公对“中国资本主义的发展和不发展”命题的认识，亦缘自严老的启发。不过，汪公经过长期探索和反复论证，对这一命题的科学性和可行性已坚信不疑，并没有因为严老研究思路的调整而放弃相关研究。他在回信中写道，严老改变原来的观点，“是认识深化过程中常有的现象，是完全合乎认识的发展规律的。当然，在认识深化的过程中，也有更加坚持原来的观点的。因此，我并不因为您放弃了原来的看法而改变我自己的观点”。同时，汪公对严老原来十分强调中心线索，而现在又不太重视的思路转变，谈了自己的想法，认为集体写书“要有一个大体一致认同的中心线索，有一个大体合乎逻辑的全书构架”。“写一部历史著作，完全不要中心线索，几乎是不可能的。”汪公还就严老对自己文章的误解和相关疑虑进行了解释，说明“以资本主义的发展和不发展为中国近代经济史的中心线索，并非就是只限于写资本主义，更不是各行各业、各个经济部门都得谈资本主义的发展和不发展”；而且，以资本主义的发展和不发展为中心线索，也“决不只限于写资本主义……不但不限

① 《关于中国近代经济史中心线索问题的通讯》，《中国经济史研究》1990年第4期。

于资本主义，而且也不限于经济，不能单纯经济观点。只有把视野尽量扩大，从生产力到生产关系，从经济基础到上层建筑，才能更好地突出中国近代经济史的这一中心线索”。①

严老信中的意见和看法无疑是完全正确的，他的疑虑也不无根据。不过，正如汪公所说，严老有些意见是缘于引文错误或误解。另外还有一个重要的原因，可能是严老没有看到汪公新发表的论文《中国近代经济史中心线索问题的再思考》。② 因为正是在这篇文章中，汪公着重分析了近代中国社会的基本性质和主要矛盾，指出近代中国是“一个半殖民地半封建的国家，而不是一个半殖民地半资本主义的国家”，主宰近代中国命运的是“帝国主义和国内的封建主义的联合统治”，而不是“帝国主义和中国资本主义的联合统治”。在近代中国社会，“起着领导的决定的作用的两个主要矛盾”是“帝国主义和中华民族的矛盾、封建主义和人民大众的矛盾”，而“帝国主义和封建主义是矛盾的主要方面”。汪公特别强调，分析中国近代的性质，“局限于经济是不够的，必须把视野扩大到政治领域”。这同严老的思路和观点，十分吻合。至于对帝国主义侵略的评估，两人连论证方法、依据也完全一致，都不约而同地引证马克思分析英国侵略印度的结论：英国侵略不会给印度人民带来自由，或根本改善其社会状况，“因为这两者都不仅仅决定于生产力的发展，而且还决定于生产力是否归人民所有”。并且，汪公进一步补充：“中国人民，正如马克思所指的印度人民一样，是不能指望从西方资产阶级在他们中间播下的新的社会因素所结的果实的。那只是一枚苦果”，借以强化马克思的结论。③ 假如严老看了这篇文章，他信中

① 《关于中国近代经济史中心线索问题的通讯》，《中国经济史研究》1990 年第 4 期。

② 参见《中国经济史研究》1990 年第 2 期。

③ 参见严中平《科学研究方法十讲》；汪敬虞《中国近代经济史中心线索问题的再思考》，《中国经济史研究》1990 年第 2 期。

的疑虑或许可以大部甚至全部消除。

事实上，汪公对严老的一些基本观点，不仅十分熟悉，也完全认同，尤其是关于近代中国的本质特征和社会主要矛盾的看法，以及中国近代经济史的研究要领等重大问题，两人并无分歧。汪公坚持以“资本主义的发展和不发展”作为中国近代经济史的中心线索，并非忽略或回避近代中国社会的“主要矛盾”，而是基于历史发展走向和人民意愿，认为“中国资本主义的产生，是近代中国社会前进的历史走向。发展中国资本主义，是近代中国人民寻求国家富强之路的强烈愿望”。[①] 它同严老的“帝国主义侵略”的“中心红线”命题，并不抵触，反而紧密关联。中国明清时期已有资本主义萌芽，正是帝国主义的侵略改变了中国原来的历史走向。严老说，“正因为有了外国的侵略和征服，才有了中国人民的反帝斗争”。[②] 而许多斗争形式，如抵制日货、抵制洋货、保矿运动、收回电报线路、收回川江航权、厂家自办出口、实业救国、收回租界、收回邮政海关管理权、关税自主，等等，就是捍卫国家主权，发展资本主义或为发展资本主义创造条件；而这些斗争最终失败或收效甚微，则是资本主义“不发展”的重要表现和原因。显然，“侵略反侵略”是“资本主义的发展和不发展”的应有之义。同时，汪公在论证、阐释“资本主义的发展和不发展”的命题时，强调“在中国资本主义发展和不发展的过程中，不发展是主导的一面”。“近代中国是以中国资本主义不能得到真正的发展而告终。结束近代中国的历史，是社会主义中国的出现”。[③] 联系到汪公有关“主要矛盾”和分析中国近

---

① 汪敬虞主编:《中国近代经济史（1895—1927）》，人民出版社2000年版，“导言”第2页。

② 《关于中国近代经济史中心线索问题的通讯》，《中国经济史研究》1990年第4期。

③ 汪敬虞:《中国近代经济史中心线索问题的再思考》，《中国经济史研究》1990年第2期；汪敬虞主编:《中国近代经济史（1895—1927）》，人民出版社2000年版，“导言”第3页。

代性质不能局限于经济、"必须把视野扩大到政治领域"的论述，可以断定，以"资本主义的发展和不发展"为中心线索，绝不会出现撇开两个主要矛盾、忽视政治军事暴力的强制作用、就经济论经济的重大偏差。

所谓中心线索，本质上是一种方法论，它既是宏观历史研究的需要，又必须在宏观研究实践的应用中验证、完善。30 余年间，汪公对中心线索问题研究的基本方法是边探索、边应用验证，两者紧密结合，相互交融、促进。汪公对"中国资本主义的发展和不发展"命题的论证、阐释，如结构、内涵、功能，"不发展"在中国资本主义发展和不发展过程中的"主导地位"，"主线"与"主体"间的逻辑联系，等等，并非空乏的理论分析和逻辑推导，而是有充分的历史依据，是历史事实的抽象和长期研究实践的结晶。

汪公的最大心愿还是以"中国资本主义的发展和不发展"为中心线索，编纂完成一套高水平的《中国近代经济史》大型专著。按照严老"合作写书"办法编撰的"第一卷"，已被证明是高水平的，它对中国近代经济史研究的发展，无疑具有里程碑的作用。按照这一办法编撰的后续各卷，也分别可以成为高水平的专著。然而，作为"接力式"分卷主编、撰写的"通史型"《中国近代经济史》，若无明确、统一的中心线索，欠缺严谨、协调的体例、架构，则难以将各卷联结成一个紧密的有机整体，无疑使全书质量和学术价值受到制约。正因如此，汪公接替严老，担任"第二卷"主编，并没有简单地"萧规曹随"，而是在指导思想、体例风格、框架结构上与"第一卷"衔接的同时，以"中国资本主义的发展和不发展"作为"第二卷"的中心线索，而且直接将它作为"导言"标题，凭借其"既有提纲挈领之功，又有联系前后左右之力"的功能，统率、贯串全书，为对半殖民地半封建社会的认识，提供一个更高的观察点，令其产生"一览众山小"的功效。这样，不仅丰富了经济史的内容，而且使许多问题的讨论提到理论的高度，更加全面而深刻地揭示了历史原貌。《中国近代经济史（1927—1937）》第三卷（以下简称“第三卷”）启动后，汪公因年事已高，退居二线，不再担任主编，但一直关注和指导该卷的编写。“第三卷”承续“第二卷”，以“中国资本主义的发展和不发展”作为中心线索，但在处理方法上，为了避免与“第二卷”雷同，将“中国资本主义的发展和不发展”作为“导言”的副标题。汪公审读时发现了这一点，建议立即“扶正”，并指出，雷同不要紧，重要的是同“第二卷”保持一致。正因如此，现在编纂的《中国近代经济史（1937—1949）》第四卷（以下简称“第四卷”），作为《中国近代经济史》的“收官之作”，也采用“第二卷”同一体例、格式，以实现汪公的遗愿。这样，“第二卷”“第三卷”以及编纂中的“第四卷”，既同“第一卷”衔接，并充分发挥“第一卷”的优势，本身又通过统一的中心线索和体例，联结成为一个有机的整体，从而保证和提高了这套“接力式”分卷主编的“通史型”《中国近代经济史》专著的整体质量与学术价值，将中国近代经济史的研究提升到了一个新的水平。

（原载《中国经济史研究》2013 年第 4 期）

追忆汪敬虞先生

陈争平

著名经济史学家、中国经济史学会前副会长、中国社会科学院荣誉学部委员汪敬虞先生辞世一年多了，但是，他那些抽丝剥笋般的经济分析、高屋建瓴式的史学论述，以及老人家的音容笑貌依然活在我们的心里。在汪先生逝世一周年的时候，笔者把20世纪80年代我读研究生以来汪公对我的教诲作一追忆，以更好地了解汪敬虞先生为人及学术思想。

一

20世纪80年代初，我本来是要报考其他专业研究生的，在读了汪敬虞先生和吴承明先生等老一辈学者所撰写的有关中国经济史的论著后，对中国经济史研究产生了浓厚的兴趣，才下决心改考经济史专业研究生。在硕士生阶段，我的导师聂宝璋先生一再要求我们精读严中平和汪敬虞先生等老学者所撰写经济史论著，并告诉我们：与巫宝三先生合作编写《中国国民所得（一九三三）》的汪馥荪就是汪敬虞先生。经聂先生的介绍，我们认识到：巫老、汪公（当时中国社会科学院经济研究所内都这么称呼）他们关于20世纪30年代中国国民收入的研究开创了中国经济史计量分析的新天地。汪公的《十九世纪西方资本主义对中国的经济侵略》和《唐廷枢研究》

这两本书相继出版后，我也尽快找来阅读。汪公书中流露的爱国热情及其广阔的研究视野和积微成著的学术功力，令我极为感佩。

我第一次见到汪公是在1986年秋。当时，南开大学经济研究所的丁长清先生邀谷源田先生和我合译美国学者Ellsworth C. Carlson的专著*The Kaiping Mines*（1877—1912）。丁长清先生要求翻译该书的第二版，而南开大学图书馆没有，整个天津都没有，丁先生派我去北京找。我直奔中国社会科学院经济研究所图书馆，那里的工作人员告诉我，书有，但是已被汪公借去。我按照那里工作人员给我的地址，找到北京三里河的汪公寓所。因为与汪公这样的德高望重的前辈学者初次见面，又是要向他借书，我心里多少有些忐忑不安。当我做了自我介绍，说明来意后，汪公热情地问我喝不喝咖啡？我稀里糊涂地点了点头。汪公就请我坐下，给我冲了一杯咖啡，温和地问我的专业学习和工作情况，以及南开大学经济史研究情况、谷源田先生的近况等。我心情很快平静下来，一一回答了汪公的问题，并对汪公讲我的硕士学位论文中多处引用了他的论著。汪公对我的硕士学位论文很感兴趣，又问了一些相关问题。然后他从书架上把英文《开平煤矿》第二版书拿了给我，我要留一借条，他笑着说："不用，不用，我相信你。"初次见面汪公就对我如此信任，使我很感动。

我把英文《开平煤矿》第二版书带给丁长清先生看后，遵丁先生所嘱，把该书全部复印后原本带回北京归还汪公，还呈交一份我的硕士学位论文油印本给汪公请他批评指正。没想到，两个月后，汪公来函说，我的导师，聂先生也是中国社会科学院经济研究所研究员，要帮我把硕士学位论文发表在《中国社会科学院经济研究所集刊》上，由于篇幅有限，要对我的数万字论文作删改，问我是否同意。我当时先后已写有数篇论文投稿都未被采用，正在发愁，收到汪公来函喜出望外。我自己对论文做了删改，寄给汪公，请他再做斧正。等《中国社会科学院经济研究所集刊》第11辑问世后，我看了其中所载我的论文，发现汪公又花了很大工夫，仔仔细细地修改了拙文，这使我非常感动。更令我感动的是，汪公后来还对我说，他要向我“检讨”说，他在修改我的论文时把一些不该删除的内容删掉了。汪公的话当时使我心头一震：这才是真正的大师风范！汪公这种热情奖掖后进，又严谨治学，虚怀若谷的精神使我终生难忘。

二

在我攻读博士生阶段，我的导师张国辉和吴承明、汪敬虞三位先生组成我的博士生指导老师小组，他们在我的博士生课程学习和论文写作等方面给我的教导，不仅在那三年，而且一直到现在都使我受益很大。

三位老师都主张经济史专业的博士生专业基础课应当精读一些经济学名著，张老推荐读马歇尔的《经济学原理》，吴老推荐读熊彼特的《经济分析史》，汪公则推荐读严中平的《中国棉纺织史稿》，并且希望阅读时要注意几种版本的比较，我深感读了这些书对我现在的教学和科研工作都很有帮助。起初，我对几种版本的比较阅读不大理解；后来，在对严老这一重要专著不同版本的阅读过程中逐渐领会了汪公的深意，认识到这的确是一种助人“长功”的精读方式。

我的博士研究生专业课学习也是分段到三位老师家里求教，再看书自学，交一份读书札记向老师汇报，并进行一些讨论。学期终了时，由三位老师各自给我评定课程成绩，取平均数记入我的成绩单。我曾总结这三位老师治学特点为：吴老求“新”、汪公讲“透”、张老忌“满”（人不要自满，话不要说满）。我觉得，三位老师之间对我的专业课教学似乎有分工，侧重点各有不同。吴老侧重于宏观，并建议我以后在近代经济史计量研究方面多作努力；张老侧重于微观（典型企业）和中观（重要行业），他认为，近代中国金融业、棉纺织业、矿业、机械工业的研究尤为重要；而汪公侧重于讲述经济史料的发掘和整理，主张由此系统加强基础训练。汪公提倡在经济史学领域坚持实事求是的具体分析，并认为，这又要建立在掌握丰富经济史料基础之上。他送了我一本他的1987年由人民出版社出版的专著《赫德与近代中西关系》，以此书作为示范，介绍了他自己对中外文相关史料的收集和整理运用。汪公介绍了他自己20世纪50年代参与严老主持的中国近代经济史资料收集整理工作情况，要我认真阅读严老关于收集整理中国近代经济史资料工作体会文章及《科学研究方法十讲》。汪公特别介绍了他们20世纪50年代在北京、上海收集整理旧期刊资料的体会，他认为，旧期刊资料在中国近代经济史资料收集整理工作中，有十分重要地位，这是近代经济史研究比古代经济史研究优越地方之一，进行近代经济史研究应当好好利用旧期刊资料，不能不知有此宝山，也不能入宝山空手而回。但是，中外文旧期刊特别庞杂，数量很大而质量不齐，从期刊中收集资料是一件非常吃力的工作，是需要下苦功的。为了节省收集资料工作的时间，加速资料的编辑工作，有必要先摸一摸旧期刊的情况，做一些必要的挑选。汪公把他写的《关于收集期刊资料的一些初步意见》油印本借给我复印，我当时如获至宝，颇有武侠小说里得到一份武林秘籍的感觉。

到三位老师家里登门求教时，每次老师都要请我喝一些饮料，我记得吴老总是请我喝红茶，张老总是请我喝绿茶，汪公则总是请我喝咖啡。红茶、绿茶、咖啡皆成为我所爱，使我求学生涯中增添了美好回味。

我的博士学位论文选题是“近代中国国际收支研究”。起初，吴老和汪公都不赞成我这一选题，他们认为，国际收支研究涉及面广，难做。但是，我在张老支持下还是把博士学位论文选题定为“1895—1930年中国国际收支研究”。论文答辩时，我想起答辩委员会里汪公等三位委员都曾经不赞成我的选题，心里不免忐忑不安。答辩时汪公和吴老在发问中都首先肯定了我的论文，也使我很感动。

三

我在博士生毕业后参加了汪公主编的“中国近代经济史（1895—1927）”这一国家社会科学基金重点项目的研究工作。汪公可以说是手把手地又带了我们好几年。

汪公反对史学研究碎片化倾向，反对只见树木不见森林的做法。他既强调经济史研究要以深入具体的个案研究及专题研究为基础，又主张研究者要有全局意念，要有整体研究意识，要了解所研究专题的前后左右联系。如何把整体研究与个案研究乃至细节研究结合好，在这一大问题上汪公提出“中心线索”（或曰“主线”）架构说。他说：“中心线索就像一支糖葫芦棍，是贯穿事物整体的一条主线。通过这条主线能更紧密地联结主体的各个部分，更好地认识主体”；后来，他又把“中心线索”比喻为“葡萄藤”，他说：“一部具有比较理想的中心线索的历史，不但是一部正确的历史，而且是一部丰富的历史。它不仅像一串糖葫芦而且更像一根藤上的葡萄串……葡萄串上的葡萄，大小不同，色泽各异，疏密有间，错落有致。如果说糖葫芦串上的山楂是机械排列，那么葡萄藤串上的葡萄就是有机的构架。”他认为，“中心线索”架构会使经济史上许多问题的讨论提到理论的高度，对于经济史研究既有提纲挈领之功，联系前后左右之力，又有充分发挥、论断和研证的广阔余地。那么中国近代经济史研究应以什么为“中心线索”呢？汪公主张把中国资本主义的发展与不发展作为研究中国近代经济史的“中心线索”。汪公对吴老主编的《中国资本主义发展史》评价很高，但是，他又认为，在近代中国，资本主义有所发展，但又不能充分发展，近代经济史研究者既要把“发展”的一面讲透，也应当把“不能充分发展”的一面讲透，这样，才有可能走向产生一部科学的中国近代经济史专著的目标。他认为，以中国资本主义的发展和不发展为考察近代经济史的中心线索，不仅有理论意义，而且有现实意义。通过观察、分析近代半殖民地半封建社会条件下中国资本主义不能充分发展的历史原因，得出当代中国所走的道路是历尽百年沧桑的历史选择，这不但会坚定我们对这一历史选择的信念，而且会为我国当前的社会主义第二次革命，为社会主义产业化，汲取有益的经验和启示。他提出，以“资本主义的发展和不发展”为中国近代经济史的中心线索应当作为课题组成员研究工作共同的纲领，为此他一再与课题组成员们沟通，又召开全体会议一起讨论统一课题组成员思想。他认为，这是做好“中国近代经济史（1895—1927）”这一国家社会科学基金重点项目的前提。

1995 年本课题进入审改阶段，汪公对全书文稿审阅仔细，要求严，文稿一改再改，审改阶段持续了两年。领导上要求我除写好自己的章节外，要协助汪公做好全课题组有关工作。汪公因此要我先审阅他自己分工所写章节文稿。我看稿后认为写得很好，无须修改。他很生气，坚持要我提修改建议。我试着提了一些修改建议，汪公都愉快地接受了。汪公又坚持要我把他已审阅过的其他文稿，连同他的修改建议再看一遍，并提出我的看法。当他生病住院及患眼疾时，则要我先看课题组其他成员新写的文稿，另纸写上我的修改建议，他的病稍好些时再连同我的修改建议一齐审阅。

我在汪公家讨论修改文稿时，汪公总是热情地请我喝咖啡。我也是稀里糊涂地以为汪公自己喜欢喝咖啡，1996 年，有一次我买了咖啡回送汪公，这才知道，他们家人都不喝咖啡。汪师母告诉我，1986 年那次咖啡是别人送的，汪公问我喝不？我点头了。结果汪公误以为我好这一口，就专门买了咖啡留着招待我。我也是太不拘小节了，以致这一小误会延续近十年，汪公竟然为此买了近十年的咖啡。我对师母解释说我在南京上小学几年喝的都是自来水，在农村插队十年喝的都是加了明矾的河水，上大学及读研究生时多喝白开水，红茶、绿茶、咖啡，对我来讲都是高档享受，我都爱喝。这一小误会至此才解除，现在却成了我对汪公夫妇抹不去思念的一部分，成为我伴随对汪公教诲的记忆中温馨内容的一部分。

汪公主编的国家社会科学基金重点项目成果《中国近代经济史（1895—1927）》后来连获孙冶方经济科学奖著作奖、第四届吴玉章人文社会科学一等奖、第二届郭沫若中国历史学奖一等奖、第四届中国社科院优秀成果奖一等奖等，对推动中国近代经济史的教学和研究起了重要作用。汪公在《中国近代经济史（1895—1927）》书中指出，中国资本主义的产生是近代中国社会前进的历史走向。发展中国资本主义，是近代中国人民寻求中国富强之路的强烈愿望。产业化，这是中国人民百年来梦寐以求的理想。在整整一个世纪的历史过程中，它曾经不断地给人们以希望，因为代表新的生产方式的资本主义第一次出现在近代中国并且有一定的发展。但是，机遇和希望遭受到一次又一次的严重打击。近代中国是以中国的资本主义不能得到真正的发展而告终的。当代中国所走的道路，是历尽百年沧桑的历史选择。中国经济史学会前会长吴老在《经济研究》上发表书评，赞扬汪公主编的这部书为“一部金字塔式的中国经济史新著”。但是，汪公自己认为，这部书还有很多不足之处，他曾对我说：小的不足之处很多，较大的不足就有1895—1927年工商社团的发展变化写得太简单。他建议我以后在近代工商社团的发展变化方面多做些研究。我后来在《汪敬虞教授九十华诞纪念文集》里就交了有关近代工商社团研究的文稿，汪公看了我的文稿，说这方面大有文章可做，近代工商社团在现代化中作用不小。

四

汪公再接再厉于82岁高龄时又写成《外国资本在近代中国的金融活动》一书，填补了近代中国经济史研究的一个重要空白。书中把在北京、上海等地用“地毯式轰炸”办法收集来的近代外国在华银行历史沿革、在华发钞、存款、放款、汇兑等业务情况逐一考订，对中外合办银行、国际银行团等历史也进行研究，条分缕析，整理成有关外资金融活动的全面而系统资料，进行细致透彻的分析论证，既肯定了外国在华银行代表一种先进经济制度和市场机制的进步意义，又强调了外资在旧中国金融活动中所产生的负面效应，使读者对近代外资在华金融活动有了更深刻的认识。他还撰写了一系列论文，对关于中国工业化问题、中外经济关系问题和中国资本主义发展问题进行了深入系统的研究，提出了许多新材料和新观点，在学术界产生了重要的影响。在院所评奖时，他却从不愿上报个人成果，一再表示应当多表彰中青年学者的优秀成果。

汪公在《中国近代经济史（1895—1927）》数万字前言基础上撰写了数十万字专著《中国资本主义的发展与不发展》。他也要求我审阅全部书稿，坚持要我提修改建议。我也试着提了一些修改建议，汪公都愉快地接受了。《中国资本主义的发展与不发展》于21世纪初发表。汪公在其前言中表扬了我的工作。本专著评审专家一致认为，“本书在资本主义萌芽、资本主义发展三阶段、西方资本主义入侵中国的双重作用和列强在华特权享受，以及中国资本主义发展的内部机制等问题的讨论中，提出了不少发人深省的见解。这些新见解对于中国近代经济史研究的进一步深入无疑会是一次新的推动”。汪公则对我说，他自己认为，这部专著有一很大遗憾，没怎么讨论近代官僚资本问题。他说：“我老了，而中国近代官僚资本问题非常重要又非常复杂，希望你们中青年学者以后能对官僚资本进行深入讨论。”

汪公晚年严重失眠，不再外出开会。但是，在湖北武汉召开的“纪念辛亥革命九十周年国际学术讨论会”，他坚持要参加。他提前两年就找我，希望我也参加“纪念辛亥革命九十周年讨论会”，我为此撰写了《试论辛亥革命前中国产业民营化的两条途径——以盛宣怀、张謇的企业活动为案例》论文。汪公对我的文稿提了很多修改意见。他自己撰写了《中国现代化黎明期西方科技的民间引进》论文，他在文中认为，半殖民地半封建的黑暗，恰正预兆着新中国现代化的黎明。它的一个重要的标志——代表新生产力的西方科学技术的引进和传播，就萌生在这个时代之中。他指出，外国先进科学技术的引进有官方和民间两个途径。民间的引进活动，不仅时间在官方引进之前，而且他们的努力更加体现了中国人民对现代化执着追求的主动精神。这种精神，在今天仍然值得发扬光大。我们一起参加了武汉的“纪念辛亥革命九十周年国际学术讨论会”。会议第一天汪公就怎么也找不到他的代表证，他因此见到餐厅门口的服务员心里就怯怯的，每次就餐都要我带着他，像个老小孩；而在学术讨论时汪公侃侃而谈，又成为我们熟悉的老学者。会议结束，我们一起返京，路上汪公有些伤感地说：“纪念辛亥革命七十周年、八十周年的国际学术讨论会我都参加了，这次会议有些当年一起开会的老朋友见不到了，下次纪念辛亥革命一百周年的会我可能参加不了，争平你要答应我一定要继续进行辛亥革命研究，要争取参加纪念辛亥革命一百周年的会。”

汪公一直希望中国经济史学科能够后继有人，他对中青年学者总是热情鼓励，诚恳教导，严格要求。只要有年轻学者将其文稿送来，无论是本单位的，还是外单位的，甚至是以往素不相识的外地学者的，有时是洋洋百万言的大部头，他都花费大量时间帮别人看稿，提出十分中肯和具体的意见。他为中国经济史学界中青年学者的成长付出了很多心血。当我接受吴老建议，准备编写《中国近代经济统计研究丛书》时，汪公也给我很大鼓励。他说，他的家乡明代出了个李时珍，而争平你准备做的工作相当于经济史界的重修本草，很有意义，但要下大功夫。

汪公九十高龄时，对以前他提出的以“资本主义的发展和不发展”为中国近代经济史中心线索主张又有新的想法，他认为，经济史也可以现代化发展为中心线索，他撰写了以中国现代化发展为中心内容的两篇论文，还有一个现代化研究计划。汪公生命不息探索不止的精神永远值得我们学习。

（原载《中国经济史研究》2013 年第 4 期）

聂宝璋记忆

聂宝璋先生传略

朱荫贵

聂宝璋先生，河北省蓟县马道庄人。1922 年生，1941 年，北京市立一中毕业后，考入私立天津工商学院。时值日本侵略者对沦陷区的统治日益加紧，出于对侵略者的愤恨和青年学生的爱国热忱，1944 年年初，他毅然弃学，辗转逃到大后方。1945 年年初，就读于昆明西南联大。翌年抗战胜利，西南联大复校，遂转读于天津南开大学。1947 年毕业，获学士学位。同年考入南开大学经济研究所，1949 年毕业，获硕士学位。毕业后参加华北人民政府举办的"大学毕业生暑期学习团"，结业后即分配到南京中央研究院社会科学研究所（现中国社会科学院经济研究所的前身）任助理研究员。现为中国社会科学院经济研究所研究员、该院研究生院博士研究生导师及南开大学兼任教授。

1949 年进所迄今将近 40 年的时间里，聂宝璋先生一直孜孜于中国近代经济史的研究，在这块土壤里辛勤耕耘不辍，尤其在买办、航运及洋行领域的研究里，做出了令人瞩目的贡献。

聂宝璋认为，在中国近代经济史这门学科中，洋行买办问题的研究，是一个十分重要的课题。之所以重要，是因为买办是半殖民地社会所特有的阶级。在旧中国国民经济中，买办经济日益占有不可忽视的地位。因此，早在 50 年代初参与编辑《中国近代经济史统计资料选辑》一书时，他就开始注意这个问题。随后，他与他的老师陈振汉教授合作，着手收集整理编辑中国近代航运史资料。不料，在1957年陈先生被错划为“右派”，工作也随之被迫中辍，聂宝璋遂转而全力研究近代中国买办阶级问题。由于长期积累，他在短短的几年之间，即完成专题论文三篇，但直到十年动乱后才得以补充修改，汇集成书，是为《中国买办资产阶级的发生》，1979年由中国社会科学出版社出版，并于1984年再版。

在这部著作中，聂宝璋对买办阶级的发生、发展和演变过程进行了系统的研究，他认为，第一次鸦片战争以后，外商可以自由雇用买办与公行时期的买办在性质上有根本的不同，中国近代社会的买办乃是侵略势力扩张的产物。在方法上，他从买办职能的发展变化着手，具体分析论证了在早期外商势力急骤扩张中洋行买办从雇员身份进而由兼营商业到独立商人的发展变化进程。充当买办者，不仅需要保证金、营运资金，往往还开设自己的商号，同洋行联手经营，有时还要为洋行经销经购，包购包销。因此，洋行离不开买办，买办也离不开洋行，买办与洋行的经济势力大体取得同步发展。到第二次鸦片战争以后，随着洋行势力的大扩张，买办商人开始以一个阶层的力量崭露头角，在很多重要领域里，都能察觉到买办活动的踪迹，特别在商品流通领域里，19世纪后期，一个“买办的商业高利贷剥削网”已经开始形成。

这部书出版以后，很快引起国内外学术界的注目。在《天津社会科学》1982年第6期上，国际知名学者傅筑夫教授以“进一步加强经济史研究”为题发表文章评论说：《中国买办资产阶级的发生》一书，“是以丰富的中外文资料为基础进行深入分析，潜心研究的科学成果，对中国近代经济史研究工作的开展，无疑起着良好的作用”。在《读书》1984年第9期，徐盈撰写的《旧时代的新研究》一文指出，聂书“早已引起国际的重视”。确实，此书问世以后，欧美及日本学者反应良好，例如，日本青年学者黑田明伸在《东洋史研究》第40卷第1号发表评论说，“聂先生着眼于金融，颇具卓见”，“以旗昌轮船公司为对象所作的个别经济的分析，可以说为今后的研究方向作出先驱性业绩。其他方面的论述，多数也超过了目前的水平”。(此文已译载《经济学动态》1982年第5期)

1979年下半年起，聂宝璋重新开始搁置多年的航运史资料的收集整理工作。经过三年多的紧张劳动，终于编辑成书，是为《中国近代航运史资料（1840—1894)》第一辑。此书分为上、下册，1984年由上海人民出版社出版，全书计达120万字。

《中国近代航运史资料（1840—1894)》第一辑，是继中国近代工业史、农业史、手工业史、对外贸易史和铁路史等资料书之后的又一部大型经济史资料书。外商引进的轮船，是资本主义各国从事海外殖民地掠夺的有力工具。外商在华航运势力的扩张，在很大程度上表明外国在华经济势力的扩张。轮船的引进，对中国封建社会政治经济必然产生深远的影响，因而对中国近代航运史研究的意义，远不限于航运业本身。然而，国内对中国近代航运史的研究十分薄弱，见于成果的文章不多，专著更少。各有关部门保存的大量珍贵的早期航运史档案，至今未见整理出版。相比之下，国外近年来却开展了规模可观的档案资料的收集编辑工作，出版了多种有关中国近代航运业的文献资料，发表了不少论文专著。甚至长江线旧式木船及旧中国的河道管理等更为专门问题的研究，国外也有著作出版。中国台湾也曾发表有关中国早期轮船经营的论著。因此，《中国近代航运史资料》一书的问世，可以说填补了新中国成立以来中国近代经济史研究中的一席空白。[1]

---

① 思毅:《中国近代经济史研究中一席空白的填补——评介聂宝璋编〈中国近代航运史资料〉》,《南开经济研究所季刊》1985年第4期。

《中国近代航运史资料（1840—1894）》第一辑，是聂宝璋在30年的时间中断续收集资料、沙里淘金、付出极大精力的心血结晶，特别是在十年动乱期间，他在研究条件尽失及身患重病的厄境中，依然发愤治事，不肯中辍。录入书中同读者见面的虽仅120万字，但征引的文献却在200种以上，摘抄的原始资料当以千万计。所选辑的资料，大都出自档案、笔记、奏章、中外文报章等多种中外文献。此外，还尽可能地根据录入的文字资料，制成统计图表，使读者一目了然，得到明确的数量概念。其所用功力，自不待言。聂宝璋是一位经济学者，但他继承了中国史学的优良传统，治学态度极为严谨，对所征引的资料反复校勘，即使是一个标点符号或一个页码的错误也绝不肯放过。

《中国近代航运史资料》虽然是一部资料书，但在该书的前言中及章节标题、材料编排上，同他过去发表过的关于航运史研究的专题论文一样，表明了他对航运业乃至这一时期整个中国经济发展历史的一系列重大问题的基本观点。作者认为，西方侵略者依靠暴力手段，既破坏了中国的航权又攫取了中国的土货贩运权。在这里，外商的保险行号起了不容忽视的作用，通过保险控制中国引水权，打击中国旧式运输业，从而在第二次鸦片战争后外国在华轮运势力获得迅速的扩张。

中国自己的近代轮运企业，是在外国轮运势力已经垄断了中国江海航线的条件下出现的，它以后的发展始终未能摆脱后者的垄断。从轮船招商局创办的前前后后，大致可以看出在错综复杂的阶级和民族矛盾中中国近代社会经济演变的进程。至于中国民族资本小轮业的出现与发展，则走着一条十分崎岖而曲折的道路。虽然早在19世纪50年代就有个别华商投资于轮运业，但在中外反动势力的重重压迫下历经近半个世纪，才得以小轮公司的形式正式出现。在对大量历史资料整理研究的基础上，聂宝璋认为，对外商强行引进的轮船，既要看到在外国侵略势力扩大中国市场中它所起的核心作用，也要看到它对中国封建经济结构以及封建政治、文化各方面所起的深远影响，否则就是不全面的。它对中国封建社会经济结构的冲击及其对中国近代航运业产生的促进作用，不是一眼可以望穿的。轮船是由外商强行引进的，因而在中国并不是如资本主义国家那样是应产业革命过程中的需要而产生、发展的。中国的封建社会经济远未达到这个阶段。从航运业进行考察，可以看出，“从中央到地方到处都能通过轮船体现出明显的封建经济体制对资本主义的‘异体排他性’”。聂宝璋进一步强调指出，在中国资本主义的发展历程中，“封建主义的反动性丝毫不亚于帝国主义的侵略性”。[①]

洋行史的研究是聂宝璋多年来辛勤耕耘的又一个重要领域。在长期研究的实践中，他深切地感到在中国半殖民地深化过程中深入研究洋行问题的重要性——在华洋行势力的扩张同封建社会经济的发展、经济结构的变化以及政治、文化各方面都有千丝万缕的联系。洋行问题不搞清楚，很多问题也不容易搞清楚。但洋行问题的研究恰恰是中国近代经济史研究有待开拓的领域。因此，近年来，他耗费不少精力时间，写出三篇专题论文，大致从18世纪中叶起至19世纪末叶，分阶段地、系统地论证了在华洋行势力扩张的过程和特点。

聂宝璋认为，到鸦片战争前夕，广州公行形同虚设，对洋行商人的猖狂活动，特别在走私贩毒方面，已经无力约束、管制。鸦片战争后五口通商时期，公行制度被迫撤销，洋行势力急骤扩张，但商品贸易并未能打开局面，暴力掠夺是这一时期洋行势力扩张的主要特点。到第二次鸦片战争以后，船运及同它直接间接联系的码头、仓栈、保险、银行、船舶修造的各种行号企业纷纷创办起来，他把这一时期的洋行区别于前此以暴力掠夺方式暴发起来的“商业大

① 聂宝璋：《轮船的引进与中国近代化》，《近代史研究》1988年第2期。

王”，概括为在华洋行商人的第二代。第二代外商势力扩张的基本特点就是轮船运输体系的建立，在这个体系中，由洋行母体离析出来的各个独立企业逐步形成独立的行业，各个企业间的“交叉投资关系”中，开始出现洋商资本垄断集团。这些都为在华洋行势力的进一步扩张奠定了基础。

进入70年代后，在华洋行势力的扩张又进入了新的阶段，为适应新情况，洋行经营方向与方式都有了变化。投资领域的扩大、资本的集中、由商品输出向资本输出的转换、由商业领域向政治领域的渗透，都是值得注意的动向。同时也应看到，直至甲午战争，洋行商人不断遭到封建经济结构及政治体制的阻碍，难以为所欲为，例如，上海洋行商人对上海织布局染指的企图，就始终未能得逞。

聂宝璋的这些论述，有些是对流行观点提出质疑的，有些则是发前人所未发的论证。对将近一个半世纪的在华洋行势力扩张史的研究，给人以清晰的脉络与轮廓。他对洋行史的研究，不能不说是对开拓中国近代经济史研究的贡献。

40年来，聂宝璋在自己的研究岗位上做了大量的工作，他之所以能有上述贡献，是同他严肃认真的学风和扎实严谨的史料功底分不开的。他常对学生讲，搞科学研究就要有科学精神，所谓科学精神，就是严肃认真，一丝不苟。有时碍于主客观条件，做到这一点并不容易，因而科研工作者需要有一颗科学的良心，执着地追求科学的真理。科研工作者要对得起科学，这就是科学的良心。但是，科研又是一个无底洞，每个人的能力都是有限的，因此，科研工作者经常保持谦虚的态度是至关重要的。或许是因为他恪守“科学良心”的精神与谦虚谨慎治学态度的缘故，他在科研成果中体现的严谨作风，颇受学术界的称道，而他自己却常常不满足于已有的成就，并且常常以近乎挑剔的态度去反思自己过去的研究。他说，科研工作者要有自我否定的勇气。他曾表示，在他的《中国买办资产阶级的发生》一书中，就有些问题需要重新考虑，只有实事求是，才能使自己的研究成果经得起时间的检验。

中国社会科学院经济研究所经济史室素来以重视史实而颇获好评。聂宝璋就一贯强调资料工作的重要性。他常说，无扎实资料功底的研究，是无源之水、无本之木，只能成为“一风吹”的过眼烟云。他从他的叔父——已故历史学家聂崇岐先生的教诲中获益良多："研究工作者切不可轻视资料工作"，资料的收集、整理与编辑，"好汉子不愿干，赖汉子干不了"。叔父的话语，他至今未忘。实践证明，编辑一部专题资料并不是轻而易举的，它不仅需要广泛地涉猎、去粗取精、去伪存真的功力，而且它同研究工作一样，需要有一个消化资料、提炼问题的过程。对个人来说，编辑资料是引向深入研究的条件与阶梯，对社会来说，又是“修桥补路”为人提供方便的“善举”。因此，保证资料书的质量是首要前提。为此，在编辑《中国近代航运史资料（1840—1894）》第一辑时，为挖掘资料，他两下江南，赴上海面壁经年，逐日检阅盈室累案的中外早期报纸期刊、档案卷宗。在目前编辑航运史资料《中国近代航运史资料（1895—1927）》第二辑的进程中，他不顾年老有病之身，为获取“真经”，又四处奔波，远至东北的哈尔滨和号称“火炉”的武汉，都留下了他的足迹。凡收集到的资料，他均一一细细审阅，反复比较裁定后方才收用，力求尽量完善。可以告慰的是，约100万字的《中国近代航运史资料（1895—1927）》第二辑今年即将脱稿完成。

热心助人和奖掖扶助新人是我国许多老一辈优秀知识分子的优良传统，聂宝璋也同样如此。还在《中国近代航运史资料（1840—1894）》第一辑出版以前，很多单位和个人即不断洽商参考利用。他常常收到其他单位和许多素不相识的人的求教信，对于这些信件，他总是认真对待，有问必答。在繁重的工作和抱病的情况下，他还常常给素不相识的青年人解答问题，修改论文。一次，为一个素昧平生的青年人提出的修改论文的意见竟达数千字之多，连错别字、标点符号都认真改正，知者无不钦佩。《中国近代航运史资料（1840—1894）》第一辑出版后，对一些科研单位和个人特别是各省市港口史、江海内河航运史编写工作者的请求解答问题，聂宝璋更是多次给予指导帮助。对于自己多年辛苦收集的资料，他常常慷慨无私地提供给别人使用。有感于经济史研究的不景气局面，他总想通过自己的努力，去扶持帮助那些有志于此的年轻人。

聂宝璋从不把自己的观点强加给自己的学生。相反，他不仅要求学生不受他的著述中观点的限制，而且鼓励学生在认真研究的基础上有创新精神。他常说，在师生之间要彼此尊重，学生在某些方面超过先生，这是先生的荣誉。

聂宝璋为人耿直，疾恶如仇。他非常关心国家的“四化”大业，非常钦佩经济研究所原所长孙冶方同志的“不唯书、不唯上”的知识分子优良品质。对于不利于“四化”建设的现象，他在力所能及的范围内秉笔直陈，不计个人得失。

从1982年起，聂宝璋开始招收硕士研究生，同时应南开大学兼任教授之聘代培研究生。1986年国务院学术委员会通过他为博士研究生导师，1988年起准备招收博士研究生。

聂先生虽已年逾花甲，身体不很健康，但仍每日伏案工作不止。我们衷心祝愿他健康长寿，为中国近代经济史的研究做出更多更好的贡献。

（原载《近代中国》1991年第1辑）

瓷妆成记忆

宓汝成先生学术生平

徐建生

宓汝成先生（1924—2015），著名经济史学家。1924 年 1 月出生于浙江慈溪。1944 年冬，正在高中求学的宓先生毅然投笔从戎，入伍于青年远征军，为炮兵上士。日本投降后复员，弃武习文。1946 年考入私立燕京大学新闻系，旋转学于北京大学政治系。毕业后于 1950 年秋入北京大学研究生部经济学部，专攻中国近代经济史。1953 年 2 月，进入中国科学院经济研究所（今中国社会科学院经济研究所），先后任实习研究员、副研究员、研究员（教授）、博士生导师。宓先生是以严中平先生为首的、致力于中国近代经济史研究的学术群体的骨干成员。1986 年，当选中国经济史学会首届常务理事兼副秘书长；2010 年，被遴选为中国社会科学院荣誉学部委员。

先生从事中国近代经济史研究 60 余年，主攻中外经济关系，尤以中国铁路史研究蜚声中外。先生以坚强的毅力和一丝不苟的敬业精神，几十年如一日地从事研究工作，取得了丰硕成果。他参与编制的《中国近代经济史统计资料选辑·铁路部分》（严中平主编，1955 年，有俄译本）和他独立编辑的《中国近代铁路史资料（1863—1911）》（共三册，1963 年，1977 年再版，中国台湾有翻印本）和《中华民国铁路史资料（1912—1949）》（一册，2002 年），三部资料集都是以精选的原始文件或具有较高价值的著作为主，其中，外文资料由先生亲自译成中文，奠定了近代中国铁路史研究的资料基础，为广大经济史学者广泛引用。

宓先生著有《中国近代经济史研究综述》（1989 年），主编《清代全史》10 卷本中的第 8 卷（1993 年），参与编撰《清代简史》（1997 年）、《中国近代经济史（1840—1894）》（严中平主编，1989 年）、《中国近代经济史（1895—1927）》（汪敬虞主编，2000 年）等；参加翻译《苏联工业配置概论》（1955 年）、《南斯拉夫合作制度》（1961 年）。《宓汝成集》（2008 年）为“中国社会科学院学者文选”之一，收录代表作文章 15 篇，可分成两类：一类是关于社会经济史的，另一类是专论部门经济史、铁路发展及其营运史的。先生参与编撰的著作先后获孙冶方经济科学奖（1990 年）、吴玉章社会科学奖（1991 年）、中国社会科学院优秀成果奖一等奖（1993 年）、国家社会科学基金项目优秀成果奖一等奖（1999 年）。

先生的专著《帝国主义与中国铁路（1847—1949）》（1980 年，2007 年再版，有日译本收于“早稻田大学社会科学研究所翻译丛书”），指出：一方面，中国近代铁路运输，“对中国资本主义因素的发展起着刺激作用；另一方面，对中国加速沦为帝国主义列强的‘经济领土’和世界资本主义体制的经济附庸产生了极大影响”，这一论断，是对于中国近代铁路史研究具有指导价值的权威观点。

近代中国外债史是先生学术方向的另一主要方面。20 世纪 80 年代初，参与解决处理旧中国外债问题，书面提出《处理旧中国外债的建议》。2010 年，先生的专著砥砺十年，将近杀青，不幸罹病卧床。经先生高足郑起东先生整理，《中国外债史（1840—1949）》即将由中国社会科学出版社出版。这部专著首先是对近代中国外债史的政治和经济的综合研究，又是对近代中国外债史研究的定量分析，还是对近代中国外债史整体思维和辩证思维的结合，先生认为，“中国外债，就其总体论，是帝国主义列强干预中国内政的一种方式或奴役中国的一种工具”。先生的诸多学术成就，定将流传久远。

宓汝成先生于2015年2月2日在北京逝世，享年九十有一。先生的逝世是经济史学界不可弥补之损失！

（原载《中国经济史研究》2015年第2期）

董辅礽记忆

忆老董

乌家培

辅礽同志和我都是宁波老乡。我有幸见过他的父母，尤其是他的父亲一口地道的宁波话，听起来格外亲切。他的夫人刘蔼年同志是著名的眼科医师，曾给我诊断和治疗过眼疾，对她的帮助至今难忘。

我和老董的共事关系是在中国科学院（现中国社会科学院）经济研究所国民经济平衡组那段岁月里，大概有10年时间。1959年，我因受中苏关系破裂的影响留苏未成，就从中国科学院哲学社会科学部团委回到经济研究所，即到平衡组工作。当时，我们的组长为杨坚白同志，老董是副组长，在他之后还有一位副组长，那就是刘国光同志。老董在全组10多位同志的心目中，不仅是业务领导，而且还是政治领导，我们多称他为平衡组的“政委”。我和他的关系是比较密切的，经常交换对国内外学术动态的一些看法，合写过论文，合译过书，合作过课题。

记得1962年，我们为《经济研究》（1962年第10期）合写《关于居民购买力同消费品供应之间平衡关系的几个问题》一文时，事先两人稍加商议后，由我负责撰写“生产与需要的一般关系”“需求、有支付能力需求、居民购买力三个范畴的差别”和“居民购买力同消费品供应之间的平衡关系”这前三个部分的基本概念和定性分析，老董负责撰写该文的“重头戏”即第四部分“保持居民购买力同消费品供应间平衡的几个问题”。我当时花了好长时间才写出来，而他拿过去我写的那部分后不到两三天就完成了，篇幅比我的多了一倍，充满了数据分析。这使我对他非常佩服，特别是佩服他擅长于用假设的数据分析来把马克思再生产公式具体化。

那时平衡组大多数同志俄译汉的水平都不低，老董组织我们集体翻译苏联学者（如诺特京等）有关社会主义再生产和国民经济平衡几部著作，每本都由一个人主译，其他人参加，各译一章或几章，最后交老董或老刘去统校。我记得这些书翻译得相当快，每本书用不了多长时间就出版了。

“四人帮”倒台后，老董积极组织经济研究所的研究人员参加揭批“四人帮”的理论斗争，当时以中国科学院经济研究所的名义出版的《“四人帮”对马克思主义政治经济学的篡改》（山西人民出版社1978年版），从我参与写作以及同老董的联系中体察到他是该书真正的主编，该书在经济理论的拨乱反正中起到了重大作用。

1980年，我赴美做访问学者，在研究工作上同老董没法合作了，但访问美国的两年间，我向经济研究所反映在国外的学习、工作、生活情况，还是用书信向老董还有老刘汇报的。

1983年，我回国后离开经济研究所去了数量经济与技术经济研究所，这段时间同老董还有过一次合作，那就是根据万里同志（时为国务院副总理）的要求，完成一个关于“七五”国力预测的研究课题，老董是课题组组长，我是副组长。成员有来自两个研究所的几位同志。在老董的正确领导下，我们课题组按时胜利地完成了上级交下来的重要任务。

在我同老董的交往中，他那敏锐的洞察力、超群的分析能力和快捷的写作能力，给我留下了深刻的印象。曾有人告诉我，他在苏联答辩通过的副博士学位论文《苏联和中国的国民收入》（其中前一半以《苏联国民收入动态分析》的专著形式于1959年由湖北人民出版社出版），颇获导师好评，并认为，他在此基础上还可争得博士学位。据悉在当时苏联对博士的要求高于一般国家。由此不难窥见老董学成归国时真实的学术水平。老董在平衡组工作时经常给大家讲，做研究工作需具备两个必要条件：一个是“屁股”，即敢于坐“冷板凳”；另一个是“脑袋”，即勇于“创造性思维”。对老董提出的“屁股加脑袋”的说法，一直铭刻在我心里，我有时还引用他的话告诫青年学子要戒浮躁而勤于探索。

老董看问题尖锐又爱发表己见，这是他的一大优点，但有时也给他自己带来某些不必要的麻烦，甚至遭到不公正的待遇。我却很喜欢他这种真诚、坦荡、直率而不世故的个性。

现在，老董已离我们而去。然而，老董为人正直的高尚品德和孜孜以求的治学精神，将永远留在我们心中，成为我们学习的榜样。值此首都经济学界研讨董辅礽学术思想之际，谨以片断回忆，来悼念老董。

（原载《追思董辅礽》，社会科学文献出版社2005年版）

我与辅礽40年

赵人伟

董辅礽跟我相处了40多年。在十分钟时间内，我不可能把所有问题都讲完，只能非常概括地讲一些我的看法。他临走之前，在电话里面跟我讲了两句话：第一句话：我回来以后跟你们一起干。他觉得还可以干很多事情。但是很遗憾，到美国以后他就没有再回来。第二句话：他说我们过去受过很多冲击，别放在心上。我觉得他对我的劝告是很真诚的。

我跟他相处40多年，他一直是我们学术上的带头人，一直是改革开放的领路人。我们是同事、朋友。下面讲到他的一些学术上的贡献，我想不必讲很多，后来他着重研究的资本市场问题，这也不是我的专长。

第一，关于再生产问题的研究。我认为，他有突出的贡献。20世纪60年代初期，他写了一系列关于再生产问题的文章，当时我是《经济研究》杂志的责任编辑，是第一个读者。我读他的文章的时候，感到逻辑性特别强，原创性特别好。20世纪80年代，一位加拿大华人经济学家到北京来，他一再提到，董辅礽同志在60年代的文章给他很大的启发。这些问题的讨论，是很理论化的，但是，前提是要有实际的经验。

董辅礽同志在所有制改革上是领先的。我记得1986年在温州调研的时候，董辅礽能够看清哪些适合发展，哪些不适合发展。他坚决肯定温州的主要改革路子。我觉得董辅礽同志除所有制改革上的贡献外，在市场改革方面的贡献也应该高度肯定。

还有一条，他在经济研究所当所长以后，就把研究室的调整逐步引向与国际接轨的道路上，这一点非常好。形成了比较、发展、宏观和微观四个研究室，我认为，这是向国际接轨方向努力的一个成就。我当所长以后，也是完全继承了老董这个设置，很遗憾的是，后来比较和发展被撤销了，宏观、微观也面临着改名的危险。老董在这方面，作为学术界的领导者，在带一个所、组织课题上的开创精神是非常值得我们学习的。

还有一点是对外开放。我认为，老董除改革以外，开放方面的成就应该加以肯定。就经济研究所来讲，20 世纪 70 年代后期，他接待的外宾非常多。1979 年，他到英国访问，就把布鲁斯请进来，布鲁斯做了一系列长篇的报告。我认为，中国改革经验的引进，董辅礽是起了很大的作用的。

我想，对董辅礽同志各个方面的贡献，我们应该很好地总结。有些深层次理论上的贡献，恐怕光是这么一个会也不够，我希望今后大家共同努力，把董辅礽同志一些更深层次的思想挖掘、总结出来。

（原载《追思董辅礽》，社会科学文献出版社 2005 年版）

从经济增长到可持续发展

——评董辅礽有关经济与社会协调发展的论著

朱 玲

出版社邀我为祝贺董辅礽先生七十寿辰写篇评论，心中不禁有些疑惑：他有那么大岁数吗？因为董先生依然如1978年我在武汉大学经济系第一次听他作报告时那样身体矫健，思维敏捷，仍旧似1981年我们刚认识时那样勤学好问，笔耕不辍。也许正是这般年轻的体态和心态才使人不大注意岁月留给他的痕迹，不过，经常从董先生处获得的赠书，倒是提醒我近年来他又有了多么丰富的思想积累。可是，由于自己学力不逮，难以对他这样学识渊博的前辈加以评说，所以，试图夹叙夹议，对他在“经济与社会协调发展”这一领域所做的探索做一个扼要的回顾。即使这样，也难免挂一漏万，不得要领，只求以下文字能够起到有助于读者根据自己的兴趣追寻董先生原作的功用。

在发达市场经济国家，人们不难理解“经济增长”和“经济发展”的区别，因为前者主要是指量的扩张，后者则还包括结构的调整，而这两者几乎贯穿于每一次经济周期的始末，使历经数次周期的百姓早已习惯于随之调整个人决策。但是，在计划经济下的中国，“增长”和“发展”曾长期混为一谈。经济学意义上的“发展”的概念，是70年代末在改革开放的背景下随着发展经济学的引入而逐渐普及开来的。董辅礽可以说是国内传播发展经济学理论的先行者之一，不仅如此，他还将其融入中国经济改革的研究，从而又赋予发展理论以新的内容。

对于中国社会科学院经济研究所的研究人员来说，改革伊始，在引进新理论、新思想、新方法方面先行一步并非难事，因为在国门大开之时，他们最先获得了频繁地进行国际交流的机会，只要勇于进取，善于捕捉，就能把握这可贵的机遇。在这一点上，董辅礽的勤奋和敏锐使他捷足先登。我 1981 年进所时，他担任常务副所长，写稿、开会、作报告、见外宾、组织课题，等等，忙得不亦乐乎，可是，还对几十年不用的英语温习起来。1982 年，曾见他一身灰“的卡”中山装，提了个黑人造革干部包，挤公共汽车去北二外上培训班。当时只觉得领导带头学外语很受鼓舞，现在算来他那时已年过半百，竟有如此炽烈的求知渴望，不禁深受感动。这种学习和研究的热情使他尽快地熟练掌握英语，不仅能够大量浏览原始文献资料，而且可以直接与外国经济学家交谈，还因此而与发展经济学的一些代表人物建立了友谊，并对发展理论产生了浓厚的兴趣。①

1981—1988 年，董辅礽协助于光远同志组织经济发展战略双月研讨会，八年间，他积极参与，多思、多看、多写，终将八年的心血凝结成一本专著《经济发展战略研究》。从书中可以看出，除了吸收国内外已有的思想成果，董辅礽对发展问题的研究是循着两条轨迹步步深入的：一条是尽可能实地考察发展中国家经济并将其与中国实践相比较；另一条是总结计划经济下的经验和教训，密切观察当前的新事物、新问题，将改革理论与发展理论相结合。

在对历史的回顾中，董辅礽对现实中国经济的特点有了更为清醒的认识：第一，它在世界上属于人口众多的落后国家，与其他发展中国家一样面临着如何实现现代化的难题；第二，高度集中的计

① 参见董辅礽《经济体制改革研究》，经济科学出版社 1995 年版，第 1—17 页。

划经济体制阻碍经济协调发展，摒弃旧体制和转向市场经济将不可避免，市场机制与计划体制互不相容，将两者结合起来的设想行不通。因此，中国还是一个需要经历体制转轨的国家。这些看法如今已经不再新鲜，甚至于成为绝大多数学者从事中国经济研究的前提。然而，在改革开放之初，对指令性计划经济的批判还是有风险的。改革开放之前，中国经济学界，前有马寅初，后有孙冶方，为独立思考和坚持真理都曾付出过巨大的代价；拨乱反正之际，呼唤改革的后来人则不仅需要有远见卓识，而且必须具备献身勇气。记得1978年董辅礽在武汉大学所作的报告，中心内容就是论述改革国有企业和人民公社制度的必要性。当时不仅感到耳目一新，而且佩服他果敢直言。现在重读他的著作，便又一次领略了这种痛快淋漓的风格。

董辅礽所做的批判并非是否定一切，他在客观地分析中国学习苏联模式的利弊后，指出中国的现代化道路必须在研究本国国情的基础上，选择适合于自己国情的发展战略。① 为此，一要改革经济体制，把原来单一公有制的、高度集中的、排斥市场机制的经济体制，改革成为以公有制为主体、多种所有制并存的、多层次决策的、发挥市场机制作用的经济体制。二要转变经济发展战略，把原来以片面追求高速度为目标的、以突出重工业为中心的、以粗放经营为主要发展途径的、以闭关自守为特色的经济发展战略，转变为以满足人民需要为目标的、各部门协调发展的、以集约发展为主要途径的、对外开放的经济发展战略。在经济增长方式的转变成为90年代舆论热点的今天，反观董辅礽十多年前对体制改革与发展战略选择相结合的论述，不难发现它们都经受住了时间的考验。

他认为，经济体制的选择取决于经济发展战略的选择，而在确

① 参见《经济发展战略研究》，第7—61页。

立了一种经济体制后，它又会推动人们去实行某种发展战略。70 年代末发展目标的转变，使原有的指令性计划体制不可能适合变化了的发展战略。然而，由于改革是逐步进行的，新旧体制之间和新旧发展战略之间在整个转换时期的摩擦就不可避免。例如，1984 年下半年经济效益的再度恶化，与旧体制还在起作用有密切的关系。因为国有企业还没有做到自主经营和自负盈亏，市场机制的作用还相当微弱，竞争还没有真正展开，直接的行政干预在经济运行中还起着重要作用，所以，许多企业往往注重产品数量的增加而不关心质量的提高，所以，也就使粗放经营向集约发展的转变困难重重。①

如果说上述探索还是在宏观层面上展开并略显抽象的话，以此为基点对农村工业化和农业现代化道路的寻求就趋于具体了。对发展中国家二元经济结构的判断，以及由城市现代工业吸收农业剩余劳动力从而整合城乡经济的政策方案，是发展经济学重要的组成部分。然而 50 年代以来，世界上大多数发展中国家，特别是人口大国，在这条道路上却都没有获得成功。像印度、巴西那样劳动力自由流动的国家，在资本主义大农业不断增长的情况下，相当数量的乡村小农和农业工人陷入贫困，大量农村人口迅速涌入城市，找不到就业岗位的劳动者及其家庭或形成非正规就业人群，或沦为赤贫阶层，他们从贫民窟到融入城市社会一般需要经历几代人的苦难；在实行限制甚至禁止劳动力自由迁移的中国，虽然避免了城市贫民窟的丑恶，但以牺牲乡村利益为代价的工业化则使工农业劳动生产率差异逐渐加大，城乡之间的鸿沟日益扩展。尤其令发展经济学家尴尬的是，无论哪一种发展方式都没有呈现出整合二元结构的倾向。对于这个似乎无解的发展难题，中国农民的伟大实践提供了一种可

① 《经济体制改革与经济发展战略的转变要结合进行》，《经济学周报》1986 年 10 月 26 日。

能的答案。改革中乡镇企业的崛起和农村其他非农产业的发展，使上亿乡村劳动力获得了农业之外的就业岗位。对此，董辅礽欢欣鼓舞，以极大的热情领导经济研究所的科研人员展开专题研究。一方面，争取外来资助，与国际和国内组织开展合作研究；另一方面，带队到非农产业发展最迅速的地方去考察，以求掌握第一手调研资料。在研究过程中，董辅礽一直是心到口到，口到笔到，笔锋犀利，见解精辟，显示出第一流经济学家的实力。在1986年年初去温州调查之后短短的几个月时间里，他就写出10多万字的文章[①]，参照中国的实践，对已有的发展理论进行推敲。这些文字后来收入《经济发展战略研究》一书，几乎占全书篇幅的一半。书中对“温州模式”的详细介绍、分析和肯定，以及对苏南模式和温州模式的比较，在诸多有关农村工业化的研究中独具特色，因为董辅礽的笔触并未局限于任何一种模式自身的产生、运行和发展，而是将注意力集中于制度变迁与发展战略相切的部分。

对于讲“名分”、论等级的中国社会，乡镇企业的地位从诞生之日起就低于城市国有企业，而个体和私有企业则又低一个层次，似乎制造假冒伪劣产品或扰乱经济秩序等不法行为注定是与它们联系在一起的。直到最近一些国有企业和银行联手进行金融投机，搅得股市风潮迭起，人们才发现国有单位的行为也并非天生合理。无论何种企业或机构，操纵其运转的都是一群活生生的人，所以，只能寻求制度的合理化以限制人的不合理行为，而不是以“出身”来评判不同种类的企业孰优孰劣。遗憾的是，这种认识至今尚未成为中国主流经济思想的组成部分，企业判别方面的“血统论”与国家不得不实行的就业战略在理论上形成了显而易见的矛盾：如果认为国有企业最优，那它必然应该成为劳动者就业的第一选择。可是，现

① 参见《耕耘的十年》，《瞭望》1988年第44期。

有国有企业已被冗员拖得不堪重负，国家也少有财力兴建更多的企业来吸纳源源不断的新增劳动力，效益极差的停产和破产企业的职工还难以安置。看来，最优就业选择对于相当数量的寻找工作的人们，还可望而不可即。若单靠国家安置或救济，政府没有这个能力；如果任凭失业人数增加，社会稳定必成泡影；倘若鼓励劳动者自谋生路，人们无论以何种方式创造就业岗位，都将进入非国有领域。那么，除非自己不在乎，否则必得忍受在政治地位上低人一等的事实，而且还要承担企业不知何时可能会被“限制”掉的风险。有鉴于此，政府只有坚持政策和理论的一贯性，赋予多种经济成分以平等地位，才有望以刺激多种渠道投资，从而增加工作机会的措施来回应就业难题。在这个问题上，董辅礽采取了实事求是的态度。

他在运用丰富的调研材料论证了乡村非农产业发展对农业现代化的促进作用后得出结论，认为无论是以乡镇政府或村委会办企业推动非农产业发展为特征的苏南模式，还是以农民个人经营或雇工开厂兴起非农产业发展热潮为标志的温州模式，都能促进农业现代化从而改变二元经济结构，都有利于增加就业，提高乡村人口收入，而且还可以推动城市经济的发展，因此都有它们存在的合理性。经济制度和发展模式的选择要从农村实际情况出发，以是否为农民所欢迎、是否能促进农村经济发展为标准。[①] 董辅礽还将这种理解贯彻到后来对城市失业和整个就业问题的探索中去，并把研究领域扩展到发展政策。对于以“待业”替代失业概念这一自欺欺人的游戏，董辅礽直截了当地予以揭穿，明确论证改革开放前即存在大量隐蔽性失业，改革开放后日益引人注目的失业问题主要是潜在失业公开化的结果。此类失业产生的原因首先是与人口政策失误紧密相连的人口快速增长；其次是政府包办工作分配的就业政策；再次是长期

① 参见《经济发展战略研究》，第168—224页。

强调重工业优先发展的产业政策；最后是追求单一公有化的所有制政策堵塞了广阔的就业门路，以及自给自足的闭关锁国政策阻碍了劳动力向国外流动。显然，解决中国就业问题首先必须从纠正以往的错误政策入手。[①] 由此也不难看出，董辅礽对失业原因的追溯，不仅包含着他对发展政策的整体思考，而且集中体现出他的理论彻底性。

概括董辅礽所做的发展研究，不禁引发出以下联想：尽管中国经济有这样那样的难题，中国经济学本身也有漫长的现代化道路要走，处在改革开放时期的中国经济学家应该说是生逢其时、幸运非常的。与发达工业国家的发展经济学家相比，他们生活在发展中国家，亲身经历本国的发展实践，对发展问题有更深刻的理解；与其他发展中国家的经济学家相比，他们经历着前无古人、后无来者的制度变革，有幸开辟新的研究领域，有可能做出超越国界的研究成果。虽然说并非每一个中国经济学家都能充分利用这大好时机，但董辅礽对体制转折与发展关系的探讨，显然进一步丰富了发展理论。

行文至此，回想起 1985 年夏与董辅礽的一番交谈，也许有助于说明他选择研究路径的“战略”。那时董辅礽担任经济研究所所长，我在德国南部的斯图加特留学，忽然接到他从巴黎打来的一个电话，说是到那里参加一个有关社会主义国家改革的研讨会，问我是否愿意去收集些会议资料。见面后得知我正在准备博士学位论文写作方案，他关切地提出找个时间讨论一次。由于在那里巧遇几个在美国和法国留学的同胞，大家都有共同的问题求教，所以，相约一起去见他。至今难忘的是，我问他：“论文怎样才能写出色？您在苏联做的学位论文有什么特点？”答曰：“选择新对象，发现或利用新方法，还有采用新资料，这其中你做到任何一点都可能写出新意，我在苏联做论文主要是尽可能利用新资料。”这一席经验之谈不仅使我顿开

① 参见《人物专访》，《人力资源开发》1995 年第 4 期。

茅塞，对论文设计有了主意，而且还成了那以后自己做其他课题的指导思想。时至今日，以此为原则来评介董辅礽的著述，自然也就比较容易注意到其中最有价值的地方。

长江后浪推前浪。在改革开放的大潮中，随着中国经济逐渐与国际接轨，一批批年轻的中国经济学人在掌握更新的研究方法之后走出国内外大学校门，正在努力促使中国经济学向国际水平移动。在这一过程中，董辅礽不但尽其所能扶持新人，为他们创造学习和实践条件，而且身体力行，尝试新的研究手段，例如学习计算机操作。然而，在承担着行政管理重任的情况下，他已无暇学习和运用那些处于经济学前沿的方法，例如列公式、做模型、进行数理统计，等等。可是，他善于扬长补短，发挥自己的优势，那就是除广博的人文科学基础和深厚的中国文化功底外，比之于年青一代所具有的丰富阅历、对新旧体制运行过程的全面了解、对社会经济问题的深刻洞察力、对国内外理论学说高超的鉴赏和批判水平以及缜密敏锐的思考方式。改革开放以来，董辅礽已远行亚非拉美诸多发展中国家。每到一个地方，总要以所见所闻来验证发展经济学理论，还免不了把该国经济条件、发展战略和政策与中国的状况加以比较。他认为，国内学术界过去研究现实问题常常局限于本国范围内的历史比较或曰纵向比较，难免失之于片面，若辅之以国际比较或曰横向比较，必将有助于在吸收外国经验教训的基础上推进中国的发展战略和政策研究。为此，董辅礽于1985年列出了一个比较研究提纲，其中有些要点恰恰是近两年来中国经济问题讨论中的热门话题：①

（1）发展经济与改善人民生活的关系（投资政策与消费政策）；

（2）平等和效率的权衡；

（3）缩小城乡差距和地区差距的途径；

---

① 参见《经济发展战略研究》，第305—364页。

（4）就业问题，特别是部门之间和城乡之间的劳动力转移；

（5）产业结构选择，基础设施建设与其他产业发展的关系；

（6）工业化中的环境保护政策；

（7）在对外开放条件下如何保护民族经济；

（8）经济发展与人口变化趋势；

（9）对先进技术和中间技术的选择；

（10）外贸战略；

（11）外债限度的确定和外资利用政策；

（12）社会、经济、政治、文化、技术和人力资源综合发展的问题。

自 80 年代中期起，董辅礽每次出国访问归来写就的比较研究论文或考察报告，主题大致都落在上述范围内。他的中印发展战略比较研究，以印度独立之后的发展实践，对发展经济学关于资本主义制度下传统农业社会可以向现代工业社会平稳过渡的命题提出质疑，因为他亲眼看到，这一制度下随着经济增长而来的巨大收入差别和尖锐的贫富对立及其他社会问题。由此董辅礽意识到，若要解决这些难题还需要制度创新。1986 年，董辅礽应贝宁总统之邀去这个非洲小国讲学。踏上这片陌生的国土，他惊讶地看到，这里与欧美现代社会一样没有二元经济结构，然而，这是工业化尚未起步的结果，是相对于发达国家来说经济尚未发展的一极。虽然从世界银行公布的统计来看，贝宁与中国同处于低收入国家档次，然而，实际国力却相去甚远。因此，他首先展开对统计指标的讨论，提出国家之间的比较除观察人均国内生产总值以外，还应该考虑资本存量、产业结构和收入分配等其他指标；其次分析小国和大国的经济差异，探索适合于各自国情的发展道路；再次评价文化因素在发展中的地位，确认人力资源投资是贝宁经济发展的关键，也是国际组织援助包括中国的援建项目应当优先资助的领域。这其中，对大、小国各自市场容量的比较，以及由此而引出的出口战略评价，在后来国内一些企业注重外向型发展而忽视国内市场的倾向出现时方显示出其前瞻性。

90 年代初，董辅礽担任了人大常委会财经委员会副主任。繁忙的公务使他连做一般的专题探讨的功夫都没有，更不用说去写长篇大论，可是他并不因此而放弃写作，而是顺应岗位转换，找到了一种表达自己的恰当形式，那就是写短文。基于对中国经济现实更贴近地观察和对国际社会经济发展趋势更迅速地了解，他利用飞机上、火车里、会议间隙和旅店小憩的时间，见缝插针地写作，讨论形形色色迫切需要解决的中国经济问题，例如通货膨胀、政府改革、市场管理、国有企业破产、农地流失、就业形势、民工迁移，等等，零敲碎打却不期然已经集腋成裘，成就了 1995 年和 1996 年出版的两本汇编：《改革与发展——论大转变中的中国经济》和《中国经济纵横谈》。对于决策层和公众，这些题材广泛的短论不无警醒之意；对于专业经济学者，文章所及之处展露出来的真知灼见也不无启迪。尤其值得注意的是，近年来，我国经济学界出现了一种忽视中文表达的风气，一些论文做得犹如实验报告，虽然立意新颖、方法先进、结论明晰，但读起来却味同嚼蜡，缺乏吸引力，因而阻碍了研究成果的传播。而董辅礽此时的写作风格彻底摆脱了苏联学院式论著的影响，向精悍简约的中国传统文风回返，从复杂走向简单，从华贵走向朴实，从“一脸严肃”走向平易近人，写得活泼流畅，深入浅出，读来朗朗上口，声情并茂。不过，书中的内容却既不传统也不简单，例如，对环保、扶贫和经济增长方式的探讨，运用的都是当今国际社会通行的发展观念，议论的皆为 90 年代全球关注的社会经济问题。

80 年代以来，世界取得了前所未有的经济增长，然而它并不必然带来社会和谐与富裕，反而伴随着全球范围内贫穷、失业和不安全因素的增加。这些社会疾病的存在，说明需要一种新的发展观。

各国有识之士因而极力呼吁推行“以人为中心的经济增长模式”，注重环境保护，谋求社会正义和民主，把消除贫困、减少失业和促进社会融合作为发展的主题。这些见解在国际社会逐渐达成共识，联合国为此于1995年在丹麦首都哥本哈根召开社会发展世界首脑会议。我在会议区邂逅西装革履、收集了一大公文包资料的董辅礽，很为他能够如此积极地参与社会发展促进行动而高兴，因为大多数中国经济学家不大涉足这个领域，似乎只有供求曲线、宏观管理、国际贸易等才是经济学家应该关注的事情。可是，既然经济是特定社会条件下的经济，人类在经济发展的同时就不能回避社会问题，经济学家因而在研究中也就不能不考虑社会因素。

董辅礽从哥本哈根归来后写了10多篇短文，阐述了对经济和社会协调发展的认识。其中，关于“可持续发展”概念的诠释，既引入了社会发展大会给出的定义，又与他自己10年前对苏南和温州发展模式的研究相呼应。那时候，他不仅分析两种模式下的农民就业和收入，而且讨论医疗和教育条件的改善、农民生存保障和社会福利标准的确定、乡镇企业与环保等社会发展问题。也许正因为以往的知识积累，他准确地将“可持续发展方式”表达为节省资源的发展方式、保护环境的发展方式、提高生存质量和促进人类进步的发展方式。这里之所以要强调这一点，是因为直到现在，笔者还常常在会议上、在田野调查中听到或看到，一些地方领导同志把可持续发展误认为是经济连年增长。这种情形也许与我国各级政府长期充当增长的发动机、片面追求高速度不无关系。其实，自里约热内卢联合国环境保护大会召开以来，中国的环保法规条例制订得不可谓不迅速，媒介对《21世纪议程》和环保思想的宣传也不可谓不重视，但是，它之所以还没有变成广泛自觉的政府行为和民众行动，多半在于人们更急切地关注眼前利益而忽视长远的发展。董辅礽作为全国人大常委，率先行动起来，从“可持续”的角度反思我国以往的经济增长方式，对于在决策层普及新的发展观无疑有积极的意义。

由于对董辅礽上述活动的了解，1996年，农业部农研中心计划在四川北碚召开微型扶贫信贷研讨会时，组织者请我询问董辅礽是否可以来参加。他听到电话的第一个反应是："这个专题我不懂，去了能干什么？"我动员说："不懂可以学呀！再说您去年不是写论文参加金融改革研讨了吗？这次开会可以听听扶贫信贷制度的情况。"结果他答应："只要能学到新东西就去。"会前，董辅礽浏览了国内外有关资料，会议期间既主持了开幕式，又参与争论和答辩，还做了一个出色的总结发言。他疾呼中国扶贫行动需要金融创新，不仅需要改革现有的农村正规信贷组织，而且有必要学习国外先进经验，还应该支持农民自发的组织，给予它们应有的法律地位。对于农民在解决贫困问题中的金融创新活动，政府的作用在于管理，中国人民银行应该给予引导和帮助。董辅礽的讲话赢得了与会者的热烈掌声，会后不断有人索要发言稿，不想他只是前一天晚上才根据会议讨论情况草拟了一个提纲。当时，董辅礽因为与中央电视台记者有约必须立即回京接受采访。待我赶回北京，他又去了宜昌，不得已便留了个电话，请他为会议发言汇编写稿。次日夜里11点多钟就接到董辅礽的回复："我晚上8点钟到家，写了3个多小时把稿子写完了，5000多字！"当时电话这头的我，只有感动和敬佩。

时光流逝，我认识董辅礽已有15年。眼见他至今仍保持着强烈的社会责任感，可以断言，他意志未衰；到现在他依然如饥似渴地学习、孜孜不倦地写作，足以说明是心智不老。我愿借此机会祝他健康长寿，为中国社会经济发展做出更大贡献。

（原载《生产力研究》1997年第2期）

追忆董辅礽老师

袁钢明

2004 年 7 月 30 日下午 5 点多钟，在上海虹桥机场的候机室里，我感到透身冰凉。两个小时前，我正欲动身前往机场，忽然天降一场倾盆大雨。我和北京家中通了电话，告知董辅礽老师病情恶化，陷入昏迷。

董老师夫人从美国打来电话说，这一次不知道能不能挺过来。这是董辅礽病重以来，第一次听到这样的说法。董辅礽于 2003 年 10 月查出癌症，到美国治病。我一直认为，董辅礽的癌症很可能是误诊。董辅礽在北京刚住进医院检查的时候，吃饭狼吞虎咽，和一个虎虎生风的年轻人一样。可是，到美国那边后传来消息，董辅礽身上多处转移的癌瘤已被确诊。

初期一段，疗效很好，听说肿瘤得到抑制，萎缩了一半左右，肝功能等指标恢复正常。董辅礽走的时候对我说，我会回来的。我本来想和他讨论一下几件收尾性的工作，以及我们俩酝酿已久一直以为有时间将来做而没有做的一件较为宏大的研究计划。董辅礽没有和我讨论的意思，他没有把这次去美国治病看作是他最后一次旅程，他去美国治病这段时间，不会是他生命的最后一段时光。我们俩都认为，他这次去美国就和他此前不久去美国一样，去一段时间就会回来。

按照本来的设想，董辅礽去美国检查一下病情，用他女婿所在的美国杜克大学医院刚刚试制出来的一种新药试验一下，不管效果怎样都不会在美国待很久。

董辅礽是该医院试用新药的 11 个患者中疗效最好的一个。他是一个极为特殊的人，他冬天从来不穿毛衣、棉衣，再冷的天都只穿一件外套和衬衣，从来没有得过病，哪怕是感冒之类的小病。他在学术上做过很多只有他一个人才能做成的事。他创造任何常人不可能有的奇迹都用不着惊讶。在董辅礽之前，试用新药的患者全都治愈出院，董辅礽治愈的成功概率当然比其他普通人更高。但最近一段时间，董辅礽医治过程出现波折，在他身上出现了以前试用新药患者没有出现过的抗药性。医生对董辅礽使用了一种新的药剂，并出现强烈反应。医生对董辅礽停止用药，进行调整。我们都相信董辅礽一定可以创造奇迹，一定可以挺过来。

我坐在虹桥机场候机室里，寒冷彻骨。我现在所在的登机口，是不久前我和董辅礽在此候机的同一个登机口。我们谈论我们赶赴机场上不到高架路上差点儿误机的惊险。到机场后，我们才知道，一位高官和我们同一时间赶飞机，高架路封闭为他一人所用。普通车辆被堵在高架路下。我们原本 40 分钟的路程用了两个小时，幸亏我们出门很早。董辅礽愤慨地说，那么多普通老百姓为一个高官让道，误了飞机没有人会理睬，这种制度、这种做法到底什么时候才能改掉。当一群人前呼后拥威风而来时，我们才知道，这位高官居然和我们同乘一架飞机——他的官阶还没有达到坐专机的程度。董辅礽笑着说，他和我们同坐一架飞机，不是我们的幸运，是他的幸运，这种人没有资格和我们同坐一架飞机。我忽然发现，那一次和董辅礽候机和今天几乎是同一个时间。我穿过登机长廊，外面冷雨飘洒。这一段长廊，我和董辅礽一起走过，以后再也不可能了。我和董辅礽一同乘过很多次飞机，一直以为还会再和董辅礽同机飞翔，一起笑谈粪土万户侯。这一次不会再有奇迹，以后再也没有可能了。

回到北京家中，听到的第一句话就是董辅礽已经离去。北京时间2004年7月30日下午3点零3分，他去世了。当时，我在上海，倾盆大雨从天而泻，也就是说，我在虹桥机场候机的时候，董辅礽已经静静地告别了我们。

（原载《追思董辅礽》，社会科学文献出版社2005年版）

关于经济研究所

80年代《经济研究》编辑琐记

唐宗焜

我负责编辑《经济研究》历时五年半，从1983年7月至1988年年底编完1989年第1期。

我接手《经济研究》编务之时，农村改革正在兴起，城市改革刚刚启动，经济体制改革的方向是市场化取向还是坚持计划经济为主、市场调节为辅，争论相当激烈，而且后者还占优势。1979年春，无锡价值规律讨论会就有多名经济学家提出的社会主义经济是商品经济、受价值规律调节的观点，当时却受到打压，甚至商品经济概念都被质疑。在这种情况下，能不能认清改革开放大趋势，把握办刊大方向，是我面临的考验。

一　静悄悄的启动

应《经济学家茶座》之约，我写过一篇随笔《1985：〈经济研究〉变了》，讲述了最初刊物面貌的演变。外界普遍感觉到《〈经济研究〉变了》是在1985年，事实上，《经济研究》的变化不是自1985年开始。“文化大革命”前，我在《经济研究》当过八年半编辑。我深感再那样编毫无意思，因此，1983年所长要我回到《经济研究》负责编辑工作时，起初我并未接受，后来推辞不了，才勉强同意。可是我这个人有个毛病，不干则已，要干就不懂怎样轻松应付，学了经济学却没学会计算个人机会成本。所以，一上岗就在考虑怎样才能使《经济研究》适应历史大趋势，走在改革开放的前沿，立足中国，面向世界。

然而，刊物面貌在一定时期有它的惯性，改变需要一个过程，不是想变就能立即变的，因为它依赖于作者队伍和编辑队伍状况，而当时《经济研究》作者队伍和编辑队伍知识结构都严重老化。尤其是编辑队伍还有年龄老化和专业单一化的缺陷。15 名编辑人员中，50 岁以上的就有 9 名，40 岁以下的只有 3 名。与这种年龄结构相应的是知识结构，有 9 名毕业于 50 年代，3 名毕业于 60 年代，2 名自学成才，学的都是源自苏联的政治经济学专业。而编辑部本身的体制又被卡得死死的，编辑人员编制一个都不能动，既不能进也不能出。财务上编辑部又没有分文激励手段。我明白自己的能量有限，至多是“螺蛳壳里做道场”，只能脚踏实地，一步一步往前走。

1983 年下半年，只是为《经济研究》启动转型做了一些前期准备，主要是调查研究，征询作者和读者对《经济研究》的意见和建议，以及编辑部内部酝酿，刊物内容还看不出什么起色。《〈经济研究〉1983 年工作总结》对当年刊物状况有这样的评估：“理论和实践结合好、质量高的文章少，一般性的文章多。有的文章或者限于一般议论，不解决实际问题；或者太实，理论高度不够；或者缺乏新意，没有深度。”

《经济研究》转型实际是在 1984 年启动的。但限于当时条件，只能逐渐推进，因而转型启动可说是静悄悄的。

1984 年，我们主要做了哪些事？在此将《1985：〈经济研究〉变了》一文中所述有关内容再复述一下。

在前期调查研究基础上，1983 年年底，我们拟了一个《关于 1984 年改进〈经济研究〉编辑工作的设想》。其中着重提出“编辑部全部工作都要以提高刊物质量为中心……努力改变《经济研究》

还不适应社会主义现代化建设需要的状态”；“进一步贯彻理论联系实际的方针……《经济研究》的内容，要把社会主义现代化建设中的重大经济理论问题摆在首位，同时要坚持和发展学术性刊物的特色”；“改进同作者的联系，扩大作者队伍，吸引更多质量较高的文章”。

刊物“把社会主义现代化建设中的重大经济理论问题摆在首位”，无疑更要将改革开放的探索摆在首位。编辑部内部明确这个指导思想后，《经济研究》1984 年第 1 期就刊发了这样的编者按：“经济体制改革，从理论基础到方案设计，包括总体设计和分部设计，都有许多问题需要从理论上进一步深入研究和讨论。这是经济理论战线上刻不容缓的任务。预期在新的一年里，经济理论界同实际经济工作部门的同志将更亲密合作，以马克思主义为指导，从中国国情出发，勇于改革，勇于创新，共同探讨具有中国特色的社会主义经济体制。本刊愿本着百家争鸣的方针，提供更多的篇幅，围绕这个主题开展讨论，广泛反映不同的理论观点和改革建议。”这是向作者和读者释放的关于刊物重点转移的第一个信号。

该年实际发表了约 70 篇直接探讨经济体制改革的文章，平均每期五六篇，多的一期有八九篇，内容涉及经济体制改革的理论基础、模式选择、国有企业改革、农村改革、金融改革、价格改革和经济各部门、各领域的改革。其中有的论文是为《中共中央关于经济体制改革的决定》起草直接准备的，如 1984 年第 12 期发表的马洪《关于社会主义制度下我国商品经济的再探索》，是为《中共中央关于经济体制改革的决定》起草探路的，曾在高层内部传阅，听取反应；它的主题是论证“社会主义经济是在公有制基础上的有计划的商品经济”，并以此作为进行经济体制改革的理论依据。

刊物质量反映编辑工作质量，编辑工作质量反映编辑人员的政治、业务素质，编辑人员素质主要体现在出题、组稿、审稿、选稿、编辑加工等各项工作中，因此，刊物改变面貌要从提高编辑素质做起。1984 年，编辑部围绕《经济研究》同社会主义现代化建设的新形势不相适应和同它在全国经济学界的地位不相适应的问题，全体编辑人员认真地讨论了如下两个问题：①什么是《经济研究》的新局面，《经济研究》要开创什么样的新局面？②怎样理解理论联系实际，《经济研究》怎样才是真正贯彻了理论联系实际的原则？经济理论为社会主义现代化建设实践服务同马克思主义经济科学的学科建设是什么关系？通过讨论，尽管还说不上思想统一，但大多数编辑对刊物转型方向还是加深了认识，在组稿选题和来稿选用的标准掌握上有了更多的共识。

20 世纪 80 年代，《经济研究》转型最大的困难是作者队伍青黄不接，原有作者率先更新知识结构、从经济理论研究的苏联范式中解放出来的尚属少数，而年轻作者队伍的形成刚刚开始。编辑部决定打破成规，敞开大门，大量吸引新作者，扩大作者队伍。选稿、用稿和版面安排一律以文章质量为准，对作者不分亲疏，不论资历，平等对待。1984 年，经济学研究生毕业的还不多，编辑部就尽力从在校研究生中发现有成长前景的作者。如该年第 10 期同时发表的就有 3 篇研究生论文，包括楼继伟、周小川的《论我国价格体系改革方向及其有关的模型方法》、蔡重直的《我国金融体制改革探讨》和陈宗胜的《指令性计划如何运用价值规律和经济杠杆》。这一年，在《经济研究》首次发表文章的作者占全部作者的 40%，外地作者占全部作者的比重也由 1983 年的 30% 上升到 40%。

1984 年，《经济研究》开展了一次中青年优秀经济理论文章评奖。评选范围是 1979—1984 年 6 月在《经济研究》发表的文章，入选 10 篇（论文 9 篇，调查报告 1 篇）。我在为获奖作品撰写的评论（《面向经济实践　推进经济理论》，《经济研究》1985 年第 2 期）中逐篇阐明了这些作品入选的理由。当然，它们的入选只能是在当时情况下比较而言。评奖的意图是编辑部要向读者和作者表明刊物将倡导什么样的方向。

二 《经济研究》新的编辑方针

经过近一年半时间的边编刊物边调查研究，我拟了一个《关于〈经济研究〉编辑工作的几个方针性问题的汇报提纲》，于 1984 年 12 月 1 日报送中国社会科学院经济研究所分党组，并获批准，随后又得到编委会认可。这是《经济研究》新的编辑方针，在《经济研究》1985 年第 4 期披露。

此前《经济研究》只有 1978 年复刊时拟订的一个仍然“以阶级斗争为纲”的编辑方针，它规定《经济研究》“以马克思列宁主义、毛泽东思想为指导，以阶级斗争为纲，坚持毛主席的革命路线，为无产阶级政治服务，为工农兵服务……”，“高高举起和坚决捍卫毛泽东思想的伟大旗帜”，“批判修正主义，批判资产阶级”。虽然随着全国工作重点的转移和改革开放的启动，《经济研究》的内容在实际操作中已有所变化，但是并未形成任何明确的成文的编辑方针。

新的编辑方针是《经济研究》实施转型的总纲。正是经过 1984 年静悄悄地启动，《经济研究》才能自 1985 年起按明确的新的编辑方针以更大步伐推进转型。

新的编辑方针，归结起来，有如下要点：

（1）刊物定位：《经济研究》是“全国经济学界的综合性的经济理论的学术刊物”。它不是地方性、部门性、实务性的刊物，也不是中国社会科学院或经济研究所的学报。

（2）重点转移：《经济研究》“着重探讨社会主义现代化建设以及当代世界经济发展中的重大经济理论问题，特别要以我国经济体制改革的理论和实践的研究和讨论作为重点”。这是刊物稀缺资源的配置战略，不能让刊物稀缺资源浪费在假大空议论上。

（3）范式转换：《经济研究》要破除不切实际的传统观念，从观念出发的苏联范式，推动经济理论研究走上理论与实践相统一的科学轨道。“要与社会主义现代化经济建设和经济体制改革问题的研究密切联系，开展马克思主义的具有中国特色的社会主义经济学基本理论问题的探讨。”

（4）实践标准：《经济研究》“要遵循实践是检验真理的唯一标准这个基本原则，坚持从实际出发，从发展社会生产力出发，鼓励和支持对经济实践中的新情况、新问题和新经验的研究”，即倡导从实际经济过程出发，探索经济理论问题，不盲从，不随风倒。

（5）学术风格：《经济研究》作为学术刊物，须有鲜明的学术风格；要在对现实经济问题探索的同时，推动经济学科建设。现实经济问题研究和经济学科建设相辅相成，经济学科建设要立足于现实经济问题研究，现实经济问题研究要放眼经济学科建设，两者都要坚持从实际出发，统一于实践标准。

（6）兼容并包：《经济研究》要建设成为激励开拓创新、平等竞争的学术平台，拒绝门户之见，反对学霸作风。

（7）全球视野：《经济研究》立足中国，面向世界。不仅要探索中国社会主义现代化建设的重大经济理论问题，而且要探索当代世界的重大经济理论问题；研究中国经济理论问题，也要有全球视野。

（8）作者队伍：作者队伍是刊物的生命之源，学术刊物的水准根本上要依靠高素质的作者队伍。《经济研究》要彻底摆脱经济理论研究的苏联范式，开拓新局面，必须更新作者队伍。当时面临的困境是，原有作者队伍的主体习惯于苏联范式，其中，正在自觉更新知识结构的还很少，而新的经济学人才刚刚培养，作者队伍严重青黄不接。因此，新的编辑方针提出：“要把有计划地发现和培养大批年轻的有发展前途的作者作为有关《经济研究》开创新局面的战略性问题提上议事日程，采取切实措施，予以落实。”

（9）编辑队伍：《汇报提纲》指出，编辑队伍“存在年龄老化、知识老化和专业单一化的严重缺陷”。而编辑队伍更新是编辑部自身无权解决的，因此，“建议所分党组从队伍建设的战略上考虑、安排编辑队伍有步骤地更新和培训的计划”。

三 从苏联范式解放出来

《经济研究》转型，就是让经济理论研究从苏联范式解放出来。什么是经济理论研究的苏联范式？读一读斯大林的《苏联社会主义经济问题》和以其为总纲的苏联《政治经济学教科书》（社会主义部分）就可知道。苏联范式就是斯大林范式。它告诉我们，社会主义经济存在先验的“本质”和“规律”。所谓经济理论研究的任务，就是表述与注释这些“本质”和“规律”，并据此去解释当局政策。归根结底，就是一句话，从内容看，是辩护社会主义经济制度的优越性，即为国家所有制和计划经济体制作意识形态辩护；从方法论看，是从定义出发，完全无视实际经济过程。1958 年“大跃进”失败后，中央领导人总结经验教训，学的就是《苏联社会主义经济问题》和苏联《政治经济学教科书》这两本书。苏联范式长时期统治着我国经济论坛和课堂。我们在 20 世纪 50 年代所受的政治经济学教育就是这个范式，深受其害，因而一旦觉醒更感到彻骨之痛。这是我决心从苏联范式解放出来的动力。

《经济研究》转型，1984 年已静悄悄启动，但是，外界明显感觉到是在 1985 年。《〈经济研究〉编辑部 1985 年工作小结》有这样的记载：“中国农村发展问题研究组的《国民经济新成长阶段和农村发展》（第 7 期）和中国经济体制改革研究所综合调查组的《改革：我们面临的挑战与选择》（第 11 期）两篇经济研究报告发表后反响都较大，特别是第 11 期出版后，有些未订《经济研究》的读者纷纷来购刊物，有的单位还自己打印体改所的报告。”

体改所报告之所以引人注目，是因为它广泛调查研究了当时人们普遍关注的宏观经济形势，即投资、消费需求和信贷投放全面膨胀的通货膨胀问题。它依据有20余位年轻人参与的直接调查获得的第一手数据，从经济运行的微观机制分析着手，考察宏观经济问题产生的原因，揭示宏观经济形势的微观基础，从而提出经济体制改革战略重点选择的建议。此前，还没有用这样的分析方法研究宏观经济形势的文章。这在当时来说是新的思路。

中国农村发展问题研究组的文章，从农村改革启动后六年间农业生产和农民收入激增引起的国民经济结构变化着手分析，提出了“我国国民经济正在走向一个以结构大变动为主要特征的新成长阶段”以及须从国民经济大背景下考察农村发展的重大命题，对促进我国经济改革和农村发展有重要意义。1985年第10期发表的该研究组成员陈锡文个人署名的《国民经济的格局变动与乡镇企业的发展》，也是这个命题的一个侧面的展开论述。它以对国民经济增长原有模式和机制的评价作为铺垫，考察当时正在崛起的乡镇企业实况及其对改变我国工农、城乡、就业和收入分配等格局所起的推动作用，提出对今后国民经济发展及其格局变动的判断。

这些文章的发表给《经济研究》带来了新风，以致当时有人好奇地问：“这样的文章《经济研究》也能发表啊?”因为《经济研究》在他们心目中已经形成了固化的印象。带来新风的这些文章，新就新在它们不是在书房里闭门造车，而是扎根于经济实况调查研究，并对通过经济实践的机制分析得出结论的。

1985年在《经济研究》发表“去苏联范式化”文章的，有年轻作者，也有中老年作者。第3期发表的《劳动者个人收入分配的若干变化趋势》一文的作者赵人伟，就是一位和我一样50年代受苏联范式政治经济学教育的当时的中年作者，但是，他的这篇文章一反苏联范式，用现代经济学的分析工具，分析了我国劳动者之间收入差距的变化趋势、各年龄段收入的变化趋势，以及消费品分配中实物分配和货币化分配的变化趋势。赵人伟是最早觉悟需要并身体力行更新知识结构、实现研究范式转变的中年经济学家之一。

同年第 9 期发表的《为什么“一放就乱”——论价值规律调节生产的作用》一文的作者，则是马克思经济学说和现代经济学功底深厚的老教授高鸿业。“一管就死，一放就乱”是计划经济体制一直困扰着决策层的顽症。高教授用市场经济理论言简意赅地回答了计划经济为什么会“一放就乱”。他指出，价值规律调节生产的作用的实现，至少必须具备四个条件：存在竞争、有效率的市场、企业行为的资本约束和社会总需求的资源约束。缺乏这四个必要条件，正是计划经济“一放就乱”的根源。这个结论的政策含义，就是经济体制的市场化改革，市场机制替代计划机制，必须创造价值规律调节作用得以实现的这些必要条件。在改革开放已经 40 年的今天，我们在原则上明确了“市场在资源配置中起决定性作用”，可是还得审视市场机制能够起作用的这些必要条件是否已完全具备。

《经济研究》实行对外开放方针。1985 年第 10 期发表了匈牙利经济学家科尔奈·亚诺什的论文《国有企业的双重依赖——匈牙利的经验》，这是他提交该年在北京召开的中国社会科学院经济研究所和世界银行合作研究项目成果讨论会的论文，是他专门为中国读者撰写的，使更多中国读者直接领略了他的思维方式、理论框架和分析方法。这对中国读者来说完全是新的，它丝毫没有充斥我们国内报刊讨论国有企业、国有经济问题时的传统老调。该文以经验实证方法，对匈牙利 1968—1985 年经济体制改革特别是国有企业改革过程深入地、系统地做了描述性、批判性的理论分析，揭示了改革的进展、困难和矛盾。作者指出，匈牙利的经济改革并未真正形成市场经济因而导致国有企业既依赖市场（水平依赖）又依赖政府（垂直依赖）的双重依赖。这些分析，不仅对中国当时刚启动的改革有启蒙作用，而且对今天也仍不失其警示作用。

1986年孙冶方经济科学奖评定获奖论文共12篇，其中，6篇是《经济研究》1984—1986年发表的。它们是：蔡重直《我国金融体制改革的探讨》（1984年第10期），赵人伟《劳动者个人收入分配的若干变化趋势》（1985年第3期），吴敬琏《再论保持经济改革的良好经济环境》（1985年第5期），中国经济体制改革研究所综合调查组《改革：我们面临的挑战与选择——城市经济体制改革调查综合报告》（1985年第11期），华生、何家成、张学军、罗小朋、边勇壮《微观经济基础的重新构造》（1986年第3期），中国农村发展问题研究组《论国民经济结构变革——新成长阶段农村发展的宏观环境》（1986年第5期）。这6篇获奖论文中，有4篇是年轻作者的作品。

四　社会主义经济机制理论讨论会

1985年，《经济研究》编辑部召开了两个学术讨论会，一个是5月在北京开的中国社会主义经济理论回顾与展望讨论会，另一个是10月在杭州开的社会主义经济机制理论讨论会。前一个会是经济研究所领导班子为纪念《经济研究》创刊30周年提出召开的，其主题是我建议的；后一个会是我倡议召开的。

有165人参加的《经济研究》创刊30周年讨论会，广泛回顾和梳理了我国经济理论已经讨论过的问题和取得的进展，讨论了当前需要着重研究的经济理论问题，以及经济理论工作的经验教训。该会讨论综述《中国社会主义经济理论的回顾与展望》发表在《经济研究》1985年第6期。其中关于经验教训指出：“社会主义经济理论研究要有所作为，就必须面向实践，认真研究和回答社会主义现代化建设中的重要问题。”为此，必须解放思想、实事求是，而“解放思想、实事求是就是要实行学术自由，发扬科学精神。学术自由和科学精神是统一的。”对于学科建设，该文写道：“有人认为，三中全会《关于经济体制改革的决定》明确肯定了社会主义经济是公有制基础上的有计划的商品经济，由此我们过去对社会主义经济的一整套不合乎实际的传统观念就要有根本改变，社会主义政治经济学的理论体系和某些基本范畴也要重新研究。”

有 55 人参加的社会主义经济机制理论讨论会，规模只有上一次会的 1/3，意义和收获却明显超过上一次会。《经济研究》创刊 30 周年讨论会提出了社会主义经济理论研究和传统观念要转变，但是没有回答怎样转变。经济机制理论讨论会则是直接回答这个问题的，这是一个切实讨论和解决问题的会。这个讨论会的目标就是推动我国经济理论研究的范式转换。1985 年 5 月底刚上任的经济研究所所长兼《经济研究》主编董辅礽出席并做了讨论引导性的讲话。与会者在四天的互动式讨论中各抒己见，自由切磋，提出和议论了关于经济机制研究的不少问题。尽管在具体问题上观点有异，但是，经济理论研究必须研究经济机制则是会议的共识。正如《经济研究》1985 年第 12 期发表的讨论会述评《从实际经济过程出发研究经济机制》所概述的，经济机制存在于一切经济过程中，不研究经济机制就不可能揭示客观经济规律，认识经济关系的本质，也回答不了实际经济生活中提出的问题。“特别是当前经济体制模式和经济发展模式转换过程中，不认真研究经济机制，我们就将寸步难行。”“当前，社会主义政治经济学在我国正面临着重要的转折关头，而从实际经济过程出发广泛深入地开展经济机制的研究将是实现这个转折的关键。”我在会议总结发言中说：“研究经济机制就要深入研究实际经济过程，只有在实际经济过程中才能真正把握经济机制。”“脱离了经济过程，也就没有经济机制可言。因此，研究经济机制，必须吸取过去孤立地静止地研究所谓‘经济规律’或‘规律体系’的教训，不能再走那样一条老路，那样研究是没有出路的。我们研究经济机制，一定要坚持从实际经济过程出发。”（参见《对社会主义经济机制研究的几点意见》，《经济工作者学习资料》1986 年第 29 期）这个讨论会有一个特点，就是邀请了一批年轻人与会，其中绝大多数是研究生，有贾康、马建堂、史晋川、罗首初、洪银兴、张素芳、张振斌、陆德明、赵新亚、李智生等。他们思想活跃，在讨论中提出不少有意义的问题，给会议带来勃勃生机。

五　年轻经济学者脱颖而出

上面谈论编辑方针时说过：“《经济研究》要彻底摆脱经济理论研究的苏联范式，开拓新局面，必须更新作者队伍。”鉴于当时作者队伍的实际状况，新的编辑方针提出：“要把有计划地发现和培养大批年轻的有发展前途的作者作为有关《经济研究》开创新局面的战略性问题提上议事日程，采取切实措施，予以落实。”

最重要的措施就是实施向年轻作者开放的方针。破除论资排辈，不问老中青或新老作者，一律以文章质量决定取舍。1983 年调查读者意见时，我听到，读者对以前像刊物论资排辈在显著位置发表个别名人大而空的文章特别反感。过去《经济研究》的形象使年轻作者望而生畏或敬而远之，有稿不敢投。要吸引年轻作者的稿源，必须改变这种形象。不仅要认真处理年轻作者来稿，择优刊登，以作示范，而且不能坐等来稿，编辑要主动到年轻作者中间去发现和争取可用稿件。例如，中国农村发展问题研究组的经济研究报告《国民经济新成长阶段与农村发展》，是该组八位成员共同议论后，周其仁执笔成文的。原先他们没有想公开发表，更未想在《经济研究》发表。编辑部乔桐封同他们有联系，发现该文章稿后，拿回来给我看，我阅后感到很好，决定采用，并提出修改意见，征得作者同意就发表了。

然而，只靠在已认识的年轻作者中间去发现稿源还是太慢，我们想了个笨办法，向全国财经院系和研究机构征集经济学各学科的研究生毕业论文。发函后，得到各地方、各部门研究生培养单位积极支持，编辑部成批成批地收到他们寄来的研究生毕业论文，仅 1985 年就有 300 多篇。我们就在这里面淘宝。这个工作量可大了，一篇毕业论文就十几甚至 20 多万字，编辑们负担不轻，可是大家很积极阅读，个别编辑连出差时还带着在旅途上看。发现有可取的内容，就商请作者改写、浓缩或节录后采用。这样，在《经济研究》发表的就有：史正富《社会主义经济中的投资膨胀与治理》（1985 年第 4 期）、戴冠来《论价格的基本职能》（1985 年第 6 期）、王振中《国内价格与国际市场价格的关系》（1985 年第 9 期）、张学军《总供给与总需求矛盾的理论模型论证》（1985 年第 11 期）、徐子旺《市场一体化、贸易流的结构变化与西欧工业结构的老化》（1986 年第 4 期）、刘桂苏《国民经济结构优化的数量分析》（1986 年第 10 期）、刘小玄《西方宏观经济学的微观基础理论的若干发展》（1987 年第 1 期）。

《经济研究》篇幅有限，为了更好地记录我国经济理论队伍年青一代的成长，我们还从研究生毕业论文选编了《经济学博士硕士论文选》，由经济日报出版社出版。1985 年卷选摘了 31 篇，其中有张维迎、史正富、马建堂、张少杰、蔡重直、华生、刘兰兮、张晓光、张学军、林志军、周慕冰等作者的论文；1986 年卷选摘了 20 篇，其中有刘桂苏、曹远征、费越、曹文炼、张风波、赵涛等作者的论文，并附录了编辑部收到的当年全部论文目录。原来计划每年编选出版一卷，1985 年、1986 年得到时任经济日报出版社社长庄怡的财务支持，使两卷论文选得以如期出版。但是，1987 年由于资助问题，经编辑部和出版社协商，勉强出版了 1987 年卷，篇幅大大压缩到 1985 年卷的一半还不到，只选摘了袁志刚、陈剑波等 12 位作者的论文，封面设计也显得很小气，看了很不舒服，也难以向热情支持我们的研究生培养单位交代。

为了加强编者和作者的沟通，推进经济理论研究，编辑部还抓住一些引起特别关注的文章发表的契机，发表评论或召开小型座谈会讨论。例如，1985 年第 7 期和 1986 年第 5、8 期先后发表中国农村发展问题研究组《国民经济新成长阶段和农村发展》及其续篇《论国民经济结构变革》和《论农村非农产业的发展》（署名改为“发展研究所产业和企业研究室”）三文发表后，《经济研究》1987 年第 2 期发表了署名“柳明春”的文评《从战略上研究当前我国经济实践的理论成果》，肯定他们深入实践进行周密的调查研究，并比较研究国际经验，提出了“把经济体制改革和经济发展密切联系起来的对实践有指导意义的战略性见解”。同时，文评引用这些文章的作者的话：“在全球经济竞赛的舞台上，我国似乎应当自觉地树立起一个优秀的长跑运动员的形象。如果我国恰恰属于全球现代化进程中‘大器晚成’的类型，那么为了争得短跑的名次而恶化了长跑的竞技状态，对我国来说就是战略选择上的失败。”对此，评论指出：“这对我国经济社会发展战略可谓警策之言。”柳明春是我的笔名。我还在 1987 年 9 月 5 日《光明日报》以柳明春笔名发表过一篇评介《经济学博士硕士论文选》1985 年卷的文章，题为《青年经济学者的学术硕果》。

小型座谈会讨论过的专题有：国民经济新成长阶段问题（《经济研究》1985 年第 9 期）、经济体制改革战略问题（1987 年第 4 期）、《当前我国宏观经济研究的基本理论和方法问题》（1987 年第 8 期）等。召开这些座谈会的目的，就是想让对有关重要问题的不同观点能够表达出来，以扩展和深化问题的研究。会后都选择一些发言稿在《经济研究》发表。

转型时期学术刊物质量的提高有一个过程，因为原有作者的知识更新和年轻作者的成长都需要时间，但是，主编学术刊物对学术发展战略不能不有所考虑。起初，不能苛求所有发表的文章学术水准都很高，事实上没有那么多稿源。编者能够做的是遵循学术发展规律和经济改革、经济发展的进程，有意识地一步步往前推进。我的做法是，在经济体制改革问题上，沿着改革市场化取向逐步扩展研究领域，深化理论探索。在研究方法上，从开始时较多现象描述渐渐上升到从实际出发的科学的抽象，如《经济研究》1988 年第 8 期发表的樊纲的论文《灰市场理论》就是一个范例。从《经济研究》总体布局看，在苏联范式转向从实际经济过程出发研究经济机制的初期，发表的文章中对策性研究比重高一些在所难免，但是，按《经济研究》的学术刊物定位，不能停留在这个水准上，要逐步提高基础理论研究的比重。因此，我们关注选用的论文中理论的新的生长点，因势利导。例如，1987 年第 4 期发表的宋国青、张维迎、程晓农《宏观经济讨论中的若干理论问题》和 1987 年第 6 期发表的邓英淘、罗小朋《论总量分析和总量政策在我国经济理论与实践中的局限性——兼析我国经济运行中的某些基本特征》两篇论文，都提出并探讨了有学术价值的宏观经济基本理论问题。编辑部不失时机地在 7 月初召开座谈会，讨论“当前我国宏观经济研究的基本理论和方法问题”，《经济研究》1987 年第 8 期报道了讨论的主要观点，并选发了 9 篇发言稿；接着，第 9 期又开辟专栏发表了 6 篇讨论文章，以后各期也有相关文章发表。经过认真准备，1988 年 5 月《经济研究》编辑部和《中青年经济论坛》编辑部在南开大学联合召开了宏观经济基本理论和研究方法学术讨论会，以推进我国宏观经济理论建设。讨论会前公开征文，征集到 500 多篇论文。《经济研究》1988 年第 5—6 期发表了提交讨论会的 8 篇论文，它们的作者分别是程晓农、贾康、刘小玄、胡汝银、万存知、史晋川、杨仲伟、张曙光、马建堂等。这些讨论使我国宏观经济研究的理论层次显著提高。

《经济研究》支持年轻作者的成长，受到普遍好评。《〈经济研究〉1986 年工作小结》有这样一个记载："读者对培养和扶持年轻的经济理论工作者的做法，反映是好的。如江小涓的文章发表后，她所在的陕西财经学院的教师说，《经济研究》以文章质量取舍，没有'门第观念'，居然把一个青年人的文章排在显要位置上。"这是她的第一次投稿。江小涓的文章是《归纳性研究与社会主义经济理论的重塑——古典政治经济学体系沿革的启示》。该文针对我国经济理论脱离实践的根本缺陷，以经济学说史为鉴，论证"归纳法或演绎法，都无法单独完成对经济问题的理论研究"，但"从时序上讲，在进行演绎推理之前，要有归纳研究过程，由此得到可靠的前提和有概括力的理论要素"。李嘉图的演绎法是以亚当·斯密的科学成果为前提的，而斯密则是从考察普遍存在的经济现象以及现象之间的联结开始，通过历史归纳，再进入抽象演绎，形成概念、范畴，建立他的理论体系的（1986 年第 8 期）。

然而，也有人对年轻经济学者的成长和《经济研究》的做法看不顺眼。这样的人告状指责："1985 年 11 月《经济研究》杂志第 11 期发表了中国经济体制改革研究所写的城市经济体制改革综合调查报告，题为《改革：我们面临的挑战与选择》，并作为第一篇重要文章刊出。……报告主张市场机制要在经济系统运行中起重要作用……报告对社会主义的就业、社会福利制度全盘加以否定，主张建立劳动力市场，要学习西方的办法，实行失业保险，'让农民进城'……报告说：'占就业人口百分之六十以上的青年……愿意冒失业风险，自主选择职业'……报告主张建立资金市场，金融改革'实行双轨制'，'扶持民间信贷的发展'。"告状者断言，这些都是"自由化倾向"。据此，他还有针对性地提出："有些以青年理论工作者组成的研究所，应当充实力量，实行老、中、青相结合，加强领导……"他所谓"充实力量"，用习惯说法，就叫"掺沙子"；所谓"加强领导”，就是加强控制。

他列举那些观点对该文的指责，究竟是“自由化倾向”，还是要不要改革的问题，今天已无须再费口舌。至于对年轻学者的态度，当时我做了这样的回应：“近几年来成批成批的有志于为推进改革和建设而愿意在经济研究中有所作为的年轻人进入经济理论队伍，给经济学界增添了新的活力。他们中间不少同志善于学习，勤于调查，勇于探索，敢于创新，表现出很有思想，很有才华。这是十分可喜的现象。个别同志对他们表现出贵族老爷式的苛责态度，动辄扣之以‘资产阶级自由化’的帽子，这是完全要不得的。首先，对他们的探索、创新精神应该支持和鼓励，而不是斥责。其次，对他们由于年轻而不可避免地在理论研究中某些方面表现出的不成熟甚至失误，需要的也是满腔热情的帮助和引导。无论怎样，千万不能有意无意地去挫伤他们理论研究的锐气。中国需要更多的孙冶方，需要成批的具有孙冶方那样的理论勇气而在学识上随着时代的前进又大大超过孙冶方的经济学家。这是中国马克思主义经济科学兴旺发达的希望之所在，也是中国经济体制改革和社会主义现代化建设成功的希望之所在。”（《经济理论工作者的社会责任感》，《经济研究》1986 年第 5 期）

本文记叙了 80 年代我编《经济研究》所做的一些事，给广大读者和作者一个交代，对错任由历史评说。至于其间的甜酸苦辣，就留给自己品尝吧，不在这里唠叨了。

（原载《我与经济研究》，社会科学文献出版社 2018 年版）

缅怀经济史研究组老一辈学者

——庆祝经济研究所建所 90 周年

江泰新

在中国社会科学院经济研究所迎来建所 90 周年之际，我对老一辈学者表示深深的敬意和怀念！是他们为经济研究所辉煌奠基，是他们为经济研究所辉煌贡献毕生才华。他们是经济研究所的精英，为创建具有中国特色的经济理论做出贡献；他们是经济研究所辛勤的园丁，为国家培育了大量高水平经济学人才。他们值得我们缅怀，他们的精神值得我们学习和发扬。下面，我仅就经济史研究组的老一辈学者，对经济研究所的发展所做出的贡献，作些回忆，以资缅怀！

一　经济史研究组老一辈学者的来龙去脉（指新中国成立前至 1953 年中国科学院经济研究所成立这段时间的老学者）

经济史研究组的老一辈学者，大多是从民国中央研究院社会学研究所转来的，也有个别的是新中国成立初调进来的。蒋介石从大陆败退到台湾时，是年四五月间，一再下令中央研究院搬迁台湾，有的研究所奉令迁台，社会学研究所拒绝搬迁台湾，决定留下来迎接新中国来临。在社会学研究所搬与不搬的过程中，李文治先生做了大量工作，发挥不少作用。1949 年新中国成立后，社会学研究所由中国科学院接收，并从南京迁到北京中关村，更名为中国科学院社会学研究所，1953 年在社会学研究所的基础上，成立经济研究所。

该所成立之初设两个研究组，其中一个就是经济史研究组。该组成员以“中央研究院”社会学研究所原有班子为主及新中国成立后新进人员组成，他们是：严中平、李文治、汪敬虞、章有义、彭泽益、姚贤镐、聂宝璋、张国辉、宓汝成、魏金玉、许钧、彭家礼、郭瑾仪等。组长由严中平副所长兼任。这些都是最早来到经济史研究组的老人。除郭瑾仪于1970年在息县东岳“五七”干校去世，许钧、姚贤镐于1982年在京去世外，其余老先生是1987年实行退休制度后，相继先后退休了。严公因先后任全国政协第四、第五、第六届委员，至1990年去世前，都在职。汪公由1983—1993年任职两届政协委员后，于1993年退休。但这些老学者退而不休，还继续从事科研工作，直到仙逝。

二　为经济史研究组多出和快出人才，建立一整套人才培养制度

新中国成立初期，经济研究所接到国务院撰写一部中国近代经济史教科书的任务，该任务落在经济史研究组头上，但经济史研究组人手不足，从中国人民大学经济系研究生班借调一批人，他们有孙健、王方中、陈振中、赵德馨等。后来，他们随着工作分配，陆续走向新工作单位，孙健、王方中、陈振中回中国人民大学经济系，赵德馨分配到中南财经大学。人员变动给经济史研究组造成巨大的压力，与此同时，对借调人员不稳定性有更加深刻的认识。以严中平先生为首的老一辈学者，为经济史研究组长远发展着想，着手考虑人才的培养问题。他们深刻感受到人才是立组之本，是迫在眉睫的大事。于是，开始陆续从各大学招进毕业生。陆续引进人员的目的，在于保证研究组人员的配备，与衔接问题；另外，对进来的人员进行再培养。大学毕业生在学校里所学到的知识只是一些基础知识，与专业研究工作还不沾边，要使这些招进来的人尽快熟悉研究

工作，还得再培养。严先生他们为进组人员制订了一套培养办法：一是让进组人员，到图书馆实习一年。为什么要让进组人员到图书馆实习？经济史研究特点是与图书打交道，熟悉馆藏就成了一件大事，知道你要的书放在哪里，借书就很方便了，往往能达到事半功倍之效，节省大量时间。二是给进来人员指派老师，用师傅带徒弟的办法，使进来的学生尽快向研究型人员转化。老师的作用是指点，而不是包办代替，使刚进门的学生少走弯路，放手让他们去实践，在实践过程中，帮助他们解决遇到的问题，给予渔，而不是给予鱼。同时，在老师指导下，还可以学习到老师治学的态度和严谨的学风，以及高尚的情操。如经君健先生 1954 年到组后，就先给李文治先生当了一年助手，而后又跟随严中平先生工作多年。1964 年，我和陈树平到组后，严中平先生指派李文治先生为我俩的导师，吴慧敏的导师是章有义先生。1967 年，刘克祥进组后，指导老师是章有义先生。这种指导老师的制度，一直延续到"文化大革命"期间。三是招收研究生。1963 年，经济研究所创办研究生制度，王本伟为严中平先生的第一个开门子弟。但是，由于"文化大革命"而使这项工作中断，直至 1987 年才得以恢复。由于实行这种人才培养制度，使经济史研究组人员结构形成阶梯形模式，从而使经济史研究组发展充满生机。指导老师培养制度的实施，的确为经济史研究组的研究人员成长做出了贡献，这些人后来都成为经济史研究组（室）的骨干力量。吃水不忘挖井人，知恩不报非君子。在这里，我要向为培养后学而付出辛勤劳动和智慧的园丁，致以深深的感谢和崇高的敬礼！

三　严谨治学的典范

以严中平先生为首的老一辈学者，为写出一部高质量、高水平的《中国近代经济史》著作，他们极其重视资料收集工作。他们从默默无闻的资料工作做起：李文治、章有义两位先生负责编写《中国近代农业史资料》，汪敬虞先生负责编写《中国近代工业史资料》，彭泽益先生负责编写《中国近代手工业资料》，姚贤镐先生负责编写《中国近代对外贸易史资料》，聂宝璋先生负责编写《中国近代航运史资料》，宓汝成负责编写《中国铁路史资料》。在编写资料基础上，严中平先生主编《中国近代经济史统计资料选编》。在编写资料工作的同时，一些先生先进行专题研究工作，比如，张国辉先生在探讨《洋务运动与中国近代企业》和《晚清钱庄和票号研究》、宓汝成先生进行《帝国主义与中国铁路》探讨等。有这些丰厚的资料打底，才有厚重的著作面世。

严中平先生在回忆编写《中国近代经济史统计资料选辑》一书时说："我们那本《中国近代经济史统计资料选辑》定稿付印以后，经过我们校对过三次清样，每校一次都有一次修改，到了全书印成以后又追加一份很长的勘误表。"① 从这里可以见到，这些老先生对研究工作的严谨、认真态度。严公谆谆教导我们说："收集资料，又是一项细致的工作。阅读文献，要深入考察，不可走马看花，致有遗漏；抄录资料，要意义完整，不可断章取义；还要认真校对，以免发生错字漏字；加工统计资料，尤其需要考虑周到，仔细计算，最好由两个人计算同一资料，彼此互校。"② 严公这些意味深长的话，值得我们记取。

经济史研究组对待写《中国近代经济史》的严谨学风，也值得我们记取。1969 年，经济研究所接到搬迁河南息县东岳"五七"干校后，组织人员清理各组办公室留下的文件。我在清理经济史研究组文件柜时，发现《中国近代经济史》写作提纲讨论稿，就有 4 份之多（是否还有更多提纲，我不清楚）。这些老师在不断学习、不断

① 严中平：《科学研究方法十讲》，人民出版社 1986 年版，第 80 页。
② 同上。

整理资料过程中，把自己的心得不断充实到写作纲要里。写作提纲不断修订，说明他们写作态度十分认真、严谨，以及对国家、对人民高度负责的精神。据说，无论在“文化大革命”期间，还是在“五七”干校期间，这些老师从来没有停止对自己承担课题的思考，宓汝成先生还说，我的腹稿都打了几遍了。所以，恢复正常业务工作后，《中国近代经济史（1840—1894）》第一卷写作，很快就上马了。严中平、汪敬虞主编《中国近代经济史（1840—1894）》的成就，就是建立在丰富的资料基础上和勇于创新精神相合的结晶。

四　重视资料库建设

经济史研究组的辉煌是与老一辈学者重视资料库的建设分不开的。资料和研究工作是互相依存的一对孪生兄弟，谁也离不开谁。好像人离开水和氧气一样，离开了就活不下去。缺乏以资料为依据的文章，也就等于废品。正因如此，资料库的建设，成为老一辈学者极为关注的事。经济研究所图书馆馆藏有许多资料不是买来的，如《户部题本》《清代粮价》《万历会计录》《自然灾害与农业收成资料》等。但这些资料是怎么来的，可能知道者不多。这些资料是汤象龙、彭泽益等老一辈学者花了大量心血，组织人员从明清档案馆抄回来的。还有一部分《屯溪资料》，是新中国成立初期从安徽屯溪古旧书店买来的。土地改革时期，安徽徽州地区清理出大量账本、地契、分家书、租佃契约等资料。严公派魏金玉先生到屯溪故旧书店去寻宝。魏公不负众望，在他精心挑选下，一批精品汇集到经济研究所图书馆。现存经济史研究室的《屯溪资料》就是这样来的。这批资料的收藏，为《中国近代经济史（1840—1894）》农业部分的撰写提供了丰富的养分。1976 年，经济研究所刚恢复正常工作，在经济研究所经费十分困难的情况下，为收集《清代获鹿资料》，严公亲自出面，向所里申请到一笔经费，使这项工作得以完成。这份资料为研究清代地权分配提供了一个窗口。经君健先生继承老一辈学者重视资料库建设精神，组织人力完成《明实录》剪裁和分类工作，给明史研究提供了极大的方便。另外，还有一部日本档案，这是日本人失败后留下的垃圾。经济研究所得悉这批垃圾要处理时，派人去收集回来，并花费了大量人力去整理，现在成为研究日本侵华罪行不可或缺的资料。这些都是他们的建树。我们今天能坐在单位里阅读这些珍贵资料，是属于前人种树，后人乘凉。应感谢老一辈学者所付出的心血。

五　丰硕的成果

这些老一辈学者，无论在职期间，或是退休后，他们还是手不离书，手不离笔，孜孜不倦地耕耘在课题研究中，为经济研究所贡献了毕生力量和才华。下面，把他们的主要著作（不包括论文，由于论文数量太多，这里没有收入，若要查询，可参见他们的《文集》。特此申明）成果列于后：

严中平：

（1）《中国棉业之发展（1289—1937）》，商务印书馆 1943 年版；

（2）《清代云南铜政考》，中华书局 1948 年版；

（3）主编《中国近代经济史统计资料选辑》（合著），科学出版社 1955 年版；

（4）译著《马克思恩格斯论中国》（合著），人民出版社 1957 年版；

（5）《中国棉纺织史稿》，科学出版社 1963 年版；

（6）《上海棉纺织工人状况》（合著），柏林德文本 1964 年版；

（7）《老殖民主义史话选》，北京出版社 1984 年版；

（8）《科学研究方法十讲》，人民出版社 1986 年版；

（9）主编《中国近代经济史（1840—1894）》（合著），人民出版社 1989 年版；

（10）《严中平文集》，中国社会科学出版社 1996 年版。

李文治：

（1）《晚明民变》，中华书局 1947 年版；

（2）《中国近代农业史资料（1840—1894）》第一辑，生活·读书·新知三联书店 1957 年版；

（3）《中国近代经济史统计资料选辑》（合著），科学出版社 1955 年版；

（4）《明清时代的农业资本主义萌芽的问题》（合著），中国社会科学出版社 1983 年版；

（5）《中国近代经济史（1840—1894）》（合著），人民出版社 1989 年版；

（6）《明清时代封建土地关系的松解》，中国社会科学出版社 1993 年版；

（7）《清代漕运》（合著），中华书局 1995 年版；

（8）《李文治集》，中国社会科学出版社 2000 年版；

（9）《中国宗法宗族制和族田义庄》（合著），社会科学文献出版社 2000 年版；

（10）《中国地主制经济论——封建土地关系发展与变化》（合著），中国社会科学出版社 2005 年版。

汪敬虞：

（1）《中国国民所得（一九三三）》（合著），中华书局 1947 年版；

（2）《中国近代经济史统计资料选辑》（合著），科学出版社 1955 年版；

（3）译著《雅可夫柴夫斯基》（合著），科学出版社 1956 年版；

（4）《中国近代工业史资料》第一辑上、下两卷，第二辑上、下两卷，科学出版社 1957 年版；

（5）译著《马克思恩格斯论中国》（合著），人民出版社 1957 年版；

（6）《十九世纪西方资本主义对中国的经济侵略》，人民出版社 1983 年版；

（7）《唐廷枢研究》，中国社会科学出版社 1983 年版；

（8）《赫德与近代中西关系》，人民出版社 1987 年版；

（9）《中国近代经济史（1840—1894）》（合著），人民出版社 1989 年版；

（10）《中国通史》第 10 册（合著），人民出版社 1999 年版；

（11）主编《中国近代经济史（1895—1927）》（合著），人民出版社 2000 年版；

（12）《汪敬虞集》，中国社会科学出版社 2001 年版；

（13）《中国资本主义的发展与不发展》，中国财政经济出版社 2002 年版。

章有义：

（1）《中国近代农业史资料》第二、第三辑，生活·读书·新知三联书店 1957 年版；

（2）《明清徽州土地关系研究》，中国社会科学出版社 1984 年版；

（3）《近代徽州租佃关系案例研究》，中国社会科学出版社 1988 年版；

（4）《明清及近代农业史论集》，中国农业出版社 1997 年版；

（5）《中国近代经济史（1840—1894）》（合著），人民出版社 1989 年版。

彭泽益：

（1）《太平天国革命思潮》，上海商务印书馆 1946 年版；

（2）《中国近代手工业史资料》第一、第二、第三卷，生活·读书·新知三联书店 1957 年版；

（3）《十九世纪后半期的中国财政与经济》，人民出版社 1983 年版；

（4）主编《中国社会经济变迁》，中国财政经济出版社 1990 年版；

（5）《中国工商行会史料集》上、下册，中华书局 1995 年版。

姚贤镐：

《中国近代对外贸易史资料（1840—1895）》，中华书局 1962 年版。

张国辉：

（1）《洋务运动与中国近代企业》，中国社会科学出版社 1979 年版；

（2）《晚清钱庄和票号研究》，中华书局 1989 年版；

（3）《中国近代经济史（1840—1894）》（合著），人民出版社 1989 年版；

（4）《中国近代经济史（1895—1927）》（合著），人民出版社 2000 年版；

（5）《张国辉集》，中国社会科学出版社 2002 年版；

（6）《中国金融通史》第二卷，中国金融出版社 2003 年版。

聂宝璋：

（1）《中国近代经济史统计资料选辑》（合著），科学出版社 1955 年版；

（2）《中国买办资产阶级的发生》，中国社会科学出版社 1979 年版；

（3）《中国近代航运史资料》第一辑上、下两册，上海人民出版社 1984 年版；

（4）《中国近代航运史资料》第二辑（合编）上、下两册，中国社会科学出版社 2002 年版；

（5）《聂宝璋集》，中国社会科学出版社 2002 年版。

宓汝成：

（1）《中国近代铁路史资料（1840—1911）》第一、二、三、四卷，中华书局 1963 年版；

（2）《帝国主义与中国铁路》，上海人民出版社 1980 年版；

（3）《中国近代外债史》，社会科学文献出版社 2002 年版；

（4）《中华民国铁路史资料（1912—1949）》，社会科学文献出版社 2002 年版。

彭家礼：

《英属马来亚的开发》，商务印书馆 1983 年版。

魏金玉：

（1）《明清时代的农业资本主义萌芽的问题》（合著），中国社会科学出版社 1983 年版；

（2）与方行、经君健共同主编《中国经济史清代经济卷》上、中、下三卷（合著），经济日报出版社 1999 年版。

以上这些老学者的著作甚多，由于限于手头资料不足，可能有遗漏，请大家见谅。

这些老一辈学者不但著作等身，而且著作质量极高，他们的著作不仅成为同行案头的必备参考书，而且对学科的发展做出了贡献，对社会也产生了积极影响。《中国近代经济史（1840—1894）》出版后，即被奉为爱国主义教科书，是顶尖著作。许多著作都占据国内或国外最前沿地位。下面介绍这些著作的获奖情况：

（1）《明清时代的农业资本主义萌芽问题》（合著），获 1984 年孙冶方经济科学奖；1993 年获中国社会科学院首届优秀成果奖。

（2）《中国近代经济史（1840—1894）》（合著），严中平主编，1991 年获孙冶方经济科学奖；1993 年获中国社会科学院首届优秀成果奖；1997 年获第三届吴玉章奖金特等奖；1999 年获首届国家社会科学基金项目优秀成果（专著类）一等奖；1999 年获郭沫若历史科学二等奖。

（3）《帝国主义与中国铁路（1847—1949）》，宓汝成著，1993 年获中国社会科学院首届优秀成果奖。

（4）《晚清钱庄和票号研究》，1993 年获中国社会科学院首届优秀成果奖。

（5）《明清时代土地关系的松解》，1993 年获中国社会科学院首届优秀成果奖。

（6）《中国近代航运史资料》第一辑，1993 年获中国社会科学院首届优秀成果奖。

（7）《清代漕运》，获 1996 年度孙冶方经济科学奖；1997 年获第三届吴玉章奖金（历史类）一等奖；1999 年获首届国家社会科学基金项目优秀成果（专著类）三等奖；2002 年获中国社会科学院第四届优秀成果追加奖。

六　关怀备至，高尚情操

我们在经济研究所的成长，离不开老师的培养与关怀。虽说人才成长，须靠年轻学者自己辛勤努力，但离不开名师指导。

一名刚从大学历史系毕业的学生，分配到经济史研究组工作，要从何处做起、从何处下手，脑子里一片空白，如一叶小舟漂泊在大海，感到很茫然。这时，名师就是灯塔，他可以根据组（室）工作需要，做好长远规划，并结合个人的情况，为你指明今后的努力方向。我和陈树平、吴慧敏三人分别是从厦门大学和南开大学历史系毕业后，被选拔到经济研究所经济史研究组工作的，但到经济史研究组后要做什么，却心中无数，也不知今后要从何处努力，心情自然十分焦虑。好在到所里后，严中平先生即刻为我们指派老师，吴慧敏的指导老师是章有义先生，我和树平的指导老师是李文治先生。根据李公的长期摸索，认为明清生产力问题及明清土地问题都是当时学术界研究的薄弱环节，尤其是生产力研究被忽视，从事研究者不多，大有施展拳脚的余地；而土地问题，研究者虽然较多，但多偏向于制度研究和地权集中问题探讨，还有许多问题是空白，就是土地制度本身问题，也有待于深入探讨，开拓的空间还很大。这两个大问题做好了，都能出成绩，为经济史研究做贡献。人们都说，找到问题了，是研究工作成功的开始。对问题有如此深刻的理解，体现导师深邃的智慧及长远的目光，也体现了导师对学生的殷切期望。但一般入门者很难窥视到这一点。这是导师特有的作用。我感谢严先生为我指派这么一位卓越的导师，我感谢为我量身而制定课题的李先生，他使我终身受益。

我的第一篇习作是《清代前期押租制的发展》。开始创作是在1978年。当时，我把想法告诉李公，李公听完我的想法之后，鼓励我按照思想先写个初稿。经过几个月的努力，我把初稿送给李公审查。尽管李公正为《中国近代经济史（1840—1894）》写作而忙碌，但是，他还是在百忙中抽出宝贵时间为我审稿。他看稿很仔细，凡有错字、别字都给改过来，对提法不妥之处，打个问号，让你自己去考虑，不包办，不代替。对需要改写的问题，只提出建议，让你自己动手。比如写押租发展原因时，原稿从商品经济发展角度去探讨，李公指出，这种认识太一般化，而且已有人从这方面论述过该问题，你再说一遍，没有意义。虽然你资料多些，但问题的性质没有改变，并没有超出人家窠臼。你应从租佃关系中去探索、发现新问题，走出一条新路子来。这么一改，原来3000字的稿子，最后只剩下十几个字放在开篇中叙述。虽然这一改动花去了我一个多月时间，然而文章的品位却提升了一大步。出版后，同行给予好评，但不知李公为该文所花的心血有多少。本文获得成功，这是导师引导之功。李公不但为我看稿，而且还建议我该写些什么文章。他说，过去人们都认为清代地权占有高度集中，你能不能去摸索一下，看看到底怎么样。在李公指导下，我开始就清初地权分配进行探讨。在清初垦荒政策指导下，许多原来无地或少地的农民，通过垦荒都获得了土地产权，这时90%的土地为农民所占有。我把摸索到的情况，向李公汇报。李公认为，这种情况比较符合当时的实际。于是，他鼓励我把该问题写出来。这篇《清初垦荒政策及地权分配情况的考察》的文章，于1982年在《历史研究》第5期发表。这篇在清代地权分配研究中独树一帜的文章，是在李公策划下出笼的。李公奖掖后学的精神和崇高品德，在我脑海中牢固树立着。

在写清代押租这篇文章过程中，还有一个插曲让我十分感动。1979年春节，我到三里河二区给几位老先生拜年，见到汪敬虞先生时，他问起我最近搞什么课题？我说：正是写清代押租制的发展。他听说我写清代押租时，沉思了一会儿，接着说，我过去搞资料时，曾收集到一些有关东北地区的押租资料，待我找到时，给你。我当初以为，他只是说说而已。怎么也没想到他能花那么多时间，为这些资料翻箱倒柜。没过几天，汪公便把那些资料送给我。一般人都把自己手头上的资料看成宝贝，从不轻易示人，更何况直接送人！汪公这一举动，使我十分感动。一是汪公助人为乐的高尚情操，以及言而有信，说出的话必须做到的传统美德，令人钦佩；二是这些资料我手头上还是个空白，正好补缺，充实了文章的内容。面对着老一辈学者的关怀，怎能不令我感动！

另外，汪公对我个人成长也十分关怀。时任研究室副主任的他，对研究室年轻人职称问题十分关注。1986年春节，我到三里河二区给几位老师拜年。汪公见到我后，他以好奇的口吻问我：这次评职称（指1985年）为什么没有见到你的申请书呀？根据你这几年的成果看，评上副研根本没有问题。我说，不是我没申请，而是后来放弃了。他问，怎么回事？于是，我把当时副所长林青松对我说的话告诉他。林青松对我说，由于过去职称评审工作不正常，很多老人职称评审问题都积压下来，现在所里有的老同志，面临 60 岁了，若今年没评上职称，就永远失去评职称的机会了。他们在经济研究所搞了一辈子研究工作，到头来，连一个副研职称都没评上，对他们的打击太大了。你还年轻，还有很多机会，今年是否就不参加评审了？我说，考虑到所里的难处，也考虑老同志心情，于是，我就同意所里的安排了，退出这次评审了。汪公听了我的话后，他噢了一声，接着说，原来是这样。你做得很不错。因为职称与工资收入挂钩、与学术地位挂钩，因此，有的单位为职称评审闹得不可开交。你这种谦让精神很值得钦佩！汪公一席话，闹得我很不好意思。我说，当时只想我还年轻，机会还多，而老同志失去这个机会的话，却永远没有机会弥补了，其他的也没多想。我接着说：您才是最值得尊敬的人！把研究室里年轻同志的事都装在心里，关心他们的进步和成长。

严公、严公，对人很严！这可能是误解。他对年轻人的关爱、对年轻人的成长，却是实实在在的。1982 年，我们陪严公到医院看病，在返程的车上，严公回过头来对我说，小江，听李公说，你最近投《历史研究》的文章要你压缩到两万字左右，是吗？你能不能把文章给我看看。我回答说：好，回头给您送去。严公看完文章后，说了一句话："削脚适履。"这么小的小事，他都放在心上，足见严公对后学的关爱。1985 年前后，经济研究所承担《中国大百科全书》（经济学卷）的编辑工作。纂写经济史条目任务，就落在中国经济史研究室。我负责庄田等 6 个条目写作。庄田条目初稿写好后，严公在审查过程中，在稿子空白处提出了 13 个问题。引导我去思考、去钻研。1988 年刊登在《中国大百科全书》（经济学卷）的庄田条目，就饱含严公指导的心血。

我到经济史研究（组）室后，除感受到老师的关爱外，还深深感受到老师的人格魅力。我有几篇习作是在李公指导下完成的。投稿前，我征求李公的意见，我说：这稿子是在您的指导下完成的，应该署名您我合作。李公听说后，连忙摆手说："这可不成。文章是你写的，文章要旨是你定的，资料是你收集的，我只不过出点点子而已。我不能占你的劳动成果。"在现实生活中，学生写稿，老师挂名的情况屡见不鲜，而在李公这里却成禁忌。相比之下，这种只求奉献、不求索取的精神境界，是何等的高尚呀！

1984 年，章有义先生的《明清徽州土地关系研究》一书出版了，我经过认真学习之后，感受很深，萌生了写篇读后感的想法。事后，我付之行动，写了篇《探索明清土地关系的新窗口》一文。投稿之前，我将稿子请章公审阅。章公看后，批文称：基本上同意你的意见，但什么"填补空白""开山之作"之类的话，我承受不了。文中有关这类拔高之词，我已删去。是不是"填补空白"让大家去评议。见到章公的批语，我十分感动。章公虚怀若谷的高尚品格，令我久久难以忘怀。该文修订后，1986 年在《经济研究》第 9 期上发表。

以上所述，仅仅是老一辈学者的一些事例而已，无法展现老一辈学者的全部精神风貌，但仅从这些侧面，已足够反映他们卓越的研究成就和高尚的品德。

我写此文的目的，是缅怀，但更重要的是，希望后来者要学习他们严谨治学、勇于攀登的精神，学习他们助人为乐、只讲贡献、不求索取、谦虚谨慎、虚怀若谷的崇高品德。

中国经济史研究组的老一辈学者，我们怀念你们！

（写于 2018 年 8 月）